Grüner Schimmwald;

lebenslänglich, Kameraden!

10 Jahre Bulemburd!

GEORG HÖNIGSBERGER / IRMTRAUT KARLSSON

# Verwaltete Kindheit

## Der österreichische Heimskandal

KRAL VERLAG

Verleger: Robert Ivancich - Kral Verlag GmbH
J.-F.-Kennedy-Platz 2
2560 Berndorf
Tel.: +43 (0) 2672/82 236-0, Fax: Dw. 4
E-Mail: office@kral-verlag.at

Lektorat: Brigitte Swoboda
Foto Irmtraut Karlsson: © Kurier, Stephan Boroviczeny
Foto Georg Hönigsberger: © Kurier, Jeff Mangione
Zeichnung am Cover von Erwin Aschenwald
Umschlag- und grafische Innengestaltung: xl-graphic, Wien,
www.xl-graphic.jimdo.com | xl-graphic@chello.at

Printed in EU
ISBN: 978-3-99024-189-9

Besuchen Sie uns im Internet: www.kral-verlag.at

# INHALT

# VORWORT

„Verwaltete Kindheit – Der österreichische Heimskandal" räumt mit der Mär auf, dass in den Jahren 1970 bis 1980 über die gewalttätigen Erziehungsmethoden in den Heimen nichts bekannt gewesen wäre. Es ist die Aufarbeitung eines Teilaspektes der Geschichte der 2. Republik. Eines zugegebenermaßen keineswegs erfreulichen Teilaspektes.

Der Dank gilt selbstverständlich allen ehemaligen Heimkindern, die im Lauf der letzten zwei Jahre für Interviews zur Verfügung gestanden sind und tief in ihren schmerzhaften Erinnerungen gewühlt haben, um die Tragödie der Kinderheime ans Tageslicht zu bringen. Stellvertretend für sie alle möchten wir hier – auch wenn es nur anonymisiert möglich ist – jenen beiden Schwestern, Eva L.* und Julia K.*, danken, die mit den Schilderungen ihrer Zeit im Kinderheim Wilhelminenberg den Heimskandal im Jahr 2011 ins Rollen gebracht haben. Ihre Interviews im KURIER standen am Beginn der Aufarbeitung der katastrophalen Geschichte der Fürsorge-Erziehung.



Dass dieses Buch zustande kam, verdanken wir vor allem unserem Verleger Robert Ivancich, der an die Notwendigkeit der Publikation geglaubt hat. Brigitte Swoboda hat sich auf die mühsame Aufgabe eingelassen, die Massen an Text und Daten mit uns zusammen in eine logisch nachvollziehbare Ordnung zu bringen.

Für den historischen Teil danken wir Martin Goessler und Lars Karlsson, die vage Erinnerungen, - „da war doch noch so eine Geschichte, ich weiß das" – in konkrete, kopierte, gescannte und damit zitierbare Quellen verwandelt haben. Herta Sekardi und Veronika Holzknecht haben nicht nur in ihrem Gedächtnis gekramt, sondern auch Texte und Zeitschriften zur Verfügung gestellt. Nach all den Jahrzehnten sei auch Rosemarie Fischer und Claudia Halletz gedankt. So konnten damals in ungemein kollegialer und freundschaftlicher Weise mit wenig finanziellen und sonstigen Ressourcen sehr viele Fakten zusammengetragen werden. Dies wäre nicht ohne den Einsatz der Studentinnen und Studenten der Akademie für Sozialarbeit der Stadt Wien und deren Direktorin Maria Simon möglich gewesen.

Gewidmet ist dieses Buch allen Heimkindern, die heute Gerechtigkeit fordern. Für alle Behörden – Bund, Länder und Gemeinden – liegen die Fakten da, damit sie sich einen Ruck geben und endlich Gerechtigkeit widerfahren lassen.

*Georg Hönigsberger und Irmtraut Karlsson,*
*September 2013*

# I. KEIN VERTUSCHEN MEHR…

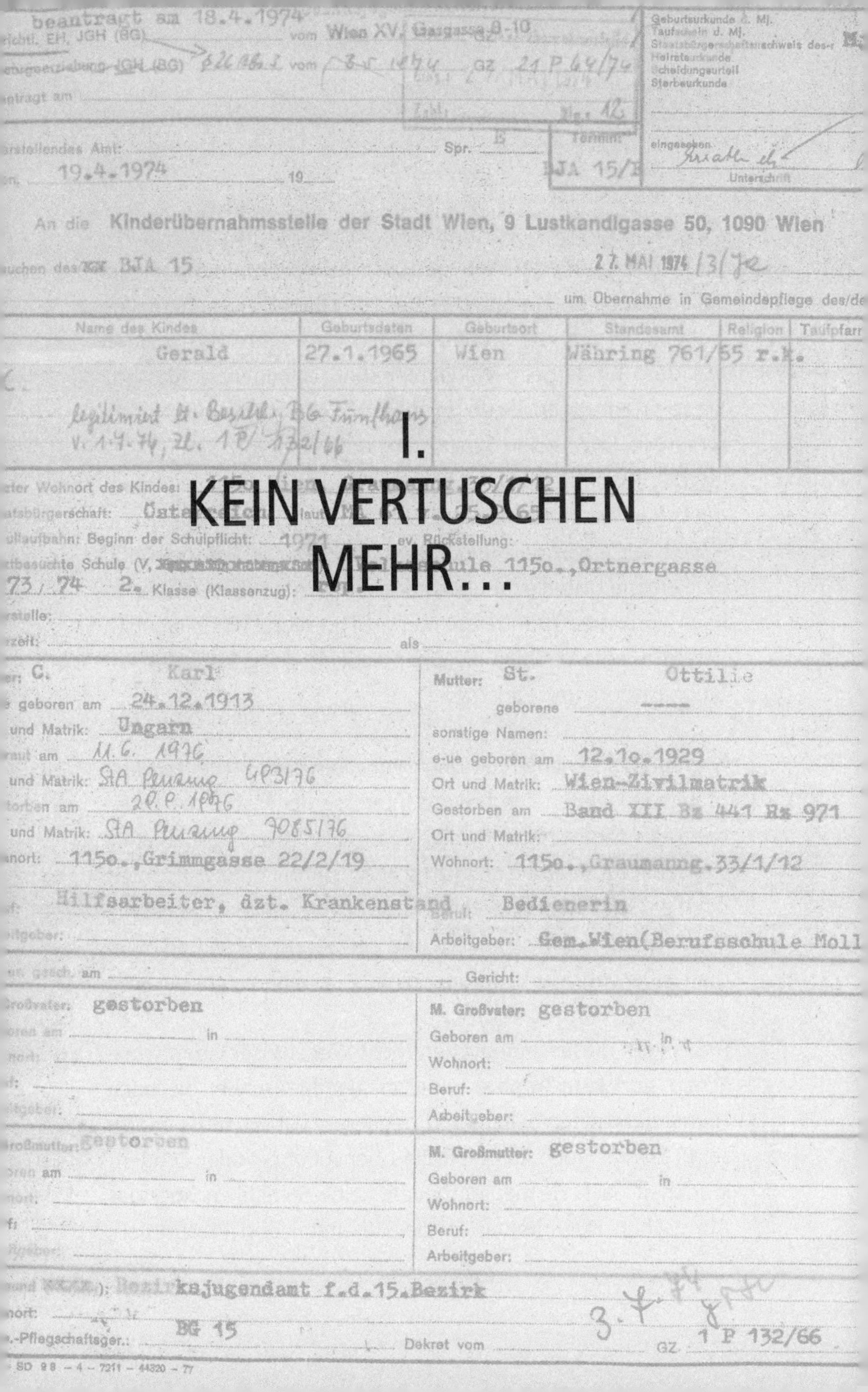

beantragt am 18.4.1974
richtl. EH, JGH (BG) vom Wien XV, Gasgasse 8-10
...zugewiesen JGH (BG) vom 3.5.1974 GZ 21 P 64/74
...ntragt am
Zl. ... Nr. 12

Geburtsurkunde d. Mj.
Taufschein d. Mj.
Staatsbürgerschaftsnachweis des-r
Heiratsurkunde
Scheidungsurteil
Sterbeurkunde

...rstellendes Amt: ... Spr. ... Termin:
...n, 19.4.1974 19... BJA 15/...
eingesehen ... Unterschrift

An die Kinderübernahmsstelle der Stadt Wien, 9 Lustkandlgasse 50, 1090 Wien

...uchen des BJA 15 ... 27. MAI 1974 /3/Je

um Übernahme in Gemeindepflege des/der

| Name des Kindes | Geburtsdaten | Geburtsort | Standesamt | Religion | Taufpfarr... |
|---|---|---|---|---|---|
| Gerald C. legitimiert d. Bezirksg. BG Fünfhaus v. 1.7.74, Zl. 1 P 132/66 | 27.1.1965 | Wien | Währing 761/65 | r.k. | |

...ter Wohnort des Kindes: 115o. Wien, ...
...atsbürgerschaft: Österreich laut ...
...ullaufbahn: Beginn der Schulpflicht: 1971 ev. Rückstellung:
...tbesuchte Schule (V, ...): Volksschule 115o., Ortnergasse
...73/74 2. Klasse (Klassenzug): ...
...rstelle:
...rzeit: ... als

| | |
|---|---|
| ...er: C. Karl | Mutter: St. Ottilie |
| geboren am 24.12.1913 | geborene ---- |
| ... und Matrik: Ungarn | sonstige Namen: |
| ...raut am 11.6.1976 | e-ue geboren am 12.10.1929 |
| ... und Matrik: StA Penzing 483/76 | Ort und Matrik: Wien-Zivilmatrik |
| ...torben am 20.8.1976 | Gestorben am: Band XII Bz 441 Rz 971 |
| ... und Matrik: StA Penzing 9085/76 | Ort und Matrik: |
| ...nort: 115o., Grimmgasse 22/2/19 | Wohnort: 115o., Graumanng.33/1/12 |
| ...f: Hilfsarbeiter, dzt. Krankenstand | Beruf: Bedienerin |
| ...itgeber: | Arbeitgeber: Gem.Wien(Berufsschule Moll... |

...us. gesch. am ... Gericht:

| | |
|---|---|
| ...Großvater: gestorben | M. Großvater: gestorben |
| ...oren am ... in | Geboren am ... in |
| ...nort: | Wohnort: |
| ...f: | Beruf: |
| ...itgeber: | Arbeitgeber: |
| ...Großmutter: gestorben | M. Großmutter: gestorben |
| ...oren am ... in | Geboren am ... in |
| ...nort: | Wohnort: |
| ...f: | Beruf: |
| ...itgeber: | Arbeitgeber: |

...mund (...): Bezirksjugendamt f.d.15.Bezirk
...nort: ... 3.7.74
...-Pflegschaftsger.: BG 15 ... Dekret vom ... GZ 1 P 132/66

SD 98 – 4 – 7211 – 44320 – 77

Am Anfang stand ein medialer Tabubruch. An zwei aufeinander folgenden Tagen gab der KURIER meiner Kollegin Julia Schrenk und mir im Oktober 2011 Raum, zwei ehemalige Heimkinder auf vier großformatigen Seiten ihre Erfahrungen aus dem Kinderheim Wilhelminenberg schildern zu lassen.[1] Diese Erfahrungen lagen zu diesem Zeitpunkt rund 35 Jahre zurück. Die beiden Schwestern erzählten von ausufernder Gewalt, Psychoterror und Vergewaltigungen. Der Heimskandal bekam einen Namen: Wilhelminenberg. Das mediale Echo – weltweit – war gewaltig. Die Stadt Wien sah sich genötigt, eine eigene Untersuchungskommission[2] einzurichten. Ehemalige Heimkinder gründeten Internet-Foren und einen eigenen Verein[3], wagten sich an die Öffentlichkeit, demonstrierten vor Stephansdom und Parlament.[4]



Nach breiter Berichterstattung – vor allem über sexuellen Missbrauch in Heimen – ebbte das Interesse der Medienwelt wieder ab. Es blieb einigen wenigen JournalistInnen[5] vorbehalten, weiterhin für Öffentlichkeit zu sorgen, denn Politiker konnten noch vor kurzem behaupten, „nichts davon gewusst" zu haben. Das Ausmaß des Missbrauchs und der Gewalt in Heimen bis in die 1980er-Jahre (und darüber hinaus) sei ihnen nicht bekannt gewesen.
Die Folgen dieses angeblichen Nicht-Wissens der Verantwortlichen sind katastrophal. Die Zahl der Menschen, die nach Heimaufenthalten Selbstmord begangen haben, muss enorm sein.[6] Es gibt auch keine Studie über Alkohol- oder Drogenkrankheit nach Heimaufenthalten, keine Statistiken über das Abrutschen ins Kriminal, in die Zuhälterei und Prostitution;

keine offiziellen Zahlen über den Bildungsmangel, der in Heimen herrschte, und damit den möglichen sozialen Aufstieg von Heimkindern erschwert, wenn nicht verhindert hat. Kindern, denen die Gesellschaft durch die Herausnahme aus ihren Familien helfen wollte, wurden in vielen von der öffentlichen Hand betriebenen und/oder finanzierten Einrichtungen systematisch zu Grunde gerichtet. Der Wilhelminenberg war kein Einzelfall. Eine Schande.

Im Zuge der Recherchen für den KURIER und für dieses Buch musste ich mit Entsetzen feststellen, dass vieles des ans Tageslicht gekommenen bereits vor mehr als 40 Jahren bekannt war. Dass Medien schon damals schreckliche Vorkommnisse in Heimen dokumentierten und sogar Namen mutmaßlicher TäterInnen nannten. Dass sogar verantwortliche PolitikerInnen persönlich über Vorfälle in Kenntnis gesetzt wurden. Dass prügelnde ErzieherInnen belobigt wurden, statt zur Verantwortung gezogen zu werden. Dass die Politik lieber AufdeckerInnen angeprangert hat, als dringend notwendige Handlungen in der Jugendwohlfahrt zu setzen.



Oberste Richter heben Verjährungsfristen auf, ein Pfarrer, der Kinder missbraucht hat, wird verurteilt, prominente PsychiaterInnen stellen schwere Traumatisierungen durch den Aufenthalt in Kinderheimen fest, ja sogar die Staatsanwaltschaft hat nach Jahrzehnten die Vorfälle in Kinderheimen und Erziehungsanstalten ins Visier genommen. Wenn *derStandard* vom „größten Skandal der 2. Republik" schreibt[7] und ein anerkannter Sozialhistoriker von einer „historischen Katastrophe von unfassbarem Ausmaß"[8] spricht, da muss etwas geschehen sein in diesem Land. In einem Land, in dem jahrzehntelang über die Vorkommnisse in Kinder- und Jugendheimen geschwiegen wurde. Ehemaligen Heimkindern wird hier Raum gegeben, über ihre Erfahrungen zu berichten.

Wenn, wie mir mitgeteilt wurde, ein enger Mitarbeiter eines Wiener Stadtrates im Sommer 2013 zu einem ehemaligen Heimkind sinngemäß meint, jetzt müsse einmal Schluss sein mit der Aufarbeitung, dann kommt dieses Buch gerade zur rechten Zeit. Damit in Österreich vielleicht einmal Schluss ist, ungeniert das Ende der Aufarbeitung einer „historischen Katastrophe" zu fordern, weil jemand glaubt, es sei politisch opportun. Die Erforschung der Tragödie steht erst am Anfang. Dieses Buch soll ein weiterer Beitrag dazu sein.

*Georg Hönigsberger, September 2013*



Wilhelminenberg war kein Einzelfall! Die Missstände waren schon 1974 bekannt:

„In der Heimerziehung ist ein derartiges Ausmaß von Zerstörung der Individuen und von Inhumanität vorhanden..." (Aus der Wiener Heim-Studie, 1974)

Leider scheinen in der aktuellen Aufarbeitung vor allem die sexuellen Übergriffe aufzuregen. Die tägliche Gewalt an den Heimkindern, die Demütigungen, der Verlust von Lebenschancen verblassten im Hintergrund. Deshalb habe ich mich wieder eingemischt.

Unsere Untersuchungen begannen im Sommer 1971. Maria Simon, die engagierte Direktorin der Akademie für Sozialarbeit der Stadt Wien, hatte herausgefunden, dass im damaligen Lehrplan der Ausbildung der HeimerzieherInnen auch eine sozialpädagogische Forschungsstelle vorgesehen war. Sie hatte zunächst eine Halbtagsstelle durchgesetzt. So begannen wir, in einem Zimmer im Franz Domes-Lehrlingsheim in der Theresianumgasse in Wien, die bis heute umfangreichste Erforschung der Situation der Heime, in denen Kinder und Jugendliche durch die Stadt Wien untergebracht waren. Finanziell wurden wir vom Institut für Stadtforschung und vom Bundesministerium für Wissenschaft unterstützt.

Die Heime, in denen Kinder durch die Jugendwohlfahrtsbehörden von Wien untergebracht waren, wurden von Dezember 1973 bis April 1974 mit einem Team von mindestens drei Personen besucht. Während zwei Projektforschungspersonen nach einem Beobachtungsschema ein Protokoll anfertigten, interviewten die drei Projektleiterinnen, Irmtraut Karlsson, Rosemarie Fischer und Claudia Halletz die Heimleitung. Heimkinder wurden nicht interviewt, da sie als schwächstes Glied in der Institution gesehen wurden und die Folgewirkungen eines solchen Interviews weder abzuschätzen noch zu kontrollieren waren. Nicht abgewiesen, aber protokolliert, wurden Gespräche, die von den Heimkindern und Jugendlichen spontan mit den Beobachtern geführt wurden. Heute wissen wir aus Interviews mit ehemaligen Heimkindern, dass diese auf unseren Besuch vorbereitet und gedrillt wurden. Die Protokolle der Beobachtungen verblieben in der Sozialpädagogischen Grundlagenforschung am Institut für Heimerziehung der Stadt Wien. Alle Informationen über die Heime wurden aus öffentlich zugänglichen Quellen zusammengestellt.[9] Die hier angeführten Heime sind solche, von denen Daten zugeordnet werden konnten.[10] In drei Heimen, Pötzleinsdorf, Hohe Warte und Stadt des Kindes wurden von Rosemarie Fischer im Rahmen ihrer Dissertation eigenständige Fallstudien mit Interviews von PraktikantInnen und einem erweiterten Beobachtungsschema durchgeführt.

Die Ergebnisse der Studie wurden intern, bei Heimleiterkonferenzen, Fortbildungsveranstaltungen, sowie auch in verschiedenen Publikationen bekannt gemacht. 1976 wurden sie, nachdem die Heime anonymisiert wurden, als Buch *Verwaltete Kinder* publiziert.

Für die damaligen Forscherinnen der Wiener Heim-Studie stand fest, dass in der Fürsorgeerziehung und Fremdunterbringung gesellschaftspolitisches Handeln notwendig war. So wurden Arbeitskreise zur Heimerziehung gegründet, wie in Tirol und Salzburg. Es gab Zeitschriften, die sich kritisch mit der bestehenden Sozialarbeit und Heimerziehung auseinandersetzten, wie *betrifft:Sozialarbeit* oder *erziehung heute*. Dementsprechend wurden Aufdeckerinnen und Aufdecker verfolgt.

Mir geht es darum, dass wenigstens vierzig Jahre nach unserer Untersuchung die Opfer der damaligen Heimerziehung ernst genommen werden.

*Irmtraut Karlsson, September 2013*

Dieses Buch entstand aus der Zusammenarbeit von zwei unterschiedlichen Sichtweisen, der des Journalisten und der Sozialwissenschaftlerin. Georg Hönigsberger steuerte die Fallgeschichten, ausführliche Beschreibungen von Heimen wie Wimmersdorf, Kaisereberdorf, Wilhelminenberg und Wiener Neudorf bei, Irmtraut Karlsson zeitgenössische Untersuchungen und Dokumente. Einige Namen der Betroffenen bleiben in dieser Publikation anonymisiert, in seltenen Fällen wurde der Name redaktionell verändert und sodann mit einem * gekennzeichnet.

Wir sind um eine geschlechtergerechte Sprache bemüht, bei wörtlichen Zitaten wurde jedoch die ursprüngliche Form beibehalten. Ebenso ist in der Wiener Heim-Studie 1974 von „Insassen" und „Zöglingen" die Rede. Schon damals waren die Forscherinnen überzeugt, dass dies die von den Verantwortlichen alltäglich benutzten Benennungen waren und nicht die „uns anvertrauten Kinder und Jugendliche in den Heimen" aus den Sonntagsreden.

# II.
# WEGE INS HEIM

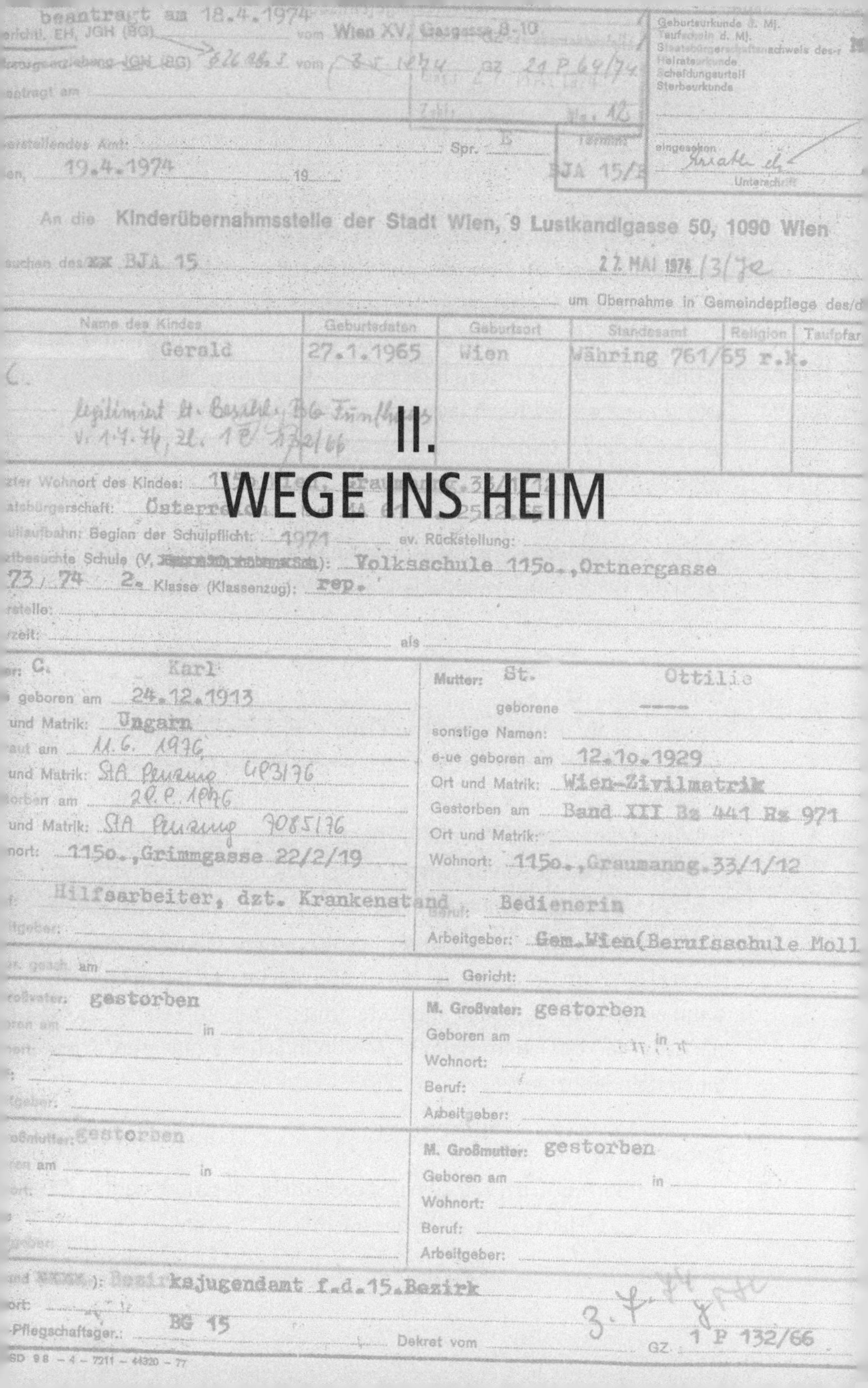
beantragt am 18.4.1974
...richtl. EH, JGH (BG) vom Wien XV, Gasgasse 8-10
...ziehungshilfe JGH (BG) vom 3.5.1974 GZ 21 P 64/74
...eantragt am
Geburtsurkunde d. Mj.
Taufschein d. Mj.
Staatsbürgerschaftsnachweis des/r M
Heiratsurkunde
Scheidungsurteil
Sterbeurkunde
eingesehen
Unterschrift
...erstellendes Amt: Spr.
...en, 19.4.1974 19
BJA 15/...

An die Kinderübernahmsstelle der Stadt Wien, 9 Lustkandlgasse 50, 1090 Wien

...suchen des BJA 15 27. MAI 1974 /3/Je
um Übernahme in Gemeindepflege des/d...

| Name des Kindes | Geburtsdaten | Geburtsort | Standesamt | Religion | Taufpfar... |
|---|---|---|---|---|---|
| C. Gerald | 27.1.1965 | Wien | Währing 761/65 | r.k. | |

legitimiert ... v. 1.4.74, Zl. 1 P 132/66

...zter Wohnort des Kindes: 15., ... Graumanng. 33/1/12
...atsbürgerschaft: Österreich
...ullaufbahn: Beginn der Schulpflicht: 1971 ev. Rückstellung:
...zt besuchte Schule (V, ...): Volksschule 15., Ortnergasse
73/74 2. Klasse (Klassenzug): rep.
...rstelle:
...rzeit: als

| | |
|---|---|
| ...er: C. Karl | Mutter: St. Ottilie |
| geboren am 24.12.1913 | geborene ---- |
| Ort und Matrik: Ungarn | sonstige Namen: |
| ...raut am 11.6.1976 | e-ue geboren am 12.10.1929 |
| Ort und Matrik: StA Penzing 483/76 | Ort und Matrik: Wien-Zivilmatrik |
| ...storben am 20.8.1976 | Gestorben am Band XII Bz 441 Rz 971 |
| Ort und Matrik: StA Penzing 7085/76 | Ort und Matrik: |
| ...nort: 15., Grimmgasse 22/2/19 | Wohnort: 15., Graumanng. 33/1/12 |
| ...: Hilfsarbeiter, dzt. Krankenstand | Beruf: Bedienerin |
| ...itgeber: | Arbeitgeber: Gem. Wien (Berufsschule Moll... |

...gesch. am Gericht:

| | |
|---|---|
| ...roßvater: gestorben | M. Großvater: gestorben |
| ...oren am in | Geboren am in |
| ...nort: | Wohnort: |
| ...: | Beruf: |
| ...tgeber: | Arbeitgeber: |
| ...oßmutter: gestorben | M. Großmutter: gestorben |
| ...ren am in | Geboren am in |
| ...ort: | Wohnort: |
| ...: | Beruf: |
| ...geber: | Arbeitgeber: |

...und ...): Bezirksjugendamt f.d.15.Bezirk
...ort:
...Pflegschaftsger.: BG 15 Dekret vom GZ. 1 P 132/66
...SD 98 – 4 – 7211 – 44320 – 77

# Vor dem Heim

Die hier zu Wort kommenden ehemaligen Heimkinder wurden zwischen August 2011 und August 2013 vom Autor interviewt. In diesem Abschnitt berichten sie aus ihrer Sicht über die Gründe, warum sie in ein Heim eingewiesen wurden, schildern im Kapitel *Alltag im Heim* ihre Erlebnisse in Erziehungsanstalten, und im letzten Teil *Nach dem Heim* erzählen sie über ihr Leben nach der Unterbringung in Fürsorgeheimen. Jede der Geschichten für sich genommen mag ein tragisches Einzelschicksal darstellen, in der vorliegenden Zusammenschau zeichnet sich jedoch kaleidoskopartig ein Bild ab, wie man in Österreich bis in die 1980er-Jahre mit Kindern in Erziehungsanstalten umgegangen ist.



**Waltraud R., 62**[11]

Sie war 15, als sie vom elterlichen Hof in Tirol ins Dorf gehen wollte. Waltraud R. erinnert sich: „Ich wollte meine Tante besuchen, weil die damals schon einen Fernsehapparat hatte. Sie haben an dem Abend irgendein Theaterstück im ORF gezeigt, das ich unbedingt sehen wollte." Es sei schon dunkel gewesen, als sie die Straße ins Tal entlangging. „Auf einmal ist da der Gendarm dagestanden und hat mich angebrüllt, was ich denn alleine um diese Zeit auf der Straße mache. Der hat mich dann wegen Vagabundage angezeigt und mitgenommen. Am nächsten Tag bin ich im Heim St. Martin in Schwaz gewesen." Eineinhalb Jahre lang.



**Robert R., 57**[12]

„Ich bin überzeugt, ich war kein unproblematisches Kind", sagt Robert R. „Zu Hause gab es immer nächtliche Streitereien der

Eltern, und meine Mutter hat uns dann verlassen. Aber ich wusste nie so richtig, warum ich ins Heim gesteckt wurde." Sein Vater habe gearbeitet, die Großmutter beide unterstützt. „Wir haben eigentlich alles gehabt. Sogar einen Fernseher und ein Auto." Der Vater war strammer Sozialist. „Er hat im Bürgerkrieg als 17-Jähriger für den Schutzbund gekämpft, ist dann nach Tschechien geflüchtet." 1936 soll R.s Vater im Spanischen Bürgerkrieg bei den internationalen Brigaden mitgekämpft haben, ehe er erneut flüchten musste. 1939 ging er nach Frankreich und sei dort der SS übergeben worden. „Bis Kriegsende war er in Dachau. Er hat mir gesagt, dass er dort immer die graue Maus gespielt hat. Unter dem Motto ‚nur net auffallen'. Er ist dort niemals geprügelt worden. Also ich hab in meinen eineinhalb Jahren im Kinderheim auf der Hohen Warte mehr Gewalt erlebt." Dorthin musste er, nachdem das Wiener Jugendamt befunden hatte, dass sein alleinerziehender Vater der Obsorge nicht in geeignetem Maß nachgekommen sei.



**Michaela B., 44**[13]

„Mein Vater ist im Jahr 1983 gestorben", erzählt Michaela B. Ein Jahr später, sie hatte den Polytechnischen Lehrgang abgeschlossen, ist auch ihre Mutter verstorben. „Ich habe sie gemeinsam mit meinem Bruder bis zum Schluss gepflegt." Sie bekam einen Vormund zugeteilt. „Frau H. war eigentlich sehr nett zu mir." Michaela B. arbeitete „im Schichtbetrieb bei Swarovski in der Optik, dann habe ich eine Arbeitsstelle in einem Alten- und Pflegeheim angenommen." Zwei bis drei Monate habe sie dort gearbeitet. Die damals 15-Jährige hatte bereits eine kleine Wohnung. „Dort wurde ich vom Vermieter-Ehepaar missbraucht." Die Übergriffe sollen über mehrere Wochen stattgefunden haben. „Dann habe ich mich meinem

Vormund anvertraut. Die hat aber geglaubt, dass ich lüge und hat die Vormundschaft abgegeben." Die für sie in Hall zuständige Sozialarbeiterin, diese ist heute noch für die Tiroler Jugendwohlfahrt tätig, habe ihr geraten, sich eine neue Arbeit zu suchen und sich alle zwei Wochen bei ihr zu melden. „Ich bin halt mal hingegangen und mal nicht." Eines Tages sei die Sozialarbeiterin in Michaela B.s Wohnung gestanden. „Sie hat gesagt: ‚Komm mit.' Wir sind in einen schwarzen Mercedes mit Chauffeur eingestiegen, und sie hat mir gesagt, dass wir nach Schwaz fahren. Dort wurde ich bei der Pforte abgegeben, und die Erzieherin Helena S. hat mich übernommen." Bis am Abend habe sie gar nicht gewusst, wohin sie gebracht worden sei. „Ich dachte zuerst, das ist so eine Art Gefängnis, weil da überall Gittertüren waren. Erst andere Mädchen haben mir dann gesagt, dass ich im Heim St. Martin bin." Michaela B. war im Alter von 16 bis 18 Jahren in diesem Heim für schwererziehbare Mädchen. Noch Jahre später habe sie ihrem älteren Bruder nicht verziehen, dass er sie nicht bei sich aufgenommen, sondern sie dem Heim ausgeliefert hat. „Heute weiß ich warum", bringt Michaela B. vor. „In meinem Heimakt steht, dass ich gestohlen habe und deswegen nach St. Martin gebracht worden bin. Ich habe nie gestohlen. Nie. Die haben das einfach reingeschrieben. Klar, dass mein Bruder keine Kriminelle bei sich haben wollte..."



**Eva L., 51**[14]

Eva L. wuchs in einer Familie mit 14 weiteren Geschwistern in problematischen Verhältnissen auf. „Meine Mutter hat die Fürsorge gebeten, die Pflege zu übernehmen", laut Akten ist dies 1972 geschehen. „Wir, die Jüngeren, sind dann in Heime gegeben worden." Einige der älteren Brüder waren bereits früher in Heimen einquartiert worden. „Meine jüngeren Geschwister,

meine Schwester Julia war sechs, Christine und Helmut, die Zwillinge, waren vier Jahre alt, der Christian war zwei Jahre alt und der Emanuel war zirka neun oder zehn Monate alt." Erst seien sie allesamt ins Julius-Tandler-Heim gebracht worden. „Dann wurden wir aufgeteilt. Ich und meine Schwester Julia sind auf den Wilhelminenberg gekommen. Wir haben uns nicht einmal von unseren jüngeren Geschwistern verabschieden können. Diese Schreie meiner Geschwister werde ich nie vergessen."
Ihr ältester Bruder Josef R.[15] erinnert sich an das Jahr 1965 zurück: „Damals haben sie mich als Einzigen in ein Heim gesteckt. Warum nur mich? Die Familie hat sich ja schön langsam aufgelöst."

**Leopold R., 71**[16]



R. erzählt von einem gewalttätigen Lehrer, dem er seine spätere Heimkarriere zu verdanken habe. „Ich habe bei meinen Eltern in Wien gelebt. Es war eigentlich alles ganz normal." Als er 1952 in die Hauptschule kam, sei er ständig vom Deutschlehrer schikaniert worden. „Mein Vater ging in die Schule, um sich zu beschweren, da wurde alles noch schlimmer." Als ihn der Lehrer mit dem Lineal geprügelt habe, habe er zurückgeschlagen. „Daraufhin ist meine Mutter in die Schule gekommen, und der Lehrer hat sie an der Hand gepackt, da bin ich auf ihn losgegangen." Einige Tage später sei ein Taxi vor der Schule vorgefahren. „Zwei Polizisten sind gekommen, haben mich mit Gewalt ins Taxi gezerrt und mich in die Kinderübernahmestelle in der Lustkandlgasse gebracht." Wenig später landete er im Kinderheim am Wilhelminenberg.

# Wer war im Heim

Oh ja, man konnte sie leicht erkennen, die Heimkinder. Im Winter an ihren grauen Mänteln und schwarzen Schuhen, im Sommer im Schwimmbad an ihren gleichen blauen Badehosen. Gesprochen hat man mit ihnen nicht, Freundschaften geknüpft schon gar nicht. Wer nicht brav ist, kommt ins Heim. Internat war auch eine Drohung, aber doch etwas ganz Anderes. Internat bedeutete Aufsteigen, Durchhalten, lange Ferien, absehbares Ende. Heim war Abstieg. All das muss als Hintergrund bedacht werden, wenn es um die Aufarbeitung der Heimskandale in Österreich geht.

Am 31. Dezember 1974 befanden sich in Österreich 8754 Kinder und Jugendliche in Heimen. In Wien waren es zum gleichen Stichtag 3156. Verglichen mit der Volkszählung 1971 waren 0,4% aller in Österreich lebenden Kinder und Jugendlichen zu diesem Zeitpunkt im Heim. In Wien waren 1,1% aller Kinder und Jugendlichen unter 19 Jahren Heimen. Da die Jugendwohlfahrtsstatistik erst seit 1970 die Art der Durchführung der verschiedenen Maßnahmen (Belassung in der Familie, Pflegefamilie, Heim) ausweist, ist die zeitliche Entwicklung für Österreich vor 1970 nicht ganz genau nachzuweisen. Es gab eine abnehmende Tendenz der Heimeinweisung. In Wien, wo die Daten über längere Zeiträume verfügbar sind, ist diese Tendenz eindeutig nachzuweisen. Auch der Anteil der Heimeinweisungen verglichen mit den anderen Maßnahmen nach dem Jugendwohlfahrtsgesetz sank, sowohl in ganz Österreich (von 25,6% auf 23,7%) als auch in Wien (von 26,8% auf 22,3%), zwar langsam, aber doch.

Am Stichtag 1. August 1977 befanden sich noch immer 2663 Kinder und Jugendliche im Auftrag der Stadt Wien in Heimen.

Davon 1673 (63%) in städtischen Heimen, 532 (20%) in privaten Heimen, 458 (17%) in kirchlichen Heimen, davon 123 (4%) in Caritas-Heimen und 328 (13%) in Ordensheimen.

**Verwaltungswohl gegenüber Kindeswohl**

Erstaunlich ist der Unterschied bezüglich der Maßnahmen, unter welchen Kinder ins Heim kamen. In Österreich befanden sich zum Stichtag 31.12.1974 48,8% der Kinder und Jugendlichen aufgrund von Erziehungshilfe im Heim, 28,4% veranlasst durch gerichtlich angeordnete Erziehung und 22,8% infolge Fürsorgeerziehung. Hingegen waren in Wien 67,1% infolge freiwilliger Erziehungshilfe im Heim, 28,4% wegen gerichtlicher Erziehungshilfe und nur 4,5% infolge Fürsorgeerziehung.

Dies ist jedoch nur zum Teil auf pädagogische Überlegungen zurückzuführen, vor allem aber aus administrativen Gesichtspunkten zu erklären. Es waren nämlich verschiedene Kostenträger für verschiedene Maßnahmen verantwortlich. Zunächst mussten die Eltern im sogenannten Regress finanziell aufkommen. Nur die Fürsorgeerziehung wurde von den jeweiligen Bundesländern übernommen. Die anderen Maßnahmen wurden von den Gemeinden bezahlt. In Wien, wo Land und Gemeinde eine Einheit sind und in jedem Fall die Stadt Wien die Kosten zu tragen hatte, konnte von Fürsorgeerziehung leichter abgesehen werden.
„Heimeinweisung" stellte eine besonders einschneidende Maßnahme im Leben der Betroffenen dar, da sie aus ihrer gewohnten sozialen Umgebung völlig herausgerissen wurden und Anpassungsleistungen erwartet wurden, deren Sinn und Zweck sich nur aus der Logik des administrativen Systems ergaben. Was aber waren die Ziele dieses massiven Eingriffs?

Dabei ergaben sich zunächst grob zwei Kategorien: Die im Gesetz festgelegten „offiziellen" Ziele der Heimerziehung und die aus der praktischen Erfahrung heraus formulierten „inoffiziellen" Ziele. Die „offiziellen" Ziele waren im Jugendwohlfahrtsgesetz und in der Heimverordnung festgelegt. Da die Jugendwohlfahrt in Österreich Sache der Bundesländer ist, gibt es zwar ein bundesweites Jugendwohlfahrtsgesetz, aber auch neun Landeswohlfahrtsgesetze. Der Einfachheit halber wird hier nur das damals geltende Wiener Jugendwohlfahrtsgesetz 1956 herangezogen. Nach dem Wiener Jugendwohlfahrtsgesetz konnte die Unterbringung in einem Heim aufgrund dreier Gesetzesbestimmungen ausgesprochen werden: im Rahmen der Erziehungshilfe (§25 Wiener Jugendwohlfahrtsrecht), der gerichtlichen Erziehungshilfe (§26 Wiener Jugendwohlfahrtsgesetz) und der Fürsorgeerziehung (§28 Wiener Jugendwohlfahrtsgesetz).



Die Erziehungshilfe wurde auf Antrag der Erziehungsberechtigten oder von Amts wegen einem Minderjährigen unter achtzehn Jahren gewährt,

> „dem es an der nötigen Erziehung fehlt, ohne dass die Voraussetzung für die Erziehungsaufsicht oder die Fürsorgeerziehung vorliegen. Sie umfasst alle Maßnahmen, die dem Ziel einer verantwortungsvollen und sachgemäßen Erziehung dienen, wie Erziehungsberatung, anderweitige Unterbringung, Einweisung in einen Kindergarten, einen Hort, eine Tagesheimstätte, ein Jugendheim oder ein Erholungsheim."[17]

Die Erziehungshilfe konnte nur mit dem Einverständnis des Erziehungsberechtigten verhängt werden. Wenn die Erziehungsberechtigten ihre Erziehungsgewalt missbrauchten oder die damit verbundenen Pflichten nicht erfüllten, konnte vom Vormundschaftsgericht auch gegen den Willen der Erziehungsberechtigten eine gerichtliche Erziehungshilfe angeordnet werden. Aber wer wollte schon mit dem Gericht zu tun haben, wenn die zuständige Sozialarbeiterin eine Fremdunterbringung empfohlen hatte. Die Fürsorgeerziehung schließlich bestand in der Unterbringung in einer geeigneten Pflegefamilie oder einem Fürsorgeerziehungsheim. Sie wurde vom Vormundschaftsgericht auf Antrag oder von Amts wegen angeordnet, „wenn dies zur Beseitigung geistiger, seelischer oder sittlicher Verwahrlosung eines Minderjährigen notwendig und die Entfernung des Minderjährigen aus seiner bisherigen Umgebung erforderlich ist."[18] Ziel und Form der Heimeinweisung wurde im Jugendwohlfahrtsgesetz nur vage definiert, wie „sachgemäße [sic!] und verantwortungsbewusste Erziehung" (§25) oder „nach pädagogisch-psychologischen Erkenntnissen zu gestalten" (§28), „hat eine gedeihliche Entwicklung zu sichern" (§28).



In Österreich waren 58,5% der untergebrachten Kinder und Jugendlichen männlich und 41,5% weiblich. Weibliche Jugendliche kamen vorwiegend wegen sexueller Normenverletzung ins Heim. Im großstädtischen Raum war einerseits die Chance, bei derartigen Normenverletzungen erwischt zu werden, größer, andererseits wurde wahrscheinlich von den SozialarbeiterInnen auch eine größere Chance für Mädchen, zu „verwahrlosen" angenommen. „Bubenhaftes" Verhalten, wie Raufen, Herumstreunen, kleine Eigentumsdelikte, wurde im großstädtischen Raum eher bei den Behörden angezeigt. Der Anteil der in den städtischen Heimen untergebrachten Kinder und Jugendlichen sank von 1965 bis 1974 sehr stark – von 40,5% auf 27,7%, in den privaten Heimen weniger –

von 33,3% auf 31,2%. Stark zugenommen hatte hingegen die Unterbringung bei Pflegeeltern auf dem Land: von 15% auf 29,6%. Die absolute Zahl der Kinder in Fremdunterbringung blieb mit 5321 zu 5360 ziemlich gleich. Da die Jugendwohlfahrtsstatistik keinerlei Aufschluss über die soziale Herkunft der Heimkinder zuließ, wurde Anfang der 1970er-Jahre im Rahmen der Wiener Heim-Studie unter der Leitung der Autorin eine Analyse der Akten von in Heimen der Stadt Wien beziehungsweise in Vertragsheimen der Stadt Wien befindlichen Kindern und Jugendlichen durchgeführt.[19] Die Stichprobe bestand aus 1608 Fällen, das waren 47,5 Prozent der Gesamtheit der Wiener Heimkinder, davon 61 Prozent Buben und 39 Prozent Mädchen.

### Die Familien der Heimkinder



In welche Art von Familie griff die öffentliche Erziehung ein? Welches Merkmalsbündel wurde von den SozialarbeiterInnen als Indikator für den „moralischen Zustand" der Eltern angenommen, um das Eingreifen zu rechtfertigen und ein Versagen der Familie für die „gedeihliche" Entwicklung des Kindes konstatieren zu können?

Vor jeder Heimeinweisung musste ein „Überstellungsgrund" angegeben werden. Über die Hälfte der Einweisungen erfolgte aus den Gründen „Vernachlässigung" (20,65%) und „Verwahrlosung" (32,65%). Bei der Aktenanalyse zeigte sich jedoch, dass diese zwei Kategorien eine Reihe von Gründen, wie Ablehnung der Pflege durch Verwandte, Haft der Pflegeperson, umfassten. Hauptschwerpunkt aber war: mangelnde Beaufsichtigung. Untersucht wurde auch, ob die Heimeinweisung durch äußere Umstände, Obdachlosigkeit der Familie, Wegfall der Pflegeperson durch Krankheit oder Tod, oder wegen Handlungen, die

das Kind selbst setzte, erfolgte. 79,7% der Heimeinweisungen erfolgten aus diesen äußeren Umständen.
Bei der Feststellung der sozialen Schicht der Familien von Heimkindern ergab sich die überwiegende Herkunft dieser Kinder aus der unteren Arbeiterschicht, hier vor allem der ungelernten ArbeiterInnen. Von den bekannten Vätern waren ein Drittel Hilfsarbeiter, 11 Prozent angelernte Arbeiter und 15,6 Prozent Facharbeiter. Nur 9,4 Prozent waren Angestellte oder Beamte und 3,5 Prozent Selbstständige. Vergleicht man diese Berufsverteilung mit der Berufsverteilung der Wiener Gesamtbevölkerung, so ergeben sich starke Abweichungen: Die in der Stichprobe enthaltenen Väter waren zu 87,1 Prozent Arbeiter, in Wien insgesamt waren nur 39,2 Prozent der männlichen Berufstätigen Arbeiter.
Bei den Müttern gab es einen hohen Anteil erwerbstätiger Frauen. Im Jahr 1971 waren in Wien 35,2 Prozent aller Frauen berufstätig. Im Gegensatz dazu waren jedoch 50,5 Prozent der Mütter von Heimkindern berufstätig. 32,9 Prozent waren Hilfsarbeiterinnen, 8,3 Prozent angelernte Arbeiterinnen und 2,2 Prozent Facharbeiterinnen. Der Anteil der Angestellten und Beamtinnen betrug nur 8,1 Prozent, jener der Selbstständigen nur 1,9 Prozent. Somit waren 90 Prozent der berufstätigen Mütter der Heimkinder Arbeiterinnen. Von der gesamten berufstätigen weiblichen Bevölkerung Wiens waren nur 37 Prozent Arbeiterinnen. Dem Angestelltenanteil von 8,1 Prozent der Stichprobe der Mütter der Heimkinder stand dem Angestelltenanteil von 56,1 Prozent der weiblichen Bevölkerung gegenüber. Bei den Selbstständigen war das Verhältnis 1,9 Prozent der Stichprobe zu 6,9 Prozent in der Bevölkerung. Dazu kam, dass bei den Arbeiterinnen die Frauen in den untersten Lohnkategorien zu finden waren. Dies führte gerade bei

alleinstehenden Müttern zu einer ökonomischen Notlage. Diese Notlage und nicht die Berufstätigkeit der Mutter schlechthin dürfte das Auffälligwerden der Kinder mitbestimmt haben. Im Bericht über die Situation der Frau in Österreich von 1975[20] wird an Hand österreichischer Daten der Zusammenhang zwischen Berufstätigkeit der Mutter und Auffälligkeit der Kinder als unrichtig zurückgewiesen.[21]

Für die Heimkinder wurde versucht, die Verfügbarkeit der Großeltern bzw. der erweiterten Familie abzuschätzen. Da der Geburtsort der Eltern der Heimkinder in den meisten Fällen angegeben war, wurde versucht, daraus zu erschließen, wie viele Personen nach Wien zugewandert waren und wie weit damit die Möglichkeit bestand, dass die erweiterte Familie im Bundesland oder im Ausland geblieben war. 26,4 Prozent der Väter stammten aus einem Bundesland und 8 Prozent aus dem Ausland. Bei den Müttern waren 32 Prozent aus einem Bundesland und 7,5 Prozent aus dem Ausland. Bei der Aufspaltung nach einzelnen Bundesländern zeigte sich, dass die meisten Väter in Niederösterreich geboren wurden, gefolgt vom Burgenland und von der Steiermark. Dieselbe Verteilung ergab sich bei den Müttern. Dabei stammten die Eltern meist aus Gemeinden in der Größe bis zu 5000 Einwohnern. Welche Bedeutung der Verfügbarkeit von Verwandten in diesem Zusammenhang zukam, veranschaulichten weitere Ergebnisse des Mikrozensus vom Juni 1973. Es zeigte sich, dass Schulkinder nahezu ausschließlich nur in jenen Familien ohne Beaufsichtigung blieben, in welchen vor allem die Eltern der Frau weit entfernt wohnten oder nicht mehr lebten.
Mit zahlreichen Untersuchungen belegte die Wiener Heimkinder-Studie 1974 auch, dass schichtspezifische Benachteiligun-

gen bei der Betreuung von Schulkindern und bei der Hilfe bei Hausaufgaben bestanden. Weitere Studien zeigten, dass trotz hoher Belastung berufstätige Mütter sehr bemüht waren, sich in der arbeitsfreien Zeit den Kindern zu widmen. Die damalige Diskussion um die „Schlüsselkinder", also um Kinder, die mit dem Wohnungsschlüssel um den Hals unbeaufsichtigt herumliefen, wurde nur auf dem Rücken der berufstätigen Mütter geführt.

## Unehelich, Alleinerzieherinnen und kinderreich

Bei der Wiener Heimkinder-Stichprobe 1974 waren 34,2 Prozent der Kinder unehelicher, 3,7 Prozent vorehelicher und 1,2 Prozent außerehelicher Geburt.[22] Einige kleinere Untersuchungen über unverheiratete Mütter in Österreich lagen vor.[23] Diese Studien zeigten, dass sich „Unehelichkeit" überwiegend in unteren sozialen Schichten fand (Arbeiterinnen und einfache Angestellte), das heißt, dass in allen anderen Schichten üblicherweise vor der Geburt des Kindes geheiratet wurde. Diese Untersuchungen zeigten aber auch, dass nicht deshalb so viele uneheliche Kinder im Heim waren, weil uneheliche Mütter schlechte Menschen wären, sondern weil es ihnen (wirtschaftlich) schlecht ging. Die überwiegende Mehrzahl der Mütter wies eine „sehr gute und liebevolle Einstellung"[24] zu den Kindern auf. Die alleinstehenden Mütter waren „durchaus in der Lage, ihre Kinder in günstiger Weise großzuziehen."[25] Aus den vorliegenden Untersuchungen kamen die Autoren des Frauenberichtes zum Schluss: „Als problematisch und negativ beeinflussend erwies sich nicht so sehr die Tatsache der Unehelichkeit an sich, sondern eher und noch immer gesellschaftliche Vorurteile und eine schwierige wirtschaftliche Lage."[26]
In der Stichprobe waren 18,4 Prozent der Eltern geschieden.

Über das Schicksal geschiedener Frauen lagen damals keinerlei österreichische Untersuchungen vor. Heute gibt es genug Nachweise, dass geschiedene Frauen mit Kindern große häusliche und berufliche Belastung, geringere gesellschaftliche Kontaktmöglichkeiten und wenig Hilfeleistung von anderen Menschen haben. Die Wiener Heimkinder-Untersuchung 1974 stellte fest,

> „dass offensichtlich die ökonomische Notlage alleinstehender Mütter entweder nicht entsprechend erkannt oder dass ihr mit untauglichen Mitteln (etwa der Heimeinweisung der Kinder) begegnet wird. Obwohl Heimeinweisung des Kindes, vor allem des Kleinkindes, für die alleinstehende Mutter vielleicht momentane Erleichterung bringt, müsste doch viel mehr getan werden, dass einerseits unerwünschte Schwangerschaften nicht entstehen, anderseits der alleinstehenden Mutter finanziell und durch ambulante Betreuungsinstitutionen (Kindergärten, Horte, Ganztagsschule) so geholfen wird, dass die Kinder weitgehend bei ihr bleiben können."[27]



Aber nicht nur der Anteil der Kinder aus unvollständigen Familien war bei den Heimkindern stark überhöht, sie stammten außerdem auch meist aus kinderreichen Familien. Die durchschnittliche Familiengröße ergab 3,6 Kinder pro Familie. Diese Zahl war für Wien sehr hoch. Die durchschnittliche Kinderzahl pro Familie betrug in Wien nämlich nur 1,4 Kinder.[28] Kinderreichtum und Heimunterbringung muss immer im Zusammenhang mit der Schichtzugehörigkeit gesehen werden. Obwohl in unserer Gesellschaft Kinderreichtum auch in der Mittelschicht das wirtschaftliche Niveau der Familie drückt, so ergibt sich in der Regel die Stigmatisierung durch Eingreifen der Sozialbehörde nur in der Unterschicht. Neben den bereits genannten Merkmalen waren Heimkinder noch dadurch zusätzlich belastet, dass sie vor der ersten Heimeinweisung einem ständigen Wechsel der Bezugspersonen oder der Bezugsgruppen ausgesetzt waren. Nur 31,7 Prozent der Kinder und Jugendlichen hatten vor ihrer Heimeinweisung keinen Wechsel in der Bezugsperson erlebt. 14,3 Prozent der Heimkinder hatten nie eine Primärgruppe[29] (z. B. Familie), sie waren von Geburt an im Heim. Ein ebenso hoher Anteil wurde bereits vor dem ersten Heimaufenthalt in eine andere Bezugsgruppe gebracht. Bezüglich der Ehe-Verhältnisse der Eltern bei der letzten Heimeinweisung war festzustellen, dass 32,1 Prozent nicht verheiratet waren (das entspricht der Quote der unehelich geborenen Kinder), 35,4 Prozent waren verheiratet, 18,4 Prozent geschieden, und bei 7,5 Prozent der eingewiesenen Kinder und Jugendlichen war ein Elternteil oder beide verstorben.



Vor ihrer letzten Heimeinweisung lebten 79,9 Prozent der eingewiesenen Kinder und Jugendlichen bei der leiblichen Mutter, 3,2 Prozent bei der Großmutter, 2,9 Prozent bei einer Pflegemutter und 2,3 Prozent lebten in einer Primärgruppe ohne weibliche Bezugsperson. Bei den männlichen Bezugspersonen wuchsen 50 Prozent beim leiblichen Vater auf. Bei 29 Prozent der Fälle war keine männliche Bezugsperson vorhanden. Bei 9,6 Prozent der Fälle war die männliche Bezugsperson der Stiefvater und bei 6,6 Prozent der Lebensgefährte der Mutter.

## Wo die „schlimmen Kinder" wohnen

Eine deutsche Erhebung aus 1973[30] zeigte, dass Kinderreichtum, Arbeiterschicht und Störungen in der Primärgruppe sehr häufig gleichzeitig mit schlechten Wohnverhältnissen vorkamen. In den Überstellungsberichten lagen über die Wohnungen an sich nur spärliche Auskünfte vor. Immerhin wurden 8,8 Prozent der Wohnungen als gesundheitsschädlich, überbelegt oder beides klassifiziert. 1,8 Prozent der Kinder stammten aus Obdachlosenasylen, 10,6 Prozent der Wohnungen wurden als „verwahrlost" beschrieben. Daher wurde versucht, anhand der Wohnadresse vor der Heimeinweisung herauszufinden, inwieweit Heimkinder aus Gebieten der Stadt kamen, in denen schlechte Bedingungen für Kinder – wenige Parks, hohe Überalterung – vorherrschten.

Diese Fragestellung basiert auf Überlegungen, die in der Soziologie unter dem Stichwort „Sozialökologie" verstanden werden. Nach diesen Überlegungen ergibt sich, dass der städtische Ballungsraum hochdifferenziert ist und eine in Form von räumlichen mehr oder weniger umgrenzbaren Teilen ausgeprägte Sozialstruktur aufweist. Für die Heim-Studie 1974 lag eine derartige sozialökologische Untersuchung für Wien aufgrund der Daten der Volks-, Häuser- und Wohnungszählung vor.[31] Zunächst wurden die Heimeinweisungen aus den einzelnen Bezirken in Anteilen an der Bevölkerung unter 20 Jahren[32] ausgedrückt. Danach wurden die Heimeinweisungen nach den Zählbezirkstypen der Studie „Sozialräumliche Gliederung Wien 1961" analysiert. Zusammenfassend kann man sagen, dass Heimkinder vor allem aus Stadtgebieten mit hohem Arbeiteranteil, dichter Bebauung, überalteter Bevölkerung und zentrumsnaher Lage kamen. In den innerstädtischen Wiener Gemeindebezirken 2., 3. (Zählbezirk Fasangasse), 6., 7., 20. bzw. den gürtelnahen Teilen der Bezirke 10., 12., 15., 16., 17. und 18. war einerseits die Möglichkeit für Aktivitäten der Kinder im unmittelbaren Wohnbereich gering (wenig Spielplätze oder Parks), anderseits war vermutlich die Chance, auffällig zu werden, durch den deutlichen Überalterungsfaktor höher. Darüber hinaus hatten diese gründerzeitlichen Viertel auch einen hohen Anteil an sanierungsbedürftigen „indischen" Wohnungen: Wasser und Klo am Ende des Ganges.[33] Weniger Kinder wurden aus Ober- und Mittelschichtvierteln mit lockerer Verbauung und vielen „erlaubten" Freizeitmöglichkeiten für Kinder eingewiesen.

Hans und Heidrun Feigelfeld, Timo Huber und Kurt Smetana haben diesen Ansatz sowie die Daten übernommen und graphisch besser aufbereitet. Diese Studie wurde 1978 unter dem Titel „Wo die schlimmen Kinder wohnen"[34] veröffentlicht. Anhand der Problemgebiete haben sie ein alternatives Modell der Erziehungshilfen und Ersatzerziehung entwickelt, dass in seiner Gesamtheit heute noch der Verwirklichung harrt.

Heimkinder kamen also vorwiegend aus Arbeiterfamilien, in denen es verschiedene Schwierigkeiten gab: ökonomische Notlage, unvollständige Familie, Wechsel der Bezugspersonen, Kinderreichtum, Wohnen in kinderfeindlichen Stadtvierteln. Deswegen lautete damals die Empfehlung der Heim-Studie 1974, „bei der Prävention von Heimeinweisungen vor allem wirtschaftliche und soziale Abstützungen für die betroffenen Familien zu schaffen."[35]

# III.
# EINE FRAGE DES PERSONALS

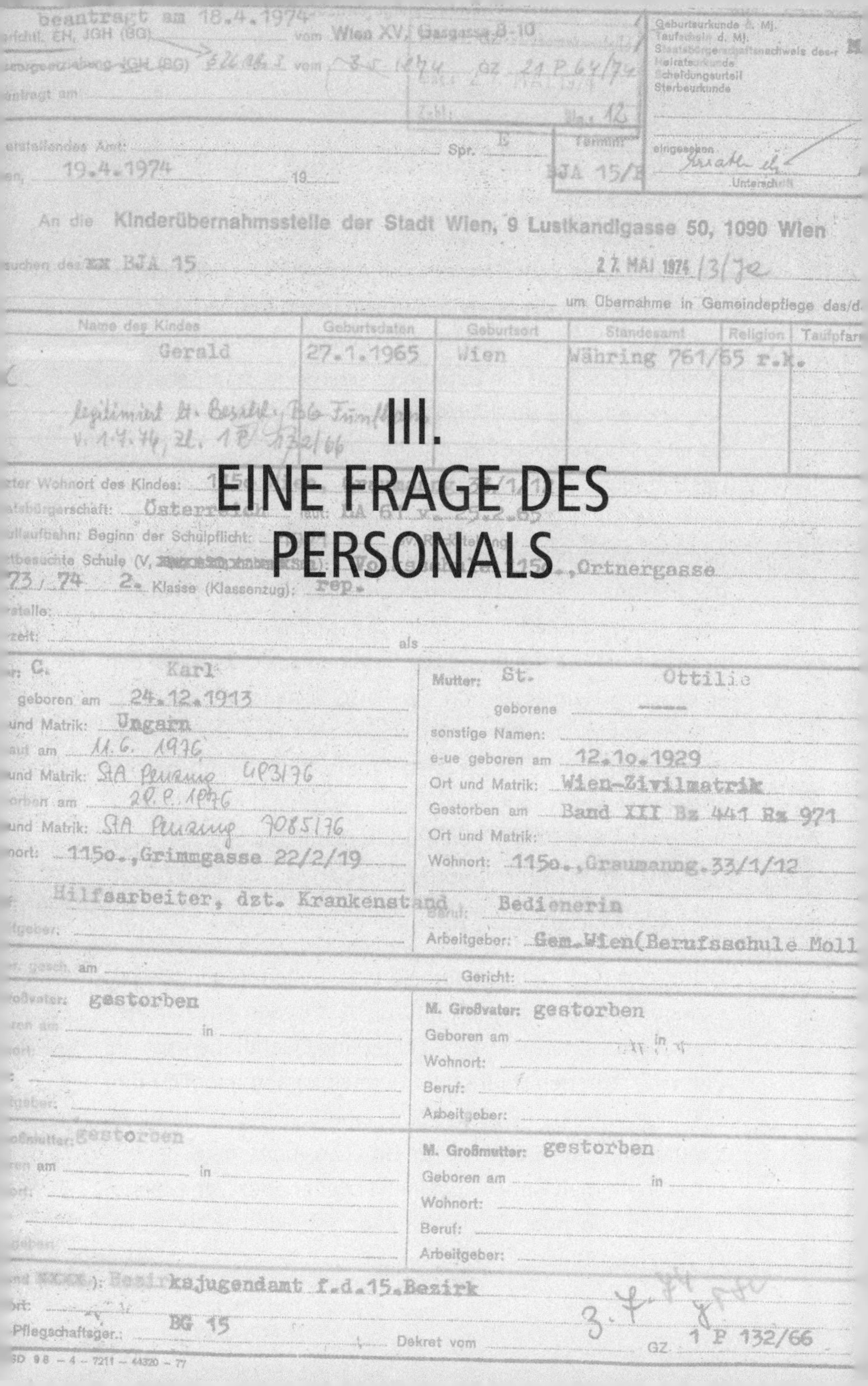
beantragt am 18.4.1974 vom Wien XV, Gasgasse 8-10

vom 8.5.1974 GZ 21 P 64/74

Zahl: ... Nr. 12

Geburtsurkunde d. Mj.
Taufschein d. Mj.
Staatsbürgerschaftsnachweis des-r
Heiratsurkunde
Scheidungsurteil
Sterbeurkunde

Spr. E

BJA 15/E

eingesehen

Unterschrift

19.4.1974 19

An die Kinderübernahmsstelle der Stadt Wien, 9 Lustkandlgasse 50, 1090 Wien

BJA 15 27. MAI 1974 3/Je

um Übernahme in Gemeindepflege des/d

| Name des Kindes | Geburtsdaten | Geburtsort | Standesamt | Religion | Taufpfarre |
|---|---|---|---|---|---|
| Gerald | 27.1.1965 | Wien | Währing 761/65 | r.k. | |
| C. legitimiert lt. Beschl. BG Fünfhaus v. 1.4.74, Zl. 1 P 132/66 | | | | | |

Klasse (Klassenzug): rep.

73/74 2.

Ortnergasse

als

C. Karl
geboren am 24.12.1913
Ort und Matrik: Ungarn
... am 11.6.1976
Ort und Matrik: StA Penzing 4P3/76
Gestorben am 20.8.1976
Ort und Matrik: StA Penzing 7085/76
Wohnort: 115o., Grimmgasse 22/2/19
Hilfsarbeiter, dzt. Krankenstand

Mutter: St. Ottilie
geborene -----
sonstige Namen:
e-ue geboren am 12.10.1929
Ort und Matrik: Wien-Zivilmatrik
Gestorben am Band XXII Bz 441 Rz 971
Ort und Matrik:
Wohnort: 115o., Graumanng. 33/1/12
Beruf: Bedienerin
Arbeitgeber: Gem. Wien (Berufsschule Moll

Gericht:

Großvater: gestorben

M. Großvater: gestorben
Geboren am in
Wohnort:
Beruf:
Arbeitgeber:

Großmutter: gestorben

M. Großmutter: gestorben
Geboren am in
Wohnort:
Beruf:
Arbeitgeber:

Bezirksjugendamt f.d. 15. Bezirk

Pflegschaftsger.: BG 15

Dekret vom GZ 1 P 132/66

GD 98 – 4 – 7211 – 44320 – 77

## Herkunft und Berufseinstellung der ErzieherInnen

287 Erzieherinnen und Erzieher wurden 1973 im Rahmen der Wiener Heim-Studie interviewt, die in jenen Heimen beschäftigt waren, in denen Kinder und Jugendliche aus Wien untergebracht waren. Die Befragung schloss 14 städtische und neun Privatheime ein. 15 Privatheime, die eigentlich in die Befragung einbezogen werden sollten, hatten die Durchführung der Befragung einfach abgelehnt. Das war umso erstaunlicher, da ja die Stadt Wien für ihren Lebensunterhalt gesorgt hat, nämlich durch die Unterbringung von Kindern. Vielleicht, weil der Personalstand nicht so befriedigend war wie gesetzlich vorgeschrieben, hatte daher auch die Stadt Wien, sprich MA11, nicht auf die Durchführung der Befragung gedrängt. Bei den städtischen Heimen betrug der Personalstand im Juni 1973 289 Personen. Davon konnten 86,5% aller ErzieherInnen befragt werden. Unabhängig davon interviewte der Innsbrucker Forscher Heinrich Zangerle für seine Dissertation „Zur Berufssituation des Erziehers in österreichischen Fürsorgeerziehungsheimen"[36] im selben Zeitraum 122 ErzieherInnen in 16 Fürsorgeerziehungsheimen aus ganz Österreich.

Betrachtet man nur das Verhältnis zwischen Zöglingen pro ErzieherIn, so wird die Vermutung, dass in den privaten Heimen das Personal nicht der Qualität und Quantität entsprach, unterstützt. In den städtischen Heimen kamen ungefähr fünf Zöglinge auf einen Erzieher oder eine Erzieherin. Die Werte streuten von drei ErzieherInnen bis etwas über sechs. Bei den privaten Heimen kamen auf einen Erzieher oder eine Erzieherin sieben Zöglinge, mit einer Streuung von drei bis sechzehn.

Das Verhältnis von Zöglingen und ausgebildeten ErzieherInnen sah noch schlechter aus. In den städtischen Heimen kamen auf acht Zöglinge ein ausgebildeter Erzieher oder eine ausgebildete Erzieherin. In den sonstigen Heimen kamen auf 19 Zöglinge ein ausgebildeter Erzieher oder eine ausgebildete Erzieherin. In Prozenten ausgedrückt, sah das Verhältnis so aus: 62% ausgebildete ErzieherInnen in den städtischen Heimen gegenüber 62% unausgebildete ErzieherInnen in den privaten Heimen. Eine Konsequenz dieser Personalsituation war eine vorprogrammierte Arbeitsüberlastung des Personals und damit ein Trend weg von einfühlsamer, kreativer Arbeit zu Routinearbeit.

**Ausbildung**

Die Berufsvoraussetzungen der Heimerziehung bestand damals nur in einer über die Pflichtschule hinausgehenden zweijährigen Schul- oder Berufsausbildung. 58% der Befragten hatten bereits vor Eintritt in den Heimerziehungsberuf einen anderen Beruf ausgeübt. Das Durchschnittsalter dieser „Berufswechsler" lag bei 37 Jahren. 42% der HeimerzieherInnen hatten unmittelbar nach einer Schulausbildung den Heimerziehungsberuf ergriffen. Das Durchschnittsalter dieser „Direktwähler" lag bei 31 Jahren. 17% hatten das Institut für Heimerziehung der Stadt Wien absolviert, 2% das Bundesinstitut in Baden, 20% einen Externistenkurs, 21% einen Erzieherfachkurs und 17% eine sonstige SozialarbeiterInnenausbildung gemacht. 21% gaben keine Ausbildung an.[37] Vergleicht man den Anteil der unausgebildeten ErzieherInnen mit der Gesamtzahl des Heimpersonals, stechen die Heime Biedermannsdorf, Lindenhof (Eggenburg) und Hohe Warte mit jeweils fast 50% unausgebildeten ErzieherInnen heraus.

Was bewog die Befragten, ihren früheren Beruf aufzugeben? Zusammenfassend stellte Heinrich Zangerle bezüglich der Berufswahl und Berufsrolle fest:

> „Es konnte aufgezeigt werden, dass die Entscheidung für den Beruf des Fürsorgeerziehers häufig nicht aufgrund einer langfristigen Orientierung am Berufsziel erfolgte. Dabei waren sachfremde Gründe und die gerade günstige Konstellation der Umstände für den Eintritt in ein Berufsfeld mit relativ hoher existentieller Sicherheit und den Chancen der Verbeamtung von nicht geringer Bedeutung. Es ist anzunehmen, dass die Berufswahl im Allgemeinen weniger an der zukünftigen beruflichen Tätigkeit orientiert war als vielmehr an den vermeintlichen Vor- bzw. Nachteilen, die der Beruf aufweist. Die vorliegenden Daten legen nahe, den Motiven Verdienst, Versorgung, Anerkennung für den Eintritt in das Berufsfeld des Erziehungsheimes etliches Gewicht zuzumessen."[38]



Die Wiener Untersuchung bestätigte dies im Hinblick auf die Motive der Berufswahl. Weiters gab es bei den Männern die Kategorie „kriegsbedingte Gründe". Darunter wurde zusammengefasst, wenn die Befragten ihre Ausbildung bzw. berufliche Laufbahn durch den Krieg unterbrechen mussten, und die nach 1945 unter wenigen Alternativen den Heimerzieher-Beruf wählten. Es bestätigte sich auch die Annahme, mit dem Beruf des Heimerziehers/ der Heimerzieherin einen sozialen Aufstieg einzuleiten (eindeutige faktische Aufstiegstendenzen waren jedoch nicht zu belegen) oder aber einen bereits begonnenen sozialen Abstieg abzufangen. Die HeimerzieherInnen zeigten ein „geringes Interesse, aus der sozialen Tradition der Eltern auszubrechen […] [Sie] sind sich dessen bewusst, dass sie keine Aufstiegschancen in diesem Beruf haben."[39] Sie mussten sich auch nicht vor einem beruflichen Versagen fürchten.

### Distanz zu den Klienten

Die in der Wiener Heim-Studie 1974 befragten ErzieherInnen lehnten zu 68% eine Betreuung in einem Wohnkollektiv ab. 75% wollten betreute Kinder selten oder nie in ihre Privatwohnung nehmen. Wobei 25% angaben, Zöglinge gelegentlich mit nach Hause zu nehmen. Aus ihren Heim-Beobachtungen wissen die Studienmitglieder aber, dass dies vor allem zu Dienstleistungen wie Wohnungsputzen geschah und als „Vergünstigung" gesehen wurde. Die Wichtigkeit, eigene Erfahrungen mit dem Heimmilieu gemacht zu haben, lehnten die Befragten mehrheitlich ab. Als ErzieherInnen selbst in einem Heim aufgewachsen zu sein, hielten 85,7% der Befragten für unwichtig, selbst aus einer Arbeiterfamilie zu kommen, war für 88,9% der befragten ErzieherInnen unwichtig für die Berufsausübung.



### Woher kamen die ErzieherInnen

Mehr als die Hälfte der Väter der HeimerzieherInnen waren kleine oder mittlere Angestellte oder Beamte. Die größte Gruppe, nämlich ein Viertel, stellten die mittleren/ höheren Angestellten oder Beamten. Offensichtlich war es üblich, wenn schon der Vater Beamter war, dass auch die Kinder sich in diesem Bereich um einen Beruf umschauten. Insgesamt waren fast 70% der Väter von ErzieherInnen mindestens Facharbeiter, kleine Gewerbetreibende, mittlere bis höhere Angestellte oder Beamte. Ganz anders sah es bekanntlich bei den Heimkindern aus. Hier waren 44% der Väter Hilfsarbeiter oder angelernte Arbeiter, 15,6% waren Facharbeiter. Kein einziger Vater war in der Heimkinder-Untersuchung mittlerer oder höherer Angestellter oder Beamter.

Die Mütter der ErzieherInnen waren zu zwei Drittel nicht berufstätig. Dieser Anteil lag wesentlich höher als der Anteil der berufstätigen Frauen insgesamt. Von dem Drittel der berufstätigen Mütter der ErzieherInnen waren 23% mindestens Facharbeiterinnen oder ebenfalls mittlere bis höhere Angestellte sowie Beamtinnen. Die größte Kategorie, nämlich 12% der Mütter, waren kleine Angestellte oder Beamtinnen. Bei den Heimkindern hingegen waren 41,2% der berufstätigen Mütter Hilfsarbeiterinnen oder angelernte Arbeiterinnen. Mittlere, höhere Angestellte oder Beamtinnen fehlten ganz.[40]

Über die in der Heimerziehung tätigen Angehörigen geistlicher Orden gab es keine Untersuchungen. In der Wiener HeimerzieherInnen-Befragung[41] verweigerten die Ordensheime durchgehend die Befragung. Die Angehörigen der Orden waren meist freiwillig dem Orden beigetreten und betrachteten die Mitgliedschaft als Berufung. Für sie gab es genau festgelegte formale Regeln des Ordens. Über die Auswirkungen liefert der Tiroler Historiker Horst Schreiber eine Charakteristik:

> „Bestimmte bereits die starre, menschenunfreundliche Binnenorganisation über Betreuerinnen und Betreute, kamen noch die mangelhafte Ausstattung, die Überforderung des Personals durch Unterqualifikation und der Geist der klösterlichen Härte hinzu. Die Selbstverleugnung der menschlichen Bedürfnisse des Geistes, des Körpers und der Gefühle stellte nicht eine Verirrung dar, sondern eine eingeforderte Lebensführung. Die Pflicht zur Bedürfnislosigkeit und das Abtöten der Empfindungen war oberstes Gebot für die Ordens-

frauen. Tag für Tag, Monat für Monat und Jahr für Jahr so leben zu müssen, hinterließ Spuren und prägte die Persönlichkeit von Menschen, die in ihrer Selbstverleugnung ständig für andere da sein sollten, aber nicht einmal über eine professionelle Sachkompetenz verfügten. Wer selbst nicht auf sich zu schauen vermag und dies zur Tugend erheben muss, tut sich schwer auf andere zu schauen. In diesem Sinne könnte man von Opfern sprechen, die mit größter Unerbittlichkeit gegen Kinder mit speziellem Förderungsbedarf, also gegen die Schwächsten, mit Grausamkeit vorgingen, ohne dies zu begreifen, ohne dies emotional überhaupt nachvollziehen zu können."[42]

**Gruppendruck und Anpassung**

In der Wiener Befragung zogen es 77% aller Befragten vor, sich hinsichtlich der Verwirklichung beruflicher Vorstellungen „am Anfang den anderen Kollegen anzupassen und erst nach und nach zu versuchen, die Dinge durchzusetzen, von denen sie überzeugt sind."[43]



Dementsprechend hatten von den ErzieherInnen ohne Ausbildung 81 Prozent im Jahre 1972 keine Fortbildungsveranstaltung besucht.[44] Dazu kam noch, dass 60% der ausgebildeten ErzieherInnen angaben, mit Sanktionen ihrer Kollegen rechnen zu müssen.

„Die Ergebnisse deuten darauf hin, dass auf die formal bestausgebildeten Erzieher im Heim der stärkste Sanktionsdruck ausgeübt wird, also jene Erzieher dem Anpassungsdruck des Kollegiums am stärksten ausgesetzt sind, von welchen am ehesten reflektiertes berufliches Verhalten erwartet werden kann."[45]

Heinrich Zangerle widmete sich in seiner Dissertation 1974 sehr ausführlich der Situation der ErzieherInnen im Erzieherkollegium:

> „1. Die Erzieherschaft eines Heimes unterliegt den Bedingungen einer spezifischen, strukturell determinierten Arbeits- und Berufssituation. Sie kann deshalb nicht einfach als eine Anzahl von Personen gesehen werden, deren einziges gemeinsames Merkmal darin besteht, denselben Beruf etwa frei auszuüben. Vielmehr sind die Mitglieder eines Erzieherkollegiums in eine Organisation eingebunden und haben bestimmte Tätigkeiten unter gegebenen Bedingungen und begrenzten Möglichkeiten zugunsten vorgegebener Ziele auszuführen. Ihre Situation ist weiterhin gekennzeichnet durch eine hierarchisch organisierte Arbeitsstruktur, an deren unterem Ende der Erzieher steht und dessen beruflicher Verhaltensspielraum durch Anweisungen, Regeln und Verhaltensvorschriften eng begrenzt ist. […]
>
> 2. Unter dem Gesichtspunkt seiner beruflichen Voraussetzungen kann das Kollegium als vorwiegend unvorbereitet, inkompetent und als an sachlichen Berufsproblemen nur wenig orientiert bezeichnet werden […] welche [nicht] dem gegenwärtigen Wissens- und Bewusstseinsstand der Heimerziehung bzw. der Erziehungswissenschaft entsprechen."[46]

An den Ergebnissen der vorliegenden Untersuchung dokumentierte sich die Repressivität des Erzieherkollegiums an seiner Reaktion gegenüber ErzieherInnen, die aufgrund ihrer Vor- und Berufsausbildung vermutlich andere als nur bürokratische Kriterien an ihre berufliche Tätigkeit anzusetzen versuchten. Die Untersuchung lieferte mehrfach Hinweise dafür, dass sich das Kollegium solchen Bestrebungen widersetzte, indem es die betreffenden ErzieherInnen in die überkommenen Schranken wies, oder sie durch Verminderung oder Abbruch der Kontakte isolierte und ihre Abweichungen von der geltenden Norm korrigierte, bis die ‚Erziehergemeinschaft' wieder hergestellt war. Die Kollegien in Kinderheimen schienen überhaupt von einer falschen Gemeinschaftsideologie durchdrungen gewesen zu sein. Mehrfach war zu registrieren, wie die Befragten offensichtlich nach außen hin den Anschein erwecken wollten, es gäbe innerhalb der Institution keinerlei echte Gegensätze, sondern nur das gemeinsame Interesse aller. So entstand eine Gemeinschaftsideologie, die in Wirklichkeit nur dazu diente, die Kinderheime in ihrer gegenwärtigen Struktur zu stabilisieren. Dies wurde auch von der Wiener Untersuchung bestätigt. So fanden Fragen nach der Subordinationsfähigkeit (unterwürfiger Gehorsam) hohe Zustimmung, was in der Zusammenarbeit mit Menschen, insbesondere in der Betreuung von Kindern, fragwürdig erscheint. Eine Abwehr von Missständen gegenüber Kindern musste schon daran scheitern: 46,7% der ErzieherInnen hielten es für sehr wichtig, „dass er [der Erzieher, die Erzieherin] die Aufträge seiner Vorgesetzten genau ausführt", 38,9% hielten es für wichtig. „Dass er [der Erzieher, die Erzieherin] nicht immer mit dem Kopf durch die Wand rennen will", hielten 50,2% für sehr wichtig und 35,5% für wichtig.



Der Beruf der HeimerzieherInnen war gewiss fordernd, und die Konflikte im Berufsfeld waren zahlreich. Dennoch war, wie Goessler-Leirer und Halletz in der Wiener HeimerzieherInnen-Befragung feststellten, die Arbeit so organisiert, dass ein berufliches Scheitern nahezu ausgeschlossen erschien. Die primäre Motivation der sozialen Sicherheit lässt uns annehmen, dass die überwiegende Zahl der HeimerzieherInnen ihren

Beruf auf eine Weise ausübte, die Risiken möglichst vermied. Der Historiker Reinhard Sieder schließt daraus:

> „Dies lässt uns verstehen, warum in unseren Betroffenen-Interviews wie auch in den Experteninterviews nur sehr selten erzählt wird, dass sich ErzieherInnen dem Risiko aussetzen, einen gewalttätigen Kollegen oder eine Gruppe von exzessive Gewalt anwendenden ErzieherInnen zur Rede zu stellen, sie dem Jugendamt zu melden, oder ähnliches; daraus kann weiters geschlossen werden, dass sich auch jene ErzieherInnen, die regelmäßig exzessive Gewalt anwenden, keinem hohen Risiko aussetzen. Es lässt sich daraus schließlich auch erklären, warum gewaltbereite ErzieherInnen darin erfolgreich sind, interne Kritiker gewaltsamer Erziehungs- Praktiken ‚ruhigzustellen'."[47]



## „Schwester Linda"

Als exemplarische Gestalt einer gewalttätigen Erzieherin wird Gerlinde R., 71, von vielen ehemaligen Heimkindern dargestellt. Sie, die von allen Schwester Linda genannt wurde, soll Kinder (vor allem am Wilhelminenberg, aber auch später in anderen Heimen) mit Holzschlapfen, nassen Handtüchern oder dem Schlüsselbund geschlagen haben. Es wird ihr auch vorgeworfen, Mädchen aus dem Schlafsaal geführt und sie zu fremden Männern gebracht zu haben, welche die Kinder vergewaltigten. Zitat eines Heimkindes: „Die war eine richtige Bestie." Ein weiteres ehemaliges Heimkind, das von 1967 bis 1974 am Wilhelminenberg untergebracht war, meldete sich am 17.10.2011 in der KURIER-Redaktion. Über Schwester Linda meinte die Frau:

> „Die war extrem. Ich hatte sehr dichtes Haar, die hat mich einmal so am Boden geschleift, dass ich an einer Stelle eine richtige Glatze bekommen habe. Und sie hat hingetreten auf mich, bis ich grün und blau war. Auch das mit dem Essen von Erbrochenem stimmt."[48]

In einem Pressegespräch mit KURIER, *derStandard* und APA meldeten sich am 17. Oktober 2011 zwei ehemalige Kolleginnen von Gerlinde R. zu Wort. „Schwester Gerti" sprach von Gerlinde R. als „Ausnahmeerzieherin. Die hat mich ans KZ erinnert." „Schwester Anni", die zeitweise die Gruppe von Gerlinde R. betreute, meinte: „Gewalt hat es schon gegeben." Eine weitere ehemalige Kollegin berichtete der Kommission Wilhelminenberg über Gerlinde R. (im Kommissionsbericht als E6 abgekürzt):



> „Die war permanent schlecht aufgelegt, hat herumgebrüllt, die Kinder sind bei ihr reihenweise gestanden und haben auswendig gelernt, das ist ja kein Leben. Einen Aschenbecher hat sie mir ins Kreuz geschmissen, weil – was habe ich überhaupt gemacht? Ja, damals habe ich noch geraucht, sie hat mir den Aschenbecher ins Kreuz geschmissen und auch noch getroffen, weil ich gewagt habe, irgendwo eine Zigarette zu rauchen. Die Frau E6 war nicht jähzornig, die war boshaft."[49]

Es gelang dem KURIER, mit „Schwester Linda" ein ausführliches Interview zu führen, das hier in einer gekürzten Fassung wiedergegeben wird:

> Zu den Anschuldigungen ehemaliger Heimkinder, sie hätte Kinder geprügelt und gequält, erklärte Gerlinde R.: Wir kennen Mädchen, die genau wissen,

wo man sich überall Geld holen kann. Also die waren nur in der Sonderschule. Waren in der Schule also nicht besonders vif [...] Wie die das jetzt mitgekriegt haben, dass man für alle möglichen Geschichten einen finanziellen Ersatz kriegt, werden sich da welche wieder was zusammendichten, damit's zu einem Geld kommen.

KURIER: Es gibt folgende Vorwürfe von ehemaligen Heimkindern: ‚Am schlimmsten von allen war die Schwester Linda.' Sie sollen dunkelhäutigen Kindern gesagt haben, dass sie kein Recht hätten, zu leben.
*Gerlinde R.*: Also das ist absolut ... das ist absolut nicht wahr. Wir haben einmal ein einziges Zigeunerkind gehabt und überhaupt nie ein dunkles. Und die war so lieb und die hat mir richtig leid getan. Wir haben überhaupt keine dunkelhäutigen Kinder gehabt. Also das ist hint und vorn erfunden. Die müssen das verwechseln mit einem anderen Heim.



KURIER: Sie sollen Kinder gezwungen haben, Erbrochenes zu essen.
*Gerlinde R.*: Das hab ich auch nie gemacht.

KURIER: Warum sollten Menschen so etwas erfinden?
*Gerlinde R.*: Vielleicht hat's wer anderer gemacht. Ich weiß es nicht. Bei mir musste niemand ein Erbrochenes essen. Ob es in den anderen Gruppen bei den anderen Kolleginnen war, das weiß ich nicht.

KURIER: Wir haben noch eine Aussage, dass Sie gern mit Gegenständen um sich geworfen hätten. Ein Mädchen sollen Sie mit einem Messer erwischt haben.
*Gerlinde R.*: Also die sind ja total verblödet. Das ist alles erfunden und erlogen. Wer wirft mit einem Messer herum?

KURIER: Waren Sie streng?
*Gerlinde R.*: Ich war schon streng. Aber ich hab mit ihnen auch viel unternommen. Wir haben immer Ausflüge gemacht, wir sind wandern und schwimmen gegangen. Vielleicht bin ich Ihnen deswegen in Erinnerung geblieben. Die anderen waren halt unauffälliger. […]

KURIER: Wenn Sie sagen, Sie waren streng. Was versteht man darunter?
*Gerlinde R.*: (stottert) Also was die da beschreiben, das hab ich alles bestimmt nicht gemacht. Hie und da hab ich halt wen Strafe schreiben lassen. Von einem Buch was abschreiben, wo man gleichzeitig was gelernt hat dabei.

KURIER: Die Mädchen mussten Strumpfbandgürtel und Strümpfe tragen, mussten sich nackt ausziehen und auf die Terrasse stellen und wurden vorher von Ihnen und anderen Betreuern richtig hübsch...
*Gerlinde R.*: Na, na so ein Blödsinn, das ist ein Wahnsinn.



KURIER: ... und zurecht gemacht.
*Gerlinde R.*: Das ist ein kompletter Blödsinn. Hint und vorn. Das ist alles erstunken und erlogen. Das hat's nie gegeben.

KURIER: Dass Mädchen, die weggelaufen sind und zurückgebracht worden sind, schwer bestraft wurden?
*Gerlinde R.*: Das ist auch nicht wahr. Die sind mit dem Taxi abgeholt worden, und am nächsten Tag waren sie wieder weg. Da hab ich eine abgeholt und der haben die Polizisten Zigaretten angeboten, dabei war die noch nicht 14. Dann ist es gegangen ‚Fräulein hin und Fräulein her', und am nächsten Tag war sie wieder weg.

Und dann waren noch welche, die schon Jungprostituierte waren. […]

KURIER: Hat man das nicht als Betreuer in den Griff bekommen?
*Gerlinde R.*: Na, also das... Bei manchen war das schon Tradition. Da war das schon die Mutter, und die haben irgendwie das Talent dazu gehabt. Jeder hat ja auch nicht das Talent für so einen Beruf (lacht). Da haben wir sogar eine gehabt, die war die Zuhälterin von anderen, die sie auch verschleppt hat. Aber diese Beschuldigungen, das ist alles ein Blödsinn.

KURIER: Es gibt Vorwürfe, dass männliche Betreuer Mädchen in ihrem Zimmer vergewaltigt haben.
*Gerlinde R.*: Also einmal ist auch bei mir einer eingestiegen, über den – wie heißt das? – Blitzableiter in den obersten Stock. Der wollte zu einem bestimmten Mädchen. Dann haben Mädchen zum Schreien angefangen wie am Spieß. Dann sind wir munter geworden und hinein und der ist über den Blitzableiter wieder hinunter. Und einmal wollt einer beim Parterre hinein, beim Klofenster. Den haben wir aber auch erwischt und rausgeschickt.

KURIER: Haben Mädchen bei Betreuerinnen im Bett geschlafen?
*Gerlinde R.*: Nein. Früher haben manche einen Mittagsschlaf gemacht, da haben sich welche allein in ein freies Kinderbett gelegt, damit sie in dem Schlafraum drinnen sind. Damit die Kinder nicht allein sind. Nur zum Aufpassen, aber nicht gemeinsam mit irgendeinem Kind. Das ist eine rege Fantasie. Ist eh alles verjährt.

KURIER: Gab es ein Spiegelzimmer?
*Gerlinde R.*: Ja, das war der Spiegelsaal. Das ist jetzt im Ho-

tel der Festsaal. Wieso, haben die auch gesagt, dass man dort Pornofotos gemacht hat? [Im gesamten Interview wurde nie über Fotos oder Pornofotos gesprochen.]

KURIER: Sie haben dann nach dem Wilhelminenberg auch noch wo anders gearbeitet?
*Gerlinde R.*: Also da war ich kurz auf der Hohen Warte [ein weiteres Jugendheim]. Aber dort hat's mir nicht zugesagt, weil von den männlichen Erziehern waren welche wirkliche Schweine. Ob sie was mit den Buben gehabt haben, das weiß ich nicht, das kann ich nicht sagen. Die Männer waren halt nur lästig den jungen Erzieherinnen gegenüber. Und das hab ich nicht wollen, da bin ich dann von dort weg.[50]

Die Wilhelminenberg-Kommission hat die Erzieherin Gerlinde R., die als Schwester Linda zahlreiche Verbrechen an Kindern begangen haben soll, ebenfalls befragt. Wirklich auskunftsfreudig war die 71-jährige Wienerin aber auch vor den Experten nicht. Nach der Schließung des Kinderheims am Wilhelminenberg kam Gerlinde R. als Erzieherin in das Heim Hohe Warte und später nach Klosterneuburg. Die Stadt Wien gewährte der Wilhelminenberg-Kommission Zugang zu den Personalakten. Wie sie feststellen konnte, gibt es auch amtliche Schriftstücke, die Gewaltanwendung von Gerlinde R. belegen.



„Nachdem es dort wiederum zu Gewalt und sogar zu Anzeigen wegen Misshandlung kam, reagierte die mit Disziplinarverfahren befasste Magistratsabteilung MA2 nach der Zurücklegung der Anzeige durch die Staatsanwaltschaft zwar, indem sie im Falle einer Wiederholung mit Konsequenzen drohte, gab sich im Übrigen aber mit der Erklärung zufrieden, dass der Vorfall durch eine ‚verständliche Gemütserregung' hervorgerufen worden sei, zufrieden."[51]

Wenig später gab es wieder einen Vorfall mit Gerlinde R., die Staatsanwaltschaft hat die Strafanzeige aber erneut zurückgezogen. Das Personalamt vertrat „diesmal die Auffassung, dass aufgrund des oben angeführten Verfahrens [...] keine disziplinären Maßnahmen zu treffen wären, weil keine Dienstpflichtverletzung vorliege."[52]

1988 wurde Gerlinde R. frühzeitig pensioniert; sie bekam vom Stadtsenat Dank und Würdigung für ihre Dienstleistung ausgesprochen.[53] Die Kommission Wilhelminenberg schließt daraus, dass der Leiter des zuständigen Wiener Jugendamtes (MA11), Walter Prohaska, seine Mitarbeiterin gedeckt hat. Trotz der amtlicherseits seit Jahren bekannten Übergriffe der Erzieherin erklärte er: „Die Mitarbeiterin, die bisher zu keinerlei Beanstandungen Anlass gab, wird derzeit bis zur Klärung des Sachverhalts nicht im Gruppendienst beschäftigt."[54] Gegen Gerlinde R. wurden 2013 Ermittlungsschritte der Staatsanwaltschaft Wien eingeleitet.



Die Staatsanwaltschaft hätte sich bereits im Jahr 1980 die angeblichen Praktiken eines Kollegen von Gerlinde R. näher ansehen können: Gerhard H., mittlerweile hoher Gewerkschaftsfunktionär, war ebenfalls Erzieher am Wilhelminenberg in einer Reformgruppe Anfang der 1970er-Jahre. Auch er will von Vergewaltigungen, Prügel und Psychoterror nichts mitbekommen haben. „Das kann ich mir nicht vorstellen."[55] 1980 sind drei ehemalige Heimkinder vom Wilhelminenberg vor Gericht gestanden. Dort erklärten sie, die Technik, jemanden mit nassen Handtüchern zu schlagen, von Erzieher H. im Kinderheim Wilhelminenberg gelernt zu haben. Der Staatsanwalt meinte laut Prozessbericht der Austria Presseagentur aus dem Jahr 1980, dass man H. damit konfrontieren würde. Dazu kam es nie. Gerhard H. sagt heute im Gespräch mit dem Autor selbst, dass er nie zu diesen Vorwürfen einvernommen worden sei.

# IV.
# ALLTAG IM HEIM

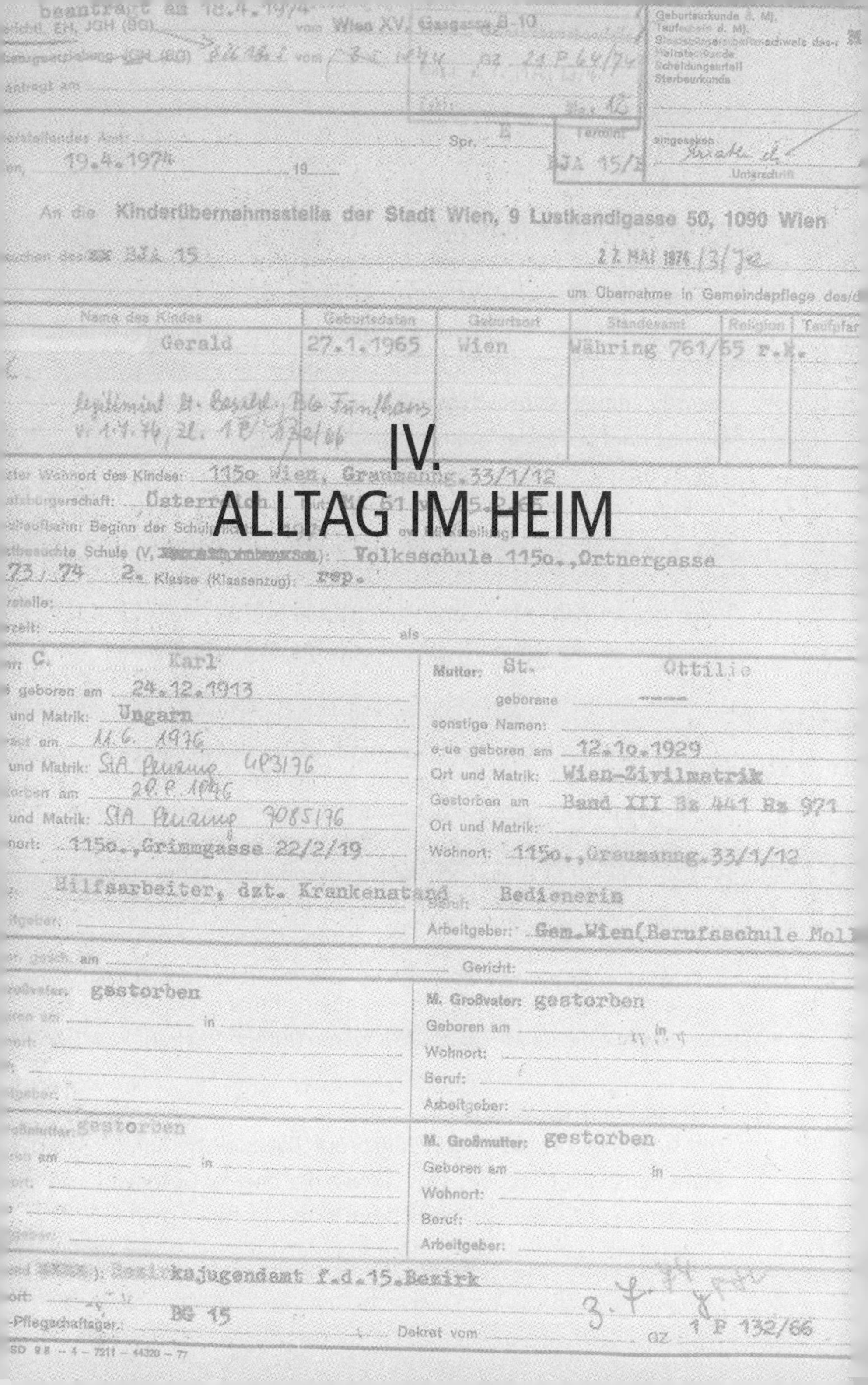

beantragt am 18.4.1974 vom Wien XV, Gasgasse 8-10
richtl. EH, JGH (BG)
...ungserziehung JGH (BG) vom ... GZ 21 P 64/74
...antragt am
Geburtsurkunde d. Mj.
Taufschein d. Mj.
Staatsbürgerschaftsnachweis des-r
Heiratsurkunde
Scheidungsurteil
Sterbeurkunde
...erstellendes Amt: Spr. Termin:
eingesehen
...en, 19.4.1974 19 BJA 15/E Unterschrift

An die Kinderübernahmsstelle der Stadt Wien, 9 Lustkandlgasse 50, 1090 Wien

...suchen des BJA 15 27. MAI 1974 13/Je
um Übernahme in Gemeindepflege des/d...

| Name des Kindes | Geburtsdaten | Geburtsort | Standesamt | Religion | Taufpfar... |
|---|---|---|---|---|---|
| C. Gerald | 27.1.1965 | Wien | Währing 761/65 | r.k. | |
| legitimiert lt. Beschl. BG Fünfhaus v. 1.4.74, Zl. 1 P 132/66 | | | | | |

...zter Wohnort des Kindes: 115o Wien, Graumanng.33/1/12
...atsbürgerschaft: Österreich
...ulaufbahn: Beginn der Schulpflicht
...tbesuchte Schule (V, ...): Volksschule 115o.,Ortnergasse
73/74 2. Klasse (Klassenzug): rep.
...rstelle:
...rzeit: als

| | |
|---|---|
| ...er: C. Karl | Mutter: St. Ottilie |
| geboren am 24.12.1913 | geborene ---- |
| ... und Matrik: Ungarn | sonstige Namen: |
| ...raut am 11.6.1976 | e-ue geboren am 12.1o.1929 |
| ... und Matrik: StA Penzing 493/76 | Ort und Matrik: Wien-Zivilmatrik |
| ...torben am 20.8.1976 | Gestorben am Band XII Bz 441 Rz 971 |
| ... und Matrik: StA Penzing 7085/76 | Ort und Matrik: |
| ...nort: 115o.,Grimmgasse 22/2/19 | Wohnort: 115o.,Graumanng.33/1/12 |
| ...f: Hilfsarbeiter, dzt. Krankenstand | Beruf: Bedienerin |
| ...itgeber: | Arbeitgeber: Gem.Wien(Berufsschule Moll... |

...er. gesch. am Gericht:

| | |
|---|---|
| ...roßvater: gestorben | M. Großvater: gestorben |
| ...oren am in | Geboren am in |
| ...ort: | Wohnort: |
| ...: | Beruf: |
| ...geber: | Arbeitgeber: |
| ...roßmutter: gestorben | M. Großmutter: gestorben |
| ...ren am in | Geboren am in |
| ...ort: | Wohnort: |
| ...: | Beruf: |
| ...geber: | Arbeitgeber: |

...und ...): Bezirksjugendamt f.d.15.Bezirk
...ort:
...-Pflegschaftsger.: BG 15 Dekret vom 3.7.74 GZ 1 P 132/66

SD 98 – 4 – 7211 – 44320 – 77

# Im Heim

**Hans Peter Außerstorfer, 57**[56]

Aufgrund familiärer Schwierigkeiten nach dem Tod seines Vaters kam Außerstorfer mit sechs Jahren für eineinhalb Jahre in die berüchtigte Sondererziehungsanstalt des Seraphischen Liebeswerkes im Tiroler Fügen. Der Name des Heimes: Bubenburg. Er erinnert sich noch gut an die Beichte bei Pater Magnus Kerner, dem Leiter des Heimes. „Die war in seinem Büroraum. Da ist man vor seinem Tisch gekniet und hat gebeichtet. Er meinte dann, dass ich den Ungehorsam gegen ihn und gegen die Schwestern vergessen hätte. Als ich sagte, ich beichte nur, was in den zehn Geboten steht, hab' ich auch schon eine Ohrfeige bekommen." Hans Peter Außerstorfer erinnert sich auch an Schwester Benjamina, die in der Bubenburg gewütet haben soll.



> „Die war brutal. Vor allem Bettnässer schlug sie mit einem Stock auf den Hintern. Der Hintern eines Buben, der oft ins Bett gemacht hat, hat nicht nur einmal ausgeschaut, als wär' er zu heiß gebadet worden – so rot war der nach den Schlägen. Dieser Bub hat in der Früh schon zu winseln begonnen, weil er wusste, was auf ihn zukommt."

Im Heim sei ihm und den anderen Kindern immer gesagt worden, dass sie nichts wert seien. „Wir waren Untermenschen."



**Ludwig Brantner, 59**[57]

„Im Kinderheim in Westendorf [Innsbruck] hat es die berühmte Watschenstraße gegeben", sagt Ludwig Brantner im Gespräch mit dem Autor. Dabei soll es sich um eine besonders perfide

Art der Strafe gehandelt haben, weil die Heimkinder selbst diejenigen waren, die Ohrfeigen austeilen mussten. Brantner schildert:

> „Die Kinder waren in einer Reihe angestellt, manchmal 30 bis 40. Wenn du was angestellt hast, hast du durchgehen müssen und jedes Kind musste dir eine Watsche runterhauen, auch wenn es dein Freund oder sogar dein Bruder war. Hat jemand zu leicht zugeschlagen, wurde er von den Erziehern selbst durch die Watschenstraße geschickt."

Daneben erwähnt Brantner weitere Strafformen, wie „Tatzeln" (Schläge mit einem Lineal oder einem Stab auf den Handrücken), kalt abduschen oder endlose Arbeiten wie Schuhe putzen, Betten bauen, Zimmer putzen, Gras zupfen. Brantner bezichtigt auch einen Erzieher des sexuellen Missbrauchs. „Herbert B. hat mehrere Buben missbraucht. Zu mir hat er einmal gesagt: ‚Lucky, du musst heute nicht durch die Watschenstraße, sondern du kommst, wenn alle schlafen gehen, zu mir ins Zimmer.' […] Dann hat er den Pimmel rausgezogen, und ich musste ihm einen blasen." Nach dem Samenerguss sei er in den Schlafsaal zurückgeschickt worden.



**Philipp S.*, 48**[58]

Sechs Jahre seines Lebens, von 1974 bis 1980, verbrachte Philipp S.* im Wiener Bubenheim Hohe Warte. Weil bei seiner Mutter Schizophrenie diagnostiziert worden war, hatte ihn das Jugendamt ins Heim gesteckt. „Eines Tages waren drei Polizisten und zwei Fürsorgerinnen vor der Tür und haben mich für ein bis zwei Monate in die KÜSt [Kinderübernahmestelle Lustkandlgasse] gebracht." Dann kam die Hohe Warte. „Dort hat mir ein Erzieher die Hand gebrochen, weil ich ihm beim Fußballspielen ein Gurkerl geschossen hab'. Der hat mich brutal niedergerempelt. Dann hat es geheißen, es sei beim Spielen passiert." In Erinnerung ist ihm auch der ewig gleiche Tagesablauf, der ewig gleiche Trott. „Du warst dort immer kaserniert." Bekannt sei Erzieher W. für seinen „Rückenprassler" gewesen. „Der hat dir mit der flachen Hand auf den Rücken geschlagen, dass du keine Luft mehr bekommen hast." Auch die Erzieher T. und K. seien durch Brutalität aufgefallen.

Vor allem nach Schließung des Mädchenheimes am Wilhelminenberg kamen auch vermehrt Erzieherinnen in das Bubenheim. „Erzieherin R. war berühmt für ihre sexuellen Übergriffe. Wie alt ich war? Ich weiß es nicht mehr. Elf, zwölf, vielleicht 13." Das erste Mal sei bei einer Ausgangssperre am Wochenende gewesen.„Da waren nur die schlimmen Burschen im Heim." Philipp S.* war ebenfalls dort. Im Fernsehraum habe er sich mit Erzieherin R. einen Nachtfilm anschauen dürfen. „Dann hat es mit Streicheleinheiten von ihr begonnen. Dann hat sie meine Hand auf ihre Brust gelegt. Und dann ist es im Dienstzimmer, das war gleich daneben, weitergegangen." Oral- und Geschlechtsverkehr habe er dort zum ersten Mal erlebt. „Mir hat richtig gegraust." Mit der Freundlichkeit der Erzieherin sei es nach vollzogenem Akt wieder vorbei gewesen. „Die hat mir dann genauso wieder die Watschen runtergehaut." Sexuellen Missbrauch habe er aber bereits zuvor erlebt. „Da war ich neun. Im Duschraum musste ich ältere Zöglinge mit der Hand befriedigen. Als einer der Kleinsten konntest du dich gar nicht dagegen wehren."

### Jutta H., 65[59]

„Die Erzieherinnen? Es war die Hölle. Ich kann mich nicht erinnern, dass irgendjemand einmal lieb zu uns gewesen wäre. Es war nur schroff, nie ein liebes Wort", sagt die 54-jährige Jutta H. über ihre Zeit im Kinderheim am Wiener Wilhelminenberg. Dort war sie rund ein Jahr lang, 1972/73. Die einzig positive Erinnerung an die Zeit in diesem Heim hat H. an die Besuche im nahen Institut des Verhaltensforschers Otto König. „Der hat gewusst, dass es uns nicht gut geht und hat gesagt: ‚Ich kann euch leider nicht helfen.'" Wie weitere Zeitzeuginnen auch erinnert sie sich an Tabletten, die am Wilhelminenberg vor dem Schlafengehen verabreicht wurden. „Es hat immer geheißen, dass das Fluortabletten für die Zähne sind, aber ich bin mir nicht sicher, ob das nicht ganz andere Tabletten waren..."

Wenn auf der sogenannten Schlangenwiese, jener großen Böschung neben dem Schloss, in der Nacht Taschenlampen geleuchtet haben, hätte sie bereits gewusst: „Es geht schon wieder los." Unter die Bettdecke habe sie sich verkrochen, was aber nichts nützte. „Schwester Linda, diese Gerlinde, oder wie sie geheißen hat, ist bei der Tür reingekommen und hat ein Mädchen aus dem Schlafsaal geholt." Auch Jutta H. sei öfters mitten in der Nacht von der Erzieherin aus dem Bett geholt worden. „Ein paar Stiegen musste ich mit der Erzieherin hinauf gehen. Dann sind wir in ein Zimmer rein mit Couch, zwei Fauteuils, einem Tisch. Es war immer dasselbe Zimmer." In dem Zimmer sei sie von den anwesenden, ihr unbekannten Männern vergewaltigt worden. „Mal waren es zwei, dann drei. Das Glied hinten rein, vorne rein. Wenn ich mich gewehrt habe, bin ich geschlagen worden." Nach den Vergewaltigungen sei ihr nur mehr eines wichtig gewesen: „Waschen, waschen, waschen."



**Michael H.**

Zehn Mal sei er aus dem Heim entwichen, gab der Wiener zu Protokoll[60], eher er 1965 in den Lindenhof nach Eggenburg gebracht wurde, worüber er nichts Positives berichten konnte: „In der Kanzlei bekam ich vom Heimleiter Johann Matz zwei Ohrfeigen. Von den Erziehern Hein Gustav (der Schiefe), Kostrubik, Baumgartner, Mehner, Strauß und Kollacek wurde ich zusammengeschlagen." Dann ist Michael H. in die Strafgruppe eingewiesen worden.

> „Mir wurde eine Glatze geschoren. Vom diensthabenden Erzieher Knoll wurde ich zusammengeschlagen. Ich musste einmal 30 bis 40 Paar Fußballschuhe reinigen. Ein anderes Mal musste ich mit einer Zahnbürste und einem Sacktuch zwei Stunden lang den Boden aufreiben. Der Zögling Robert S. ging nicht zur Arbeit. Darauf wurde er von den Erziehern Wiesinger, Gruber und Hein verprügelt. Sie warfen ihn zu Boden, wobei er sich die Hand brach. Im Spital gaben sie an, er sei über eine Treppe gefallen. Robert gab die wahre Ursache an, das Spital erstattete aber keine Anzeige."



**Josef S., 45**[61]

Gewalt und sexuelle Übergriffe seien im Kinderheim Hohe Warte, Wien, an der Tagesordnung gestanden, berichtet der ehemalige Zögling Josef S. 1976 bis 1982 habe er dort verbracht. „Erzieher T. war ein ehemaliger Ringer, wenn der richtig ausgeholt hat, ist man durch die geschlossene Türe geflogen." Obwohl er schon knapp vor der Pension gewesen sei, habe T. seinen Sexualtrieb nicht im Zaum gehabt. „Er hat immer wieder Buben zu sich ins Dienstzimmer geholt. Ich musste ihn dort auch sexuell befriedigen." An Gewalttaten durch zwei Erzieherinnen – R. und K. – kann sich Josef S. ebenfalls erinnern. „Eine von ihnen ist vom Wilhelminenberg auf die Hohe Warte gekommen. „Beide haben uns geprügelt." Er kann sich auch an den späteren Mann einer Erzieherin erinnern, der mittlerweile als Psychologe praktiziert. „Der ist sie öfters besuchen gekommen und hat auch Watschen verteilt. Wenn der zugeschlagen hat, ist man herumgeflogen." Erzieherin H. habe ihn nicht nur einmal als „stinkenden Zigeuner" beschimpft, weil er aus einer Roma-Familie stammt. „Die war eine ganz eine Schlimme." Josef S. wurde im Heim zum Bettnässer. Als es wieder einmal soweit war, „hat sie mich an den Haaren aus dem Bett gezerrt, mich in die Dusche gestoßen und kalt abgeduscht. Dann musste ich nass am Gang stehen."

**Silvia J., 52**[62]

„Ich war von 1971 bis 1976 am Wilhelminenberg in der Gruppe von Schwester Linda im ersten Stock. An sexuellen Missbrauch in der Gruppe kann ich mich nicht erinnern. Aber alles andere kann ich bestätigen. Bei Schwester Linda mussten wir Erbrochenes essen, sie hat uns mit nassen Handtüchern geschlagen, manchmal hat die Linda uns mit ihren Holzschlapfen grün und blau geschlagen. Einmal hab ich zur Strafe eine Nacht am Klo schlafen müssen, weil ich die Bürgschaft nicht auswendig gelernt hatte. Und angesprochen hat sie uns nur mit dem Familiennamen. Wenn sie einmal den Vornamen gesagt hat, war das ein richtiges Highlight." Silvia J. kann sich auch an wochenlange Ausgangssperren erinnern, in der sie das Heim nicht verlassen durfte. „Ich war oft wochenlang nicht zu Hause. Die Sperre haben wir dann bekommen, wenn wir schlimm waren, oder wenn sie uns wieder einmal so geschlagen hatten, dass wir grün und blau waren."



**Unbekannt**

In den 1970 angefertigten Protokollen der Spartakus-Bewegung[63] schildert ein namentlich nicht genannter ehemaliger

Zögling, wie er nach einer Flucht aus dem oberösterreichischen Heim Wegscheid nach Kleinvolderberg in Tirol gekommen ist. Dieses Heim wurde von Zöglingen auch als „Klein-Folterberg" bezeichnet. Dort soll der Zögling ebenfalls geflüchtet sein. Er berichtet, was nach seiner Rückkehr geschehen sein soll: „Als ich von der Flucht gekommen bin, sagte Erzieher Emil Jaus zu den Burschen: ‚Ich geh jetzt raus, dass ich es nicht seh', ihr haut ihn zusammen.' Die acht Stärksten vom Heim schlugen mich zusammen, mit der Faust und mit Besenstielen. Ich kam dann auf die Strafgruppe. Ich musste eine halbe Stunde mit einer kurzen Hose, ohne Hemd im Freien stehen, bis ich zur Arbeit eingeteilt wurde (im Winter bei Schneetreiben). Ich musste Holz schleppen; wenn ich nicht mehr mitkonnte, wurde ich von Erzieher Huber mit den Skischuhen in den Bauch getreten. Ich bekam sieben Mal eine Glatze geschoren."



Dann berichtet das ehemalige Heimkind über einen Selbstmord-Versuch eines Kollegen: „Dem Zögling D. ist immer wieder versprochen worden, dass er bei guter Führung entlassen wird. Nach zwei Jahren guter Führung wurde er noch immer nicht entlassen; daraufhin nahm er Rattengift. Er wurde gerettet. Als er [wieder] ins Heim kam, wurde er von den Erziehern Tibor und Eichholzer zusammengeschlagen. Er ist noch immer im Heim, schon das dritte Jahr."

*Exkurs: Wo die Fürsorge nicht eingegriffen hat*

**Walpurga S., 63 und Gabriel M., 65**[64]

Die beiden Geschwister kamen nicht ins Heim. Doch das Wiener Jugendamt hatte sie seit Geburt unter seine Fittiche genommen. Walpurga S.: „Unsere beiden älteren Geschwister sind der Mutter abgenommen worden. Sie kamen in Heime. Ich verstehe bis heute nicht, wie das Jugendamt uns bei dieser

Frau lassen konnte." Die Mutter sei eine gelernte Kindergärtnerin aus sehr reichem Haus gewesen, habe aber so gut wie nie Arbeit gehabt. „Mein Bruder und ich wurden von ihr im hinteren Zimmer in der Wohnung eingesperrt. Auf 25m$^2$. Die Türschnalle hat sie abmontiert, damit wir nicht raus kommen. [...] Wenn wir aufs Klo mussten, haben wir mitten ins Zimmer gekackt." Ihr Bruder ergänzt: „Warum hat das Magistrat nicht durchgesetzt, dass das Jugendamt einmal unsere Mutter kontrolliert. Den Exekutor haben sie ja auch öfter zu uns in die Wohnung geschickt."

## Die Zerstörung des Selbst

In den aktuellen Interviews mit ehemaligen Heimkindern stehen schwere Übergriffe und Misshandlungen im Vordergrund. Die Erkenntnisse – die damals im Verlauf der Wiener Heim-Studie 1974 von „offizieller" Stelle gewonnen wurden – basierten auf Besuchen in den Heimen, die vorab angemeldet waren. Es war daher nicht zu erwarten, dass bei offiziellen Besuchen physische Gewalt beobachtet hätte werden können. Jedoch aus Interviews mit PraktikantInnen[65] und aus veröffentlichten zeitgenössischen Augenzeugenberichten, sowohl von ErzieherInnen als auch von betroffenen Zöglingen aus Tirol, ging schon damals viel Gewaltsames hervor. Neben diesen physischen Zwangsmitteln dürfen die Prozeduren und Abläufe nicht übersehen werden, die der amerikanische Soziologe Erving Goffman als „Zerstörung des Selbst" bezeichnet. Methoden, mit denen die Zwangsinsassen zur reibungslosen Unterordnung in der Institution gebracht wurden.[66] Ganz abgesehen von den äußeren Maßnahmen, wie versperrte Tore, Ausweis- und Geldlosigkeit, die zum Bleiben zwangen. Die Methoden zur Zerstörung des Selbst wurden vor den ForscherInnen nicht verborgen, sondern sie wurden teils als Selbstverständlichkeiten, teils als erzieherisch notwendig angesehen. Oft dienten sie jedoch nur der leichteren Administration der Zöglinge.

**Einschluss und Ausschluss**

Im Verlauf der Aufnahme in die totale Institution, wie auch bei der späteren Behandlung, wurden die Kinder ihrer Abwehrmechanismen beraubt, mit Konflikten, Zweifeln und Fehlern fertig zu werden. Die Neulinge waren gezwungen, sich den neuen internen Vorschriften anzupassen. Einen Extremfall stellten jene Kinder dar, die sich bereits von Geburt an in Heimen befunden hatten. Nach den Zielvorstellungen der Heime und der Gesetzgeber sollten auch diese Kinder durch einen Prozess der kulturellen Osmose in die Außenwelt integriert werden. Diese wurde ihnen jedoch systematisch vorenthalten. Goffman nennt diesen Prozess des Identitätsverlustes und die darauf folgende Anpassung „Diskulturation"[67]. Es ist dies ein Verlernprozess, der die Betroffenen zumindest zeitweilig unfähig macht, mit bestimmten Gegebenheiten der Außenwelt fertig zu werden, wenn und falls sie hinausgelangen.

Die erste Maßnahme in diesem Diskulturationsprozess stellte die Trennung des Heimkindes von seiner bisherigen Umgebung dar. Die Zugehörigkeit zur totalen Institution unterbrach automatisch die Rollenplanung. Die Zäsur zum früheren Leben wurde dadurch verstärkt, dass das Privileg, Besuche zu empfangen oder Ausgang zu erhalten, am Anfang häufig gar nicht gewährt wurde oder erst „verdient" werden musste.[68] Weiters, indem das Erziehungspersonal die Schuld an der Heimeinweisung der Herkunftsfamilie der Kinder zuwies. Der Religionslehrer im konfessionellen Schulkinderheim für Mädchen Borromäum an, dass er den häufig unzufriedenen und aufbegehrenden Mädchen klar machte, „dass ihnen die Schwestern ja nur Gutes wollen, sie also ihren Ungehorsam gegen die Falschen richten." Man müsse den Mädchen klar machen, dass die Eltern an der Heimeinweisung schuld seien.[69] Die Heimkinder mussten also damit leben, dass bestimmte Rollen – in der Familie, in der gewohnten Schule, im Freundeskreis – für sie verloren waren.

**Aufnahmeprozeduren**

Die Einlieferung der Kinder in ein Heim ging normalerweise so vor sich, dass weder der künftige Insasse das Heim, noch die Heimleitung oder das Personal das Kind kannte, bevor dieses das Heim betrat. Voraus ging nur in manchen Fällen der „papierene Schatten" des Kindes, die „Kindertasche" mit einem Gutachten des psychologischen Dienstes. Dies war aber keinesfalls die Regel, sondern oft ging der Einlieferung nur ein Telefonat der Kinderübernahmestelle mit dem entsprechenden Heimleiter voraus.



Ent- und Bekleiden – im Mittelpunkt stand die physische Nacktheit. Nach der Heimeinweisung mussten die Kinder und Jugendlichen eine Reihe von Erfassungsprozeduren über sich ergehen lassen: Entkleiden, Wiegen und Messen, ärztliche Untersuchung, Baden, Haare schneiden. Ausgabe von Anstaltskleidung, Einweisung in die Heimordnung. Die Einweisung in eine bestimmte Gruppe wurde meist nach praktischen Erwägungen wie: Körpergröße, Alter, Schulklasse, vorgenommen. Sobald den Eingewiesenen ihre persönliche Habe genommen wurde, musste zumindest einiges durch die Anstalt ersetzt werden. In einigen Heimen waren die Ersatzgegenstände relativ uniform, häufig stark abgetragen, geflickt und total aus der Mode gekommen, den Kleineren viel zu groß, den Größeren viel zu klein. Ein einziges positives Beispiel fand sich in der Wiener Heim-Studie 1974 in einem gemischten Großheim der Gemeinde Wien, wo die neu angekommenen Kinder sich ihre Kleidung in einer geräumigen Kleiderkammer zusammen mit einer Schneiderin aussuchen konnten und diese Stücke, falls notwendig, von der Schneiderin für das jeweilige Kind umgeändert wurden. Ein Blick in die Schränke der Kleiderkammer vermittelte eine ziemlich bunte Auswahl. Es waren von jedem Modell höchstens drei bis vier gleiche Stücke vorhanden und diese in verschiedenen Größen.



Die Regelungen, die das Tragen der Eigenkleidung betrafen, waren unterschiedlich, hingen teilweise mit Alter und dem Status der Zöglinge zusammen. Mancherorts existierte abhängig von der Heimleitung die Möglichkeit, Eigenkleidung zu tragen, oder „wenn die Mutter unbedingt darauf besteht", so eine Heimleiterin. Einer Garnitur persönlicher Sachen kommt besondere Bedeutung für das „Selbst" des Kindes zu: Sie stellt eine Ausrüstung zur Aufrechterhaltung der persönlichen Fassade dar.[70] Der Wunsch, sich dem allgemeinen Modetrend entsprechend zu kleiden, ist sehr stark ausgeprägt, davon abweichende Kleidung und Aufmachung (zum Beispiel Frisur) wird als Benachteiligung empfunden. Das Gefühl des Ausgestoßenseins stellt sich ein und hemmt mögliche Kommunikation und Interaktionen. Dies traf im Besonderen für jene Heimzöglinge zu, die sich in der Pubertät befanden. In einem geschlossenen Schulmädchenheim der Gemeinde Wien betonten die Mädchen, dass sie besonders die hässlichen Kleider, die sie tragen müssten, störten. Sie wünschten sich Hosen statt Kleider. Es wurden jedoch von der „Chefin" – wie die Direktorin von dem Mädchen betitelt wurde – keine angeschafft. Jedes Mädchen besaß dort zwei Alltagskleider und ein Sonntagskleid. Über den stark abgetragenen Kleidern trugen die Mädchen Schürzen. Der Portier berichtete, dass die Mädchen in ihrer „Schlechtigkeit" von den Eltern noch unterstützt würden. Sie kämen manchmal mit hautengen Hosen und Miniröcken vom Urlaub zurück, die ihnen aber offensichtlich gleich abgenommen wurden.

In 56 Prozent der Heime durften sich die Zöglinge die Kleidung, die ihnen vom Heim zur Verfügung gestellt wurde, nicht aussuchen. In 23 Prozent der Heime bestand diese Möglichkeit, in 15 Prozent der Heime gab es keine Heimkleidung. In manchen Heimen wurde die Einkleidung so gehandhabt, dass die Privatkleider dem neuen Insassen abgenommen wurden und er vom Vorrat eingekleidet wurde: 1 Sonntagskleid, 2 Schulkleider, 2 Hauskleider, 2 Schürzen, 3 Garnituren Unterwäsche, Sportbekleidung, Sommerschuhe, Winterschuhe, Turnschuhe, Gummistiefel für Regenwetter, Nachtwäsche usw. (Beispiel aus einem Schulmädchenheim). Die Einheitlichkeit wurde noch durch Serienkäufe erhöht, dann hatten alle Kinder z. B. rote Pullover mit blauem Rand (privates Knabenheim). Selbst die Heimkleidung ging nicht in den Besitz der Kinder über, sondern wurde nach jedem Waschgang neu verteilt: auch Unterwäsche, Socken, Nachthemden. Die Eigenkleidung wurde gut verwahrt und nur für die Urlaube ausgegeben. Die persönlichen Habseligkeiten wurden zur Einlagerung erfasst und jegliches Eigentum weggenommen.

**Enteignung**

In der Gesellschaft gehören eine rational gesteuerte Verbraucherhaltung und die Bewältigung der Probleme von Massenangebot und Werbung zu den notwendigen Lebenstechniken. Qualitätsorientierter Konsum muss geübt werden. Man muss lernen, ein Geschäft, auch ohne gekauft zu haben, wieder zu verlassen. Der Bedeutung entsprechend muss rechtzeitig mit der Erziehung zum Verbraucher begonnen werden, sobald das Kind den Sinn von Geld erfassen kann. Die notwendige Voraussetzung dafür ist, dass die Kinder Taschengeld erhalten und über dieses in einem gewissen Rahmen frei verfügen dürfen. In fünf Heimen (15 Prozent) konnte die Wiener Heim-Studie 1974 feststellen, dass die Kinder vom Heim aus kein Taschengeld erhielten. In den gemeindeeigenen Heimen betrug die Höhe für Volksschüler etwa 20 Schilling pro Monat und für Hauptschüler 30 Schilling pro Monat. Ob dieser Betrag ausreichte, um den Kindern die Erfahrung vermitteln zu können, dass man in einer gewissen Zeit das Geld für eine größere Anschaffung (Schallplatte, Briefmarkenalbum etc.) ersparen kann, ist fraglich. Die Lehrlinge bekamen zwischen 50 und 100 Schilling pro Woche ausgezahlt, ein Teil ging auf ein Konto, ein Drittel wurde für die Unkosten des Heimaufenthaltes einbehalten. Auch die Form des Zwangssparens, die in allen Lehrlingsheimen üblich war, verlagerte das normale Verhältnis zum Wert der Dinge, die sonst für den Arbeitslohn zu erhalten waren. Dass es unter diesen Umständen zu Gruppen- und manchmal auch zu Ladendiebstählen kam, darf nicht weiter verwundern.

**Der eigene Name**

Ein weiteres wichtiges Besitztum, das den Heiminsassen weggenommen wurde, ist zwar nicht physischer Natur, aber ebenfalls stark emotional besetzt, nämlich der gewohnte Name. So konnte in mehreren Heimen festgestellt werden, dass auch Volksschulkinder vom Erzieher nur mit dem Familiennamen angesprochen wurden. Bei Kindern dieser Altersgruppe kann angenommen werden, dass die Identifikation mit dem Vornamen noch sehr stark ist.[71]

**Demutsrituale und Verletzung der Intimsphäre**

Jeglicher Zwang, eine bestimmte Haltung einzunehmen, stellt eine Demonstration der Macht des anderen und der eigenen Ohnmacht dar. Derartige Demutsgesten konnten von den Forscherinnen der Wiener Heimstudie 1974 beobachtet werden: So sprangen die Zöglinge in vielen Heimen nicht nur bei Betreten des Raums durch eine fremde Person (Beobachter), sondern auch beim Eintreten der Erziehungspersonen oder der Heimleitung sofort auf und setzten sich erst wieder, um ihrer Arbeit nachzugehen, wenn sie dazu vom Eintretenden ausdrücklich aufgefordert wurden. Ein etwa zehnjähriger Junge wurde von der Heimleiterin wegen unordentlichen Betragens angesprochen. Er stand mit den Händen an der Hosennaht und mit gesenktem Kopf vor ihr, während sie ihn in Anwesenheit aller seiner Schulkollegen bloßstellte und ihm mit Verlegung drohte. Zwischendurch forderte sie ihn immer wieder auf, ordentliche Haltung einzunehmen und ihr während der Strafpredigt in die Augen zu sehen.



In der totalen Institution wurden auch jene Bereiche verletzt, die der einzelne für gewöhnlich als Intimbereich betrachtet. In einem Schlafsaal mit etwa zehn Betten standen am Rande des Zimmers Stockbetten, in denen „Nichtbettnässer" schlafen konnten. Für die beiden Bettnässer waren in der Mitte des

Raums zwei einfache Betten nebeneinander aufgestellt. So waren diese von vornherein räumlich abgegrenzt und als anders abgestempelt. Die Heimleiterin ging jede Nacht ihre Runden und weckte alle Bettnässer auf. Ebenso verletzend musste es für die Heimkinder sein, wenn der Heimleiter oder die Heimleiterin bei Besichtigungen fremden ZuhörerInnen diskreditierende Tatsachen aus dem Leben der Insassen mitteilte, zum Beispiel über das Versagen der Eltern, über die Form der Debilität des Kindes, oder über seine Vergehen gegenüber der Heimordnung. Ungeniert wurden von den HeimleiterInnen auch die privaten Kästchen und Schränke der einzelnen Kinder vorgeführt[72] oder die Hefte zum Herzeigen gefordert, selbst die persönliche Post war nicht immer nur den Zöglingen vorbehalten. Ebenso öffentlich wie das gesamte Leben der Insassen fanden auch die Besuche statt. Es gab praktisch in keinem Heim eine Möglichkeit, sich auch nur für kurze Zeit der Aufsicht zu entziehen.



Der Soziologe Erving Goffman beschreibt aber noch andere, weniger direkt wirkende Mechanismen, deren Bedeutung für das Individuum schwer zu ermessen ist, nämlich die Zerstörung des formellen Verhältnisses zwischen dem handelnden Individuum und seinen Handlungen. An erster Stelle sei das sogenannte Looping erwähnt: Jemand ruft beim Insassen eine Abwehrreaktion hervor und richtet dann seinen Angriff gerade gegen diese Reaktion. Hierzu gehören Verstimmung, das Unterlassen der üblichen Ehrfurchtsbezeugungen, beiseite gesprochene Schmähungen oder ein Anflug von Verachtung, Ironie oder Spott. Wenn dieses Ausdrucksverhalten dagegen in totalen Institutionen auftritt, kann das Personal die Insassen dafür direkt bestrafen und Verstocktheit und Auflehnung ausdrücklich als Anlass für weitere Bestrafungen nehmen. Als stärkstes Beispiel kann vielleicht gelten, dass es vor allem in Privatheimen durchaus üblich war, für ein- oder mehrmalige Entweichungen, die man in diesem Kontext durchaus als Entziehung aus demütigenden Situationen ansehen kann, mit der Versetzung in eine andere – geschlossene – Anstalt zu drohen. Dies traf besonders stark jene Heimzöglinge, die sich weder für den Schulbesuch noch für die Lehre vom Ort ihrer sonstigen Unterbringung weg begeben konnten, also bei Heimschule oder Ausbildung im Heim. Hier bestand eine durchgehende soziale Kontrolle; Schwierigkeiten während der Schulzeit wirkten sich automatisch auf die Behandlung in der Freizeit aus.

Im Jahr 1976 erschien ein Artikel über das Fürsorgeerziehungsheim Gleink in Oberösterreich, darin wurde ein Erzieher zitiert:

> „Beim Zurechtweisen werden freche Antworten gegeben. Sie stellen sich gegen jede Autorität. Sie versuchen, wo es geht, Erwachsene durch dumme Bemerkungen in der Gemeinschaft bloßzustellen. Da sind dann einfach Schläge notwendig, ansonsten müsste man ja resignieren. Oder man teilt gleich von Beginn an ein paar Tetschen aus, dann hat man auch meistens für ein Jahr seine Ruh.“[73]



**Essen und Essenszwang**

Im Untersuchungsplan der Wiener Heim-Studie 1974 war vorgesehen, in jedem Heim das Mittagessen zu beobachten. Diese Beobachtungen konnten in 25 Heimen durchgeführt werden, in neun Heimen nicht. Eine beliebte Taktik war, die BeobachterInnen entweder beim Interview oder mit einem Mittagessen in der Kanzlei lange genug festzuhalten, bis die Mahlzeit der Zöglinge vorbei war. In den Lehrlingsheimen wurde das Abendessen statt des Mittagessens beobachtet. Klagen über das Essen wurden als „Mäkeln" abgetan. Nur in ganz wenigen Heimen fanden wir ein Vorschlagsrecht der einzelnen Gruppen für den Speiseplan.

Wie weit die Reglementierung beim Essen ging, zeigt das Beispiel aus Wimmersdorf. Dort konnte beobachtet werden, dass die Heimleiterin den Zöglingen exakt vorschrieb, in welcher Reihenfolge Kraut, Knödel und Wurst zu essen wäre: „Immer einen Bissen Wurst, Kraut, Knödel essen." Dieselbe Heimleiterin erzählte auch von einem Vorfall, der eindeutig darauf schließen lässt, wie genormt die Bedürfnisse der Zöglinge sein mussten, um sich in den Ablauf der Organisation einzugliedern. Es gab bei einem Nachtmahl für jedes Kind „5 dkg Butter mit Sardellenpaste abgetrieben" und dazu zwei Salzstangerl. Zwei der Buben waren nicht anwesend, die Heimleiterin legte die beiden Portionen unter eine Serviette, um sie für die beiden aufzuheben. Trotzdem verschwanden die beiden Portionen. Als die Heimleiterin dies bemerkte, mussten die Zöglinge solange bei Tisch sitzen bleiben, bis sich zwei Schuldige meldeten.[74]
In einem anderen total geschlossenen Mädchenheim fiel auf, dass die Mädchen überdurchschnittlich übergewichtig waren, dort auch nicht auf dick machende Speisen verzichten durften. Wie es in Essenssituationen in Heimen ohne offizielle Beobachtung zuging, konnte man schon 1976 aus einem Artikel über das Fürsorgerziehungsheim Gleink in Oberösterreich erfahren:

> „Die Zöglinge essen gemeinsam in einem riesigen Speisesaal unter strenger Aufsicht der Erzieher. Die Erzieher nehmen vor oder nach der Essenszeit der Buben ihre Mahlzeit ein, da sie das Aufdecken, das Verteilen der Speisen, das Essen und das Abräumen überwachen müssen. ‚Sonst gibt es eine Schlacht.' Erzieher

und Patres haben separates Geschirr und auch die Qualität der Speisen ist unterschiedlich. Während des Essens herrscht Sprechverbot. Auch in den Gängen darf nicht gesprochen werden."[75]

Brigitte Wanker, Hilfserzieherin aus dem St. Josefs-Institut in Mils in Tirol, beschrieb am 12. Mai 1980 in ihrem Tagebuch:

> „F. aß den Teller nicht sauber aus, hatte sich angepatzt, er bekam von der Schwester ein paar auf die Finger, dann noch ein paar Ohrfeigen ins Gesicht. Mittagessen, ich hänge im Bad Wäsche auf. Die Schwester kommt mit E., der wieder den Rest der Mahlzeit (immer bei Gulasch und Knödel) nicht essen will. Ich soll ihn zwingen, alles aufzuessen. E. schaut mich verzagt an und erbricht. Wir wischen es weg, und er versucht, wieder zu essen. Die Schwester kommt wieder, sieht den Rest auf dem Teller, befiehlt ihm, sich auszuziehen. Er beginnt, sich auszuziehen und versucht immer wieder einen Bissen hinunterzuwürgen. Die Schwester kommt, er muss sich in die Badewanne stellen, sie duscht ihn kalt ab, er versucht mit der Hand Wasser zu holen, um das Essen leichter schlucken zu können. Sie verbietet es ihm, und er wird geduscht bis er alles geschluckt hat."[76]



### Anstellen in Zweierreihen und Schweigen

Ein immer wiederkehrendes Ritual bestand im Anstellen in Zweierreihen, ob zum Essen gegangen wurde, zur Toilette, in den Garten, immer ging es in Zweierreihen. Mindestens vier Mal am Tag mussten sich die Kinder im St. Josefs-Institut in Mils in Zweierreihen anstellen. Auch in Gleink wurde vom Zweierreihendrill berichtet, sowie vom Schweigegebot.[77] Alle diese Angriffe auf das Selbst hatten zum Zweck, dass die

Heimkinder reibungslos gehandhabt werden konnten, oder wie es im Heimjargon hieß: bis „er sich eingelebt" hatte.

## Ort der Drohung – Ort der Strafe

In den Jahren 1970 bis 1980 war sehr wohl bekannt, was in der Erziehung erlaubt und was verboten war. Schulversuche, Reformmodelle in Kindergärten prägten die öffentliche Diskussion. Die Ausrede, man wusste es nicht besser, gilt nicht. Jugendwohlfahrt war und ist Landessache. Die Landesregierungen hatten die Aufgabe, Richtlinien für den Betrieb von Heimen zu erlassen, die jedoch nur Vorschriften über Lage und Räumlichkeit, über sanitäre Ausstattungen, sowie über Ausbildung und Anforderungen an das Heimpersonal zu beinhalten hatten. Dementsprechend hatte die Wiener Heimverordnung[78] 14 Paragrafen, die sich sehr detailliert mit der räumlichen Ausstattung befassten, welche in der Realität nicht eingehalten wurden. Ein Paragraph regelte die Anforderungen an das Personal und einer beinhaltete „Pädagogische Vorschriften". Sogar in diesem kurzen Absatz war ganz klar, dass die Kinder nicht beschimpft, geschlagen oder auf demütigende Art bestraft werden durften und dass sie ungelenkte Freizeit haben sollten. Diese Vorschriften wurden, wie die Heim-Studie 1974 zeigte, grob missachtet, obwohl die am 20. und 21. Jänner 1971 stattgefundene „Enquete für aktuelle Fragen der Heimerziehung" und die danach gebildete „Wiener Heim-Kommission" die Aufgabe hatten, für die verantwortlichen Stellen ein Kompendium an Maßnahmen auszuarbeiten, um die Heimerziehung effektiver und zielführender zu gestalten.[79] Dem vorausgegangen war ein schockierender Mord an zwei Knaben im städtischen Erziehungsheim in Eggenburg. Dieses Ereignis und die beginnende öffentliche Kritik an den Heimen, nicht zuletzt die Fernsehsendung *Horizonte* von Kurt Tozzer 1970, dürften Anstoß zu dieser Enquete gewesen sein. Die Kommission tagte von März bis November 1971 und erbrachte einen Katalog von eng gesteckten kurz- und mittelfristigen Zielsetzungen. Ausgangspunkt der Überlegungen[80] war noch immer ausschließlich Familienbetreuung von Kindern und Jugendlichen als das oberste Ziel, Heimerziehung wurde als subsidiär gesehen. Im Vergleich mit der Heimrealität noch viele Jahre später waren die einzelnen Punkte reine Utopien:

- Die Heime sollten koedukativ mit möglichst breiter Altersstreuung geführt werden.
- Neben Heimen, die vor allem der Langzeitunterbringung dienten, sollten solche für kürzerfristige Aufenthalte mit Intensivbetreuung geschaffen werden.
- Die Großheime sollten abgebaut werden.
- Die Berufsmöglichkeiten sollten aus dem Bereich der Wachstumsindustrien genommen werden.
- Die Eltern sollten in die Erziehungsarbeit einbezogen werden.
- Der Tendenz zur Isolation sollte durch systematische Versuche, das Heim in seine lokale Umwelt zu integrieren, entgegengewirkt werden.
- „Lebenspraktische Trainings" sollten die Kinder und Jugendlichen auf die Welt „draußen" vorbereiten. (Verkehrserziehung, Kleiderpflege, Kochen einfacher Mahlzeiten, Geldgebarung etc.)
- Briefzensur, Einblicknahme in Tagebücher etc. wäre abzulehnen.
- Alle Eingriffe in die sexuelle Intimsphäre müssten

die Entwicklung zu einer voll ausgereiften, liebesfähigen Persönlichkeit zulassen und zum Ziel haben.

- Die Einführung von Psychotherapien wurde gefordert.
- Ein Abschnitt befasste sich mit der Bestrafung von Zöglingen:

„Unter Strafe im allgemeinsten Sinne versteht man das gewollte und bewusste Zufügen eines Leides oder eines Versagens oder Entziehens einer Annehmlichkeit. Gestraft wird mit der Absicht, durch das Erzeugen von Unlustgefühlen oder allein durch deren Androhung eine Verhaltensänderung herbeizuführen. Wenn aber die Erziehung im allgemeinen, und somit auch die Heimerziehung, als ihr Ziel die Mündigkeit des Menschen anstrebt, also die Fähigkeit zu entwickeln wünscht, dass dieser Mensch sich sein Urteil selbstständig bildet und eine verantwortliche Entscheidung in seinem Leben treffen kann, so sind Strafen für dieses Erziehungsziel kein geeignetes Mittel."



Soweit die Wiener Heim-Kommission. Bei der Aktenanalyse im Rahmen der Wiener Heim-Studie 1974 fiel auf, dass jeder Hinweis darauf, was mit der Heimunterbringung von Kindern und Jugendlichen eigentlich bezweckt werden sollte, sowie eine Abschätzung der sinnvollen Dauer des Heimaufenthalts, fehlte. Die Empfehlungen der Heimkommission ließen dazu ebenfalls jegliche Vorstellung vermissen.[81] Wenn die Variante „Heime mit Langzeitunterbringung" sinnvoll wäre, so müsste natürlich eine entsprechende „Infrastruktur" geschaffen werden (Institutionen, Personal, Ausstattung). Ist man jedoch der Ansicht, dass die Kinder möglichst schnell wieder in eine Familie zurück sollten, so müssten die Eltern und ambulante Einrichtungen viel mehr als bis dahin in die Erziehungsarbeit einbezogen werden. Aber auch in dieser Hinsicht fehlte eine Empfehlung der Heimkommission. Die Aufenthaltsdauer in den Heimen richtete sich ausschließlich nach den bürokratischen Normen und der Struktur der Heime (z. B. Schulabschluss, Lehrabschluss) und nicht nach einem therapeutischen Ziel. Darüber hinaus bestanden keinerlei Vorstellungen bezüglich der Funktion der Heime. Mit dem lapidaren Wort, „das beste Heim kann keine Familie ersetzen", drückte man sich um die Entscheidung, welche Strategie bezüglich einer sinnvollen und realistischen „Heimreform" einzuschlagen sei.

Auch die Tatsache, dass die auf Heimerziehung angewiesenen Kinder und Jugendlichen fast ausschließlich aus der Unterschicht stammten, müsste für die öffentliche Erziehung zumindest den Anspruch entstehen lassen, hier kompensatorisch einzugreifen. Der damaligen Heimerziehung gelang es aber offensichtlich nicht, die gesellschaftlichen Ungerechtigkeiten auszugleichen und in diesem Sinn als „gerecht und fürsorgend" zu erscheinen. Was erreicht und als Erfolg der Heimerziehung gepriesen wurde, war das eindeutig an schlechte Institutionen „angepasste" Unterschichtkind, das daher letztlich Schwierigkeiten hatte, mit der Komplexität der gegenwärtigen Arbeits- und Lebenswelt zurechtzukommen.

# V. ENDSTATIONSHEIME UND IHRE ZULIEFERER

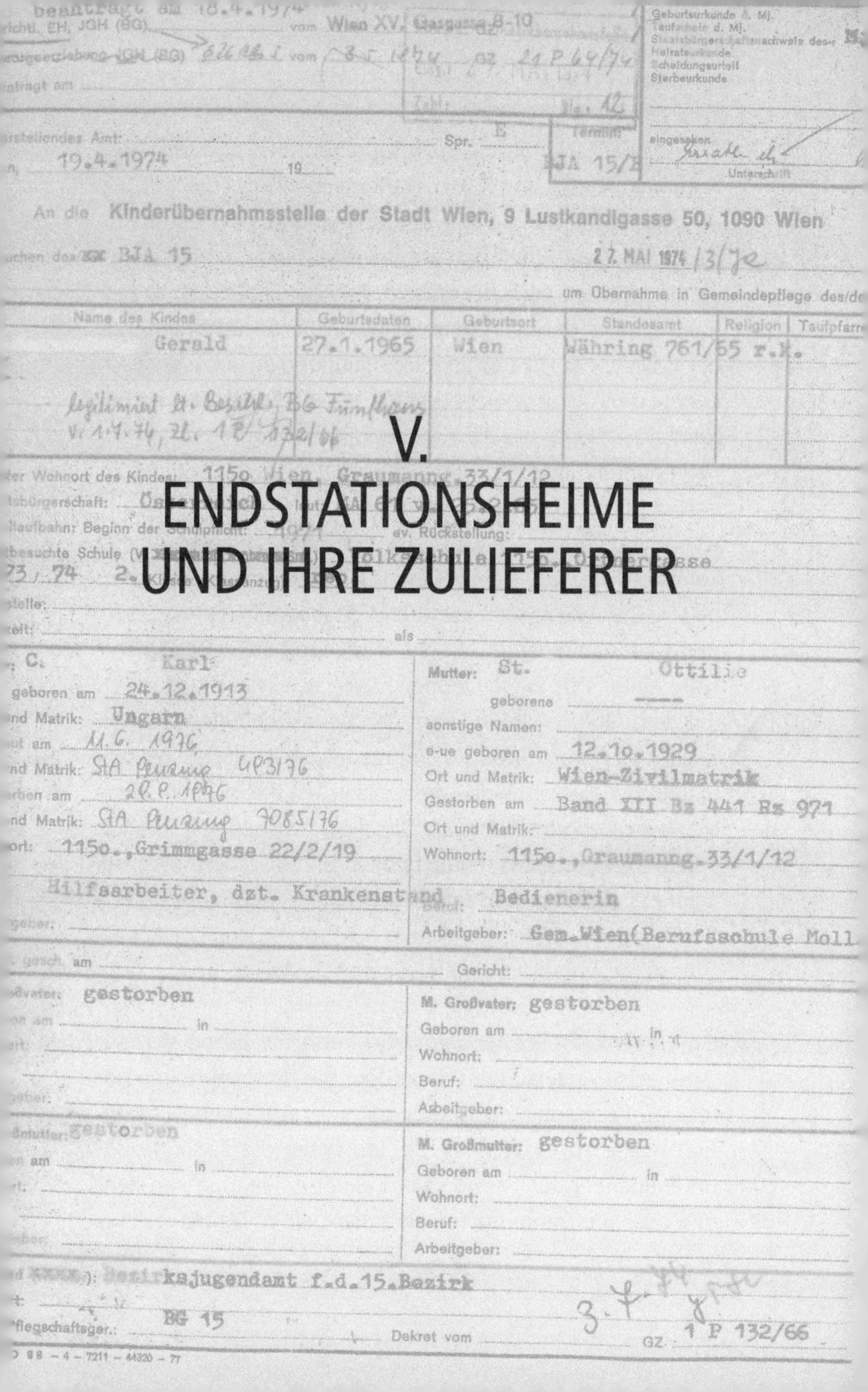

beantragt am 18.4.1974
richtl. EH, JGH (BG) vom Wien XV, Gasgasse 8-10
vom
ntragt am
Geburtsurkunde d. Mj.
Taufschein d. Mj.
Staatsbürgerschaftsnachweis des-r
Heiratsurkunde
Scheidungsurteil
Sterbeurkunde
stellendes Amt: Spr. E
n, 19.4.1974 19 BJA 15/E
eingesehen
Unterschrift

An die Kinderübernahmsstelle der Stadt Wien, 9 Lustkandlgasse 50, 1090 Wien

achen des BJA 15 27. MAI 1974

um Übernahme in Gemeindepflege des/der

| Name des Kindes | Geburtsdaten | Geburtsort | Standesamt | Religion | Taufpfarre |
|---|---|---|---|---|---|
| Gerald | 27.1.1965 | Wien | Währing 761/65 | r.k. | |

ter Wohnort des Kindes: 115o Wien, Graumanng. 33/1/12
tsbürgerschaft: Österreich
laufbahn: Beginn der Schulpflicht: 1971 ev. Rückstellung:
besuchte Schule (V ...): Volksschule 115o
73 / 74 2. Klasse
stelle:
zeit: als

C. Karl
geboren am 24.12.1913
nd Matrik: Ungarn
ut am
nd Matrik:
rben am
nd Matrik:
ort: 115o.,Grimmgasse 22/2/19
Hilfsarbeiter, dzt. Krankenstand
geber:

Mutter: St. Ottilie
geborene ----
sonstige Namen:
e-ue geboren am 12.1o.1929
Ort und Matrik: Wien-Zivilmatrik
Gestorben am Band XII Bz 441 Rz 971
Ort und Matrik:
Wohnort: 115o.,Graumanng.33/1/12
Beruf: Bedienerin
Arbeitgeber: Gem.Wien (Berufsschule Moll.

gesch. am Gericht:

vater: gestorben
in

M. Großvater: gestorben
Geboren am in
Wohnort:
Beruf:
Arbeitgeber:

mutter: gestorben
am in

M. Großmutter: gestorben
Geboren am in
Wohnort:
Beruf:
Arbeitgeber:

d ...): Bezirksjugendamt f.d.15.Bezirk
BG 15
Pflegschaftsger.: Dekret vom GZ. 1 P 132/66
D 98 – 4 – 7211 – 44320 – 77

Die Wiener Heim-Studie 1974 ging zunächst aus rein theoretischen Überlegungen der Frage nach, ob es so etwas wie „Endstationsheime" für die von der Stadt Wien betreuten Kinder und Jugendlichen gab. Diese waren eindeutig festzustellen und führten nach der Präsentation der Ergebnisse zu heftigen Diskussionen mit den verantwortlichen Behörden. Aus der Analyse der Herkunft der Heimkinder ging zunächst auch hervor, dass der überwiegende Teil dieser Kinder schon vor der Heimeinweisung den Wechsel oder Fortfall von Bezugspersonen erfahren hatte. Zu untersuchen war, ob die öffentliche Erziehung bestrebt war, diesen Wechsel zu kompensieren und, wenn schon keine stabile Bezugsperson gewährleistet werden konnte, so doch die Außensituation für die Heimkinder stabil zu halten. Dies war jedoch keinesfalls gegeben. Im Durchschnitt hatte jedes Kind der untersuchten Stichprobe 2,7 Heimaufenthalte hinter sich. Diese Quote änderte sich selbstverständlich mit dem Alter.[82] Während man den berufsbedingten Wechsel der HeimerzieherInnen als Bezugspersonen offiziell beklagte, wurden die vermeidbaren zusätzlichen Belastungen eines Heimwechsels verschwiegen. Diese zusätzlichen Belastungen entstanden vor allem dadurch, dass mit einem Heimwechsel nicht nur ein Wechsel der Bezugsperson, sondern meist auch der Tagesroutine, der räumlichen Ausstattung und der Anpassungsforderungen an das Kind verbunden waren.

Ein Fragenkomplex im Heimleiter-Interview bezog sich auf „strafweise Versetzungen" in andere Heime. Zwei Heime unter den Knabenheimen waren als ausgesprochene Endstationsheime zu bezeichnen, sie tauschten die Zöglinge nur untereinander aus, „wenn es um die Zerschlagung von Banden oder die Trennung von Homosexuellen" (Antwort eines

Heimleiters) ging. Beide Heime, nämlich Lindenhof (Eggenburg) und Hohe Warte, verfügten über eine eigene Heimschule, Eggenburg hatte eigene Lehrwerkstätten. Das Heim Turmhof Retz könnte man als „Durchgangsheim" bezeichnen, das heißt, dass es sowohl als nächste Station für zu versetzende Zöglinge genannt wurde, als auch selbst Kinder an ein Endstationsheim abgab.

Auch die offiziell zugeschriebenen Versetzungsgründe wurden analysiert. Aus den Lehrlingsheimen Leopoldstadt und Am Augarten kamen die Burschen wegen „krimineller Delikte" nach Eggenburg, aus Wimmersdorf die „Durchgänger". Aus Döbling und Pitten wurden die Buben wegen disziplinärer Schwierigkeiten auf die Hohe Warte versetzt, aus Hütteldorf die „Durchgänger".



Für die Mädchen gab es vier Endstationsheime – Graz, Salzburg Wilhelminenberg und Rochusgasse. Pötzleinsdorf, Nussdorf und Klosterneuburg nahmen Mädchen auf, schickten sie aber bei disziplinären Schwierigkeiten und „negativer Arbeitshaltung" in die Endstationsheime. Ins Endstationsheim Wilhelminenberg kamen die Mädchen aus Altenberg, Pitten, dem Gertrudheim und dem Borromäum wegen „sexueller Verwahrlosung". Die älteren Mädchen wurden wegen verschiedener Zuschreibungen nach Graz und Salzburg verlegt, vom Wilhelminenberg und von Lanzendorf wegen „sexueller Verwahrlosung" in das Heim Rochusgasse.

Die Versetzung brachte für die Kinder auf jeden Fall einen Wechsel der Schule oder Lehrstelle mit sich, damit in vielen Fällen eine eindeutige Verschlechterung der Chancen. Kam zum

Beispiel ein Mädchen wegen disziplinären Schwierigkeiten aus Pötzleinsdorf auf den Wilhelminenberg, so gab es dort heimintern nur Hauptschule B-Zug. Bei den Lehrlingsheimen in der Gruppe der Endstationsheime gab es nur solche mit Heimlehre, die naturgemäß ein beschränktes Angebot an Lehrstellen hatten. Die strafweise Versetzung hatte somit für das Leben des Zöglings weitreichende Folgen.

In 22 Heimen gab es genaue Angaben über die Anzahl der jährlichen Fluchtversuche. Im Durchschnitt entwich 1973 jeder 18,4te Zögling ein Mal. In den Endstationsheimen betrug der entsprechende Mittelwert 7,2 (!) – in den restlichen Heimen 21,7. Die Streuung der Werte war sehr groß. Die nach außen stark abgeschlossenen Endstationsheime wiesen eine besonders hohe Entweichungsfrequenz auf. Also je geschlossener das Heim war, umso mehr versuchten Kinder und Jugendliche, zu flüchten.



## WILHELMINENBERG – „die herrlichste Kinderherberge der ganzen Welt"

Das Kinderheim auf dem wundervoll über den Dächern Wiens gelegenen Wilhelminenberg wurde nicht von ungefähr zum Synonym von Gewalt gegen Kinder, die von der öffentlichen Verwaltung administriert wurden. 1927 von der Gemeinde Wien als Kinderheim aus der Taufe gehoben, sollte es ein Vorbild für alle künftigen Einrichtungen sein, „verwahrlosten Kindern" eine Heimat zu bieten. Nicht umsonst sagte der – nicht unumstrittene – Sozialrefomer und Wiener SPÖ-Politiker Julius Tandler: „Wer Kindern Paläste baut, reißt Kerkermauern nieder" – jener Spruch, der bis 2011 im Foyer des Schlosses Wilhelminenberg, mittlerweile ein Vier-Sterne-Hotel der Austria Trend Hotels, prangte. Wo heute Touristen den wundervollen Blick über Wien genießen oder auch Einheimische auf einen Kaffee vorbeischauen, um von oben herab auf die Lichter der Hauptstadt zu blicken, litten tausende Kinder über Jahrzehnte Qualen. Jene Kinder aus meist armen Familien, auf die Politik, Verwaltung und Gesellschaft auch damals herabblickten. Kindern, die meist schon in ihren Familien keine schönen Zeiten erlebt hatten, wurde in Julius Tandlers „Palast" gelehrt, was es heißt, einer totalen Institution ausgeliefert zu sein.

Die Errichtung einer Kinderherberge im Schloss wurde 1927 in der Arbeiterzeitung unter dem Titel „Die Kinderherberge Schloss Wilhelminenberg vor der Eröffnung. Die schönste Kinderherberge der Welt" folgendermaßen angekündigt:



> „Die Gemeinde Wien hat am 16. November 1926 in der Zwangsversteigerung das Schloss Wilhelminenberg erworben. Das Schloss wurde im Jahr 1907 vom Erzherzog Leopold Salvator erbaut.[83] Der wunderbar gelegene Bau ist fast von allen Seiten der Stadt sichtbar. Das Schloss ist mit Zentralheizung, Gas, elektrischem Licht, einer eigenen [Wasserleitung] und der Hochquellenwasserleitung ausgestattet. Von den Fenstern des Schlosses hat man einen herrlichen Überblick über Wien. […] Das Schloss Wilhelminenberg wird als städtische Kinderherberge eingerichtet. Damit wird Ersatz für die Kinderherberge am Tivoli geschaffen, die in Baracken untergebracht ist, die noch aus der Kriegszeit stammen und bald geräumt werden müssen. Die Kinderherberge Schloss Wilhelminenberg wird wie Tivoli

ein Durchzugsheim bilden. […] Die umfangreichen Adaptierungsarbeiten sind im vollen Gange. In einigen Wochen wird die Kinderherberge Schloss Wilhelminenberg ihrer Bestimmung übergeben werden. Die Stadt Wien wird damit die herrlichste Kinderherberge der ganzen Welt besitzen."[84]

1934 bis 1939 war das Gebäude Sitz der Wiener Sängerknaben, dann ein Heereslazarett der Nationalsozialisten. 1945 erfolgte die Umwidmung in ein Heim für erholungsbedürftige Kinder und ehemalige KZ-Häftlinge. Von 1950 bis 1961 übersiedelte die Heilpädagogische Beobachtungsstation vom Spiegelgrund in das wieder eröffnete Heim der Stadt Wien. Bis 1961 waren Buben und Mädchen im Schloss Wilhelminenberg untergebracht, ab 1962 nur mehr Mädchen. Von 1972 bis 1974 gab es zusätzlich zwei „Reformgruppen", die wieder mit Kindern beiderlei Geschlechts beschickt wurden. 1977 wurde das Heim geschlossen. 1988 wurde in dem Gebäude ein Gästehaus eröffnet, im Jahr 2000 ein Hotel.





Das Schloss im Stadtteil Ottakring ist mittlerweile das Synonym für Kindesmissbrauch in öffentlichen Einrichtungen. Die Berichte in der Tageszeitung KURIER[85] ab Oktober 2011 über Missbrauch Minderjähriger im Kinderheim Wilhelminenberg in den 1970er-Jahren und der darauf folgende Sturm der Entrüstung in weiteren Medien brachte die Stadt Wien dazu, ein eigenes Gremium zu schaffen, um die Vorwürfe zu überprüfen. Der zuständige Wiener Stadtrat Christian Oxonitsch (SPÖ) gab am 21. Oktober 2011 die Gründung der Kommission Wilhelminenberg bekannt, deren Vorsitz die Richterin Barbara Helige übernahm.[86]

Nach der Überwindung einiger bürokratischer Hürden wurde

am 12. Juni 2013 der 345 Seiten starke Endbericht[87] der Kommission präsentiert.

> „Faschistoide (© Kinder- und Jugendanwaltschaft der Stadt Wien), an die Nazi-Zeit erinnernde Erziehungsmethoden, schlimmste Herabwürdigung sechsjähriger Mädchen, Züchtigung bis zum Erbrechen oder bis zur Bewusstlosigkeit, Vergewaltigung durch Betreuerinnen und Betreuer: Willkommen im Kinderheim Schloss Wilhelminenberg, der „Hölle auf Erden", wie Eva L.*, die sieben Jahre dort lebte, sagt."[88]

In Interviews mit dem KURIER erinnerten sich im Oktober 2011 zwei Schwestern, die von 1972 bis 1977 am Wilhelminenberg untergebracht waren, an schwere Misshandlungen und sexuellen Missbrauch. Mehr als eineinhalb Jahre später bestätigte der Kommissionsbericht die meisten Vorwürfe. Vergewaltigungen habe es laut zahlreicher Zeugenaussagen gegeben. Erschütternde Details gab im Kommissions-Bericht auch ein ehemaliger Taxi-Fahrer bekannt.[89] Im Gespräch mit dem Autor erklärte er:



> „Ich war in den 1970er-Jahren Taxifahrer in Wien. Da hab ich manchmal einen Fahrgast gehabt, es war ein älterer Mann, vielleicht 50 Jahre alt. Der hat immer gesagt: ‚Führen Sie mich zum Wilhelminenberg'."[90]

Der Mann kannte die Gepflogenheiten im damaligen Kinderheim offenbar sehr gut und habe den Fahrer auf das Gelände „hineindirigiert". Wie der Mann ins Schloss hineingekommen ist, war dem Fahrer nicht mehr genau in Erinnerung:

> „Aber ich glaube, den hat jemand vom Wagen abgeholt und reingelassen. […] Und er hat mir gesagt, dass

> ich um das Schloss herumfahren soll. Er ist dann von hinten hineingegangen. Ich habe ihn gefragt, ob das Schloss nicht eine Kinderherberge ist. Und er sagte: ‚Deswegen fahre ich ja hin, weil ich dort fesche Mädel bekomme.' So hat er das gesagt."

Heute macht sich der mittlerweile 86-jährige Taxifahrer Vorwürfe:

> „Ich weiß nicht, warum ich das nicht hinterfragt habe. Ich hab das völlig falsch beurteilt. Ich hab das als Hetz' empfunden. Der macht sich halt einen schönen Abend, hab ich mir gedacht. Dass dort Mädchen missbraucht worden sind, ist mir erst heute bewusst."

Im Kommissionsbericht schildert der ehemalige Taxifahrer zudem, wie er auch andere Männer zum Wilhelminenberg brachte, die dann durch Löcher im Zaun auf das Heimgelände gelangt wären. Alle diese Fahrten hätten am Abend oder in der Nacht stattgefunden. Die Stadt Wien will die furchtbaren Ergebnisse des Berichts aufarbeiten.

> „Der Bericht der Kommission Wilhelminenberg ist Grundlage für die moderne Wiener Jugendwohlfahrt, denn er macht auf erschreckende Art und Weise deutlich, welche schrecklichen Folgen mangelnde Kontrolle und autoritäre Systeme haben können."[91]

So heißt es in einer Presseaussendung des zuständigen Stadtrats Oxonitsch. Im Wiener Jugendamt wurde eine eigene Arbeitsgruppe eingerichtet, um die Inhalte des Berichts im Detail aufzuarbeiten. Der Wilhelminenberg-Bericht wurde auch der Staatsanwaltschaft Wien übermittelt. Ein eigens dafür abgestellter Staatsanwalt soll klären, ob einzelne Täter noch juristisch verfolgt werden können.

## Kaiserebersdorf / Kirchberg am Wagram

Mit der Errichtung der beiden Erziehungsanstalten Kaiserebersdorf (Burschen) und Wiener Neudorf (Mädchen) hatte die Justiz zwei weitere „Endstationsheime" geschaffen. Dort wurden straffällig gewordene Jugendliche nach Verbüßung ihrer Haftstrafen mit besonders rigiden Methoden verwahrt. Im ehemaligen Jagdschloss der Habsburger am Rande Wiens war bis 1974 das Bundeserziehungsheim Kaiserebersdorf etabliert. Dazu gab es eine Außenstelle in Kirchberg am Wagram. Noch in den 1920er-Jahren galt Kaiserebersdorf als vorbildlich. Später von den Nationalsozialisten zum Jugendgefängnis umfunktioniert, blieb nach dem Zweiten Weltkrieg nichts mehr von der Vorbildwirkung aus der Ersten Republik über. Kaiserebersdorf galt über Jahrzehnte hinweg als eine der schlimmsten Einrichtungen Österreichs. Zuständig: das Justizministerium. Der Öffentlichkeit bekannt wurde es 1952 durch den Aufstand der Zöglinge, die sich über die unmenschlichen Züchtigungsmethoden in der Anstalt wehrten. Dennoch blieb die Bundeserziehungsanstalt bis 1974 in Betrieb. Erst 1970 gab es erneut Aufmerksamkeit, als die linke Gruppierung „Spartakus" gegen die brutalen Erziehungsmethoden öffentlichkeitswirksam demonstrierte. Erste öffentliche Einblicke in den Alltag von Kaiserebersdorf gewährte der ORF-Journalist Kurt Tozzer im Jahr 1970.[92] Er interviewte für einen mehr als 30-minütigen Bericht über die Zustände in österreichischen Erziehungsheimen unter anderem einen „jungen Mann, verheiratet und Vater eines Kindes". Der Mann sagte nur anonym aus, weil er fürchtete, seine Vergangenheit als Zögling in der Anstalt Kaiserebersdorf könnte ihm in seinem Job Probleme bereiten: „Wenn irgendwer erfährt, dass man in einem Heim war, wird man von den meisten Leuten abgelehnt."[93] Journalist Tozzer analysierte bereits vor 43 Jahren:

> „Die Einweisung in die Erziehungsanstalt für Burschen in Kaiserebersdorf ist tatsächlich eine Strafe. Die Bundesanstalt für Erziehungsbedürftige – heißt es im Paragraf 4 des Jugendhilfegesetzes – ist vor allem zur Aufnahme von Rechtsbrechern bestimmt, bei denen ein schwerer Erziehungsmangel vorliegt. An solchen Erziehungsmängeln muss allerdings auch das System der Fürsorgeheime mitschuldig sein, denn jeder zweite Zögling, der in diese Erziehungsanstalt kommt, hat vor seiner Einweisung bereits in einem anderen Heim Fürsorgeerziehung genossen."[94]



In einer Zusammenstellung zweier Interviews schnitt Tozzer damals geschickt Anschuldigungen eines ehemaligen Zöglings und Aussagen des Direktors der Erziehungsanstalt, Amon, gegeneinander. Das Zwiegespräch hier in gekürzter Form:

> Zögling: Der Endeffekt ist, dass jemand mit einem guten Charakter in das Heim reinkommt und mit einem saumäßig schlechten rausgeht.
> *Amon*: Wir versuchen, die uns anvertrauten jugendlichen Rechtsbrecher mit weitgehendem Verständnis und Menschlichkeit, aber auch mit Konsequenzen und wenn es sein muss mit Strenge zu behandeln.
>
> Zögling: Ein Vorteil war drinnen, einen Beruf zu lernen, aber damit war's scho' wieder aus.

*Amon*: Unsere hier angewandte Praxis ist auf einer Erfahrung von beinahe 40 Jahren aufgebaut. Das heißt, dass wir uns nicht sklavisch der jeweiligen Mode unterordnen. Beamte werden im allgemeinen Ausbildungslehrgang der Justizwachschule ausgebildet. Dort allerdings nicht so sehr spezialisiert auf die Bundesanstalt. Für dieses Haus werden sie in separaten Lehrgängen, Schulungsvorgängen eingewiesen.

Zögling: Es war vom sogenannten Schuss ang'fangt bis zur Ohrfeige alles drin.
*Amon*: Das ist grundsätzlich strengstens verboten. Sollte das passieren, dann würden und könnten wir den Beamten in keiner Weise schützen. Das ist von uns unter Nachdruck untersagt.

Zögling: Morgens haben wir meist in Einserreihen raustreten müssen. Gruppenweise. Ich bin um einen halben Schritt zu weit aus der Reihe gestanden. Ein Erzieher hat mich beim Kehlkopf genommen und hat mich vorgezogen. Ich hab seine Hand genommen und hab sie weggetaucht. Darauf hat er gesagt, ich habe seine Hand nicht anzugreifen. Da hat er mich bei den Haaren genommen und hat mir mit dem Knie ins Gesicht geschlagen.
*Amon*: Mir ist derlei nicht gemeldet worden. Außerdem stünde einem Zögling der Weg der Beschwerde offen.



Zögling: Wenn ich das zur Meldung gebracht hätte, hätte ich wahrscheinlich sämtliche Repressalien, die da unten vorkommen, auf mich nehmen müssen.
*Amon*: Sicher würden Mittel und Wege zu finden sein, den Zögling vor solchen Auswirkungen und Ressentiments zu schützen.[95]

Um Zöglinge „zu schützen", gab es in Kaiserebersdorf unter anderem die „Zugangsgruppe" oder die Korrektionszellen im Keller des Hauses, im Heimjargon „Curri" genannt.

Herbert Sirny, 59, kam wegen eines Einbruchs im Jahr 1971 drei Wochen in Untersuchungshaft. Im anschließenden Prozess wurde er zu drei Wochen bedingt verurteilt, die er in U-Haft eigentlich schon abgebüßt hatte. Statt nach Hause gehen zu können, wurde er allerdings „auf drei Jahre nach K-E [Kaiserebersdorf] eingewiesen", wie er sich im Gespräch erinnert.[96] Es kam damals häufig vor, dass Jugendliche für vergleichbare Straftaten oft um ein Vielfaches länger in Gewahrsam der Justiz blieben als erwachsene verurteilte Täter. Die Ankunft im bereits sehr baufälligen Schloss Kaiserebersdorf war entmutigend:



> „Ausziehen, Arschreinschauen, Schnürsenkel weg. Dann ist man mit Wasser abgespritzt worden, und ein anderer Zögling hat mir meine langen Haare abschneiden müssen. Dann hab ich das Heimgewand gekriegt."

Ein weißes, langes Nachthemd, eine weiße, weite Stoffunterhose, eine graue Stoffhose, ein graues Hemd, ein Pullover, Socken und ein dunkelblauer Schlosseranzug. „Die Zugangsgruppe ist ärger wie Stein", sagt Herbert Sirny.

> „Da musste ich einen Monat lang bleiben. Stahltüre ohne Essensklappe, ein Raum, vielleicht zwei mal vier Meter, ein Bett, ein Klapphocker, ein Klapptischerl und ein Topferl unterm Bett. Die Heizung haben's, wenn's kalt war, nur zwei, drei Mal am Tag für kurze Zeit aufgedreht."

Kontakt zu anderen Zöglingen sei in diesem Monat verboten gewesen. Ausgang aus der Zelle habe es nur am Morgen und am Abend gegeben. Mehrmals ist er aus der Anstalt geflohen. Nach einer Flucht kam er direkt in die Korrektionszelle.

> „Vier Tage im Keller, nackter Boden, gusseiserne Klomuschel. Die Luft ist nur durch Schlitze hereingekommen. Und eine Bibel hat es gegeben. Da hat man sich wenigstens Zigaretten draus drehen können."

Nach der zweiten Flucht sei er sogar vier Wochen dort eingekerkert gewesen. Als Protest gegen die Behandlung hat er sich selbst einen Judenstern aufs Handgelenk tätowiert. „Heut' weiß ich, dass man das nicht vergleichen kann, aber damals mit 17, 18 bin ich mir wie im KZ vorgekommen."



Die Erzieher, allesamt Beschäftigte der Justiz, seien fast durchwegs Sadisten gewesen. „Der Sch., ein Kommunist, hat die Leute verbal fertig gemacht. Der S., ein Ex-Boxer, war ein Knecht mit zwei Metern, der hat Schläge in die Nieren verteilt." Ein weiterer Erzieher habe mit Vorliebe eine kurze Hundeleine oder den Schlüsselbund als Erziehungsmittel eingesetzt. „Der hat dir die Schlüssel in die Eier oder aufs Kreuz gehaut." Erzieher H. sei der mit den Putzstrafen gewesen. „Der hat dich mit Leidenschaft drei Mal täglich den Gang waschen lassen, oder das WC putzen, oder die Zellen. Wenn ihm was nicht gepasst hat, hat er dich in den Rücken getreten." Er habe nie daran gedacht, sich über die Zustände zu beschweren. „Was hätte das gebracht? Da hätte man so derartige Hiebe bekommen. Und die Anstaltszeit hätten's dir auch noch verlängert."[97]
Bereits 1971 war in der von Günther Nenning gegründeten Zeitschrift Neues Forum unter dem Titel „Jugend-KZ in

Österreich" unter anderem das folgende Protokoll[98] des ehemaligen Kaiserebersdorfer Zöglings Herbert M. zu lesen:

> „Einmal ist das Gerücht entstanden, dass fünf Burschen einen Erzieher hauen und auf Flucht gehen wollen. Ludowatz, der diensthabende Erzieher, hat sich einen [von den fünf Burschen] geholt, nichts erfahren und ihn daraufhin ‚gelyncht'. Und so einen nach dem anderen von diesen Burschen. Dann kamen noch Weiß und Chromecek [andere Erzieher] und schlugen alle fünf noch einmal. Jeder, der aus dem Dienstzimmer wieder herauskam, war blutig und musste sich an der Wand festhalten. Noch in derselben Nacht wurden alle fünf mit einem Heimbus nach Kirchberg gebracht."

Im Spezialheim Kirchberg landete Herbert M. auch selbst, nachdem er bei einem Fluchtversuch aus Kaiserebersdorf erwischt worden war. Bereits 1971 berichtete er über seine Zeit in der Außenstelle Kirchberg:

> „Ich musste den ganzen Tag Häschenhüpfen. Wenn man zusammenbrach, bekam man von Erzieher Weiß einen Tritt ins Kreuz. In Kirchberg gibt es 13 Einzelzellen, eine davon ist das Lachkabinett (Prügelzimmer). Einmal hatte ich mein Arbeitspensum nicht zusammengebracht. Ich sollte Häschenhüpfen. Als ich mich weigerte, gab mir Erzieher Weiß Tritte in den Rücken und auf den Kopf."

Karl M., 61, war quasi von Geburt an in Obhut der Wiener Jugendwohlfahrt. Nach seiner Heimzeit im Jahr 1970 diagnostizierte die Bewährungshilfe:

> „Karl hat durch seine langen Heimaufenthalte gelernt, dass man zwar in seiner Freiheit eingeschränkt, aber

> sicher versorgt wird. Arbeiten bedeutet für ihn unterdrückt werden und nicht, sich einen Lebensunterhalt zu verdienen. Diesen neuen Zusammenhang muss er jetzt erst mühsam lernen."[99]

Die schlimmste Zeit, die er in den Heimen erlebt hatte, wäre die in der Erziehungsanstalt Kaiserebersdorf gewesen, erklärt Karl M.; respektive die in deren Außenstelle im niederösterreichischen Kirchberg am Wagram. Von 1967 bis 1969 war er in den beiden Gefängnissen, rund sechs Monate davon in Kirchberg. Mit einem Lastwagen sei er „nur mit einer Unterhose und einem Unterhemd"[100] bekleidet und mit Handschellen an die Ladebordwand gekettet von K-E nach Kirchberg verfrachtet worden.

„Die Dependance der Erziehungsanstalt in Kirchberg am Wagram ist ein Rückfall ins Mittelalter"[101], stellte Kurt Tozzer in seinem *Horizonte*-Beitrag im Jahr 1970 fest.



> „Hierher kommen die besonders schwierigen Zöglinge. Die Verfechter einer harten Hand, einer Vergeltungsjustiz, die für eine Isolierung der Sündenböcke eintreten, müssten an diesem Gefängnis ihre Freude haben."[102]

Es werden Einzelzellen mit Stahltüren und Kübel-Klosetts gezeigt. Freizeit-Beschäftigung war nur im engen Hof möglich. Meist mussten die Häftlinge ohnehin arbeiten, um wenigstens an Zigaretten zu kommen. An die Zellen und an den Hof erinnert sich Karl M. noch ganz genau.

> „Da im Hof haben wir Fußball gespielt. Vor allem für die, die neu angekommen sind, war das brutal. Da hat ein Erzieher zehn Minuten vor Schluss ‚hartes Spiel'

> gerufen, und die anderen Zöglinge haben auf die Neuen mit Händen und Füßen eingedroschen, bis man sich nicht mehr gerührt hat. Das war ein Wahnsinn."

Doch auch Erzieher seien in Kirchberg handgreiflich geworden. Einer soll Karl M. eine brennende Zigarette an dessen Hoden ausgedämpft haben. Der 61-jährige Ex-Zögling wurde dafür von der Verbrechensopfer-Organisation „Weisser Ring", die seit 2012 auch für das Justizministerium ehemalige Zöglinge von Erziehungsanstalten entschädigt, mit 10.000 Euro bedacht. Über das Protokoll eines Zöglings berichtet Michael Genner, Mitbegründer der Spartakus-Bewegung, die sich Anfang der 1970er-Jahre die Öffnung der Heime zum Ziel gesetzt hatte. Der Zögling schildert darin das in Kaiserebersdorf zum Einsatz gekommene Erziehungsmittel „Minna":



> „Dieses Marterwerkzeug ist 45 cm lang und hat den ungefähren Durchmesser von 2,5 cm. Der Kern ist aus Liezendraht, ca. 1,5 cm, und außen mit Hartgummi überzogen. Diese Minna wurde bei jedem kleinsten Vergehen, wie etwas lauteres Sprechen nach der Nachtruhe, seinen Dienst nicht sauber verrichtet zu haben, beim sonntäglichen Fußballspiel nicht zu gewinnen, beim Auffinden einiger „Staubbrösel" in der Zelle, als Marterwerkzeug verwendet. Das tat immer der Erzieher, der gerade Dienst hatte. Namen der Erzieher: Ludovacz Franz, Seehuber Fritz, Weiss Günther, Mader Heinz."[103]

Unter dem Titel „Erzieher und Arzt ließen Heimkind beinahe sterben", berichtete der KURIER im Jahr 2012 über einen ehemaligen Zögling aus Kaiserebersdorf, der seine Heimzeit beinahe mit dem Leben gebüßt hätte und heute noch darunter leidet.

„Mir haben sie in Kaiserebersdorf das Leben ruiniert", sagt der Tiroler Kurt Nairz, 56. (...) Durch Pfusch des Anstaltsarztes und der Erzieher rang Nairz 1972 mit dem Tod. Jahre verbrachte er im Krankenhaus. Später musste ihm der Oberschenkel amputiert werden. Seitdem stützt sich Nairz auf Krücken."[104]

Nairz war 1971 aus dem Kinderheim Westendorf in Tirol geflohen, wurde geschnappt und nach Kaiserebersdorf überstellt. Er arbeitete in der Anstalt als Bäcker, als er im Februar 1972 plötzlich über starke Knieschmerzen klagte. Statt ihn näher zu untersuchen, sei er wegen Arbeitsverweigerung in die Korrektionszelle gesperrt worden. Der nur sporadisch anwesende Anstaltsarzt habe ihm eine Salbe gegen Schleimbeutelentzündung verschrieben. Tage saß er in Haft, die Qualen wurden immer schlimmer. „Ich hab' vor Schmerzen an die Tür gepumpert." Dann sei er ihn Ohnmacht gefallen. Was geschah, konnten ihm später nur Angehörige mitteilen, die aus Tirol an sein Sterbebett gekommen waren. Nairz war mittlerweile ins Krankenhaus der Barmherzigen Brüder in Wien gebracht worden. „Die haben uns gesagt, dass wir rasch hinkommen müssen, wenn wir ihn noch lebend sehen wollen. Er wird die nächsten 48 Stunden nicht überleben", erinnert sich sein Bruder Gerhard. Ein Pfarrer soll bereits die „letzte Ölung" gespendet haben. „Kurti war nicht ansprechbar." Eine Sepsis habe der Bursch, sagten die Mediziner in Wien. Eine Blutvergiftung. Nairz war mehrere Monate nicht bei Bewusstsein, war wundgelegen, musste mehrmals das Spital wechseln. Acht Monate kämpfte man in Wiener Spitälern um sein Leben, weitere 18 Monate verbrachte er im Landeskrankenhaus Innsbruck. Jahre später zeigten sich die Folgen des in Kaiserebersdorf falsch behandelten Knies: 1980 musste Kurt Nairz das Bein abgenommen werden. Das Heim habe ihn nach seinem Transport ins Spital „nie wieder kontaktiert", gab Nairz dem Autor zu Protokoll. Er habe kein Entlassungsschreiben bekommen, und auch sein Heimsparbuch („es wurden für meine Arbeit jeden Monat 70 Schilling auf ein Sparbuch überwiesen") habe er nie wieder gesehen.

Unter dem Titel „Zu viele Strafen, wenig Therapie!" erschien im KURIER im Jänner 1970 ein ausführlicher Bericht über die Erziehungsanstalt Kaiserebersdorf. Darin kam der Psychiater Dr. Rudolf Mader zu Wort, der die Insassen behandelte.

> „Er hat 20 Zöglinge, die vor Kaiserebersdorf schon mehrere Heime durchwandert hatten, genau untersucht und dabei entdeckt, dass sie an schweren Charakterschäden leiden, die nur durch den langen Heimaufenthalt erklärbar sind. Die Burschen sind affektkalt, kontaktscheu, misstrauisch, pessimistisch, haben eine ‚harte Haut' gegenüber Strafen, ordnen sich der Autorität unter, ihre Intelligenz ist scheinbar herabgesetzt."[105]





Weiters habe der Arzt herausgefunden, dass die Jugendlichen ‚primitiv strukturiert' und Fernweh statt Heimweh hätten. Außerdem attestierte er eine Neigung zu „homosexueller Prostitution". „Fast jede Gruppe hat ihre Zellen-Hur g'habt"[106], erklärt auch der ehemalige K-E-Zögling Herbert Sirny.

„Diese Burschen haben schon so viele ‚Erzieher' gehabt"[107], fuhr Dr. Mader im KURIER-Bericht fort, „dass sie wirklich zu keinem eine wirkliche Beziehung aufbauen konnten. Ihre Kontaktpersonen sind männlich oder doch männlich geprägt: Heimmütter und Heimtanten tragen stark maskuline, autoritäre Züge. […] Daher die seelisch unterentwickelte Sexualität."

# Wiener Neudorf

Was die Heime Kaiserebersdorf und Kirchberg für Burschen waren, bedeutete Wiener Neudorf in Niederösterreich für Mädchen. Ebenfalls eine vom Bund betriebene, jedoch vom Orden der „Schwestern zum Guten Hirten" betreute Anstalt, in der straffällige Mädchen einem besseren Leben zugeführt werden sollten. Keine Justizwachebeamten, sondern Nonnen waren dort verantwortlich. Wie die Erziehungsmethoden aussahen, schilderte bereits im Jahr 1971 ein nicht namentlich genanntes Mädchen, das kurz zuvor aus der Anstalt Wiener Neudorf entlassen worden war, in der Zeitschrift *Neues Forum*:

> „Ich bin wegen Flucht von zu Hause und Verdacht, Rauschgift zu nehmen, ins Heim gekommen. Als ich es nicht mehr aushielt, lief ich mit einer Gleichgesinnten davon. Nach einer Woche wurde ich von der Polizei festgenommen. Ich kam in die Anstalt für schwer erziehbare Mädchen, Wiener Neudorf. Ich war 20 Monate drinnen. Aber ich kann nur eines sagen: Besser bin ich nicht davon geworden, vielleicht raffinierter, denn was ich nicht wusste, habe ich dazugelernt und mir alles gemerkt. Man sagte mir, nur für ein Jahr. Nach einem Jahr ging ich dann wieder auf die Flucht. Als ich wieder zurückkam, wurde ich in die Korrektion geführt: vier mal zwei Meter groß, schwarze Wände, eine Holzpritsche, Holzboden, ein Plastikübel, der pestialisch [sic!] stank. Ganz oben war ein kleines Guckerl, das vergittert war. Im Winter war es immer fürchterlich kalt. Meine ganze Wäsche wurde mir abgenommen, ich wurde in einen knöchellangen, zerschlissenen Fetzen gesteckt. Um 6 Uhr früh wurde einem der Strohsack und die Decke weggenommen. Man konnte sich nicht waschen, etwas zum Zeitvertreib (Arbeit, Lesestoff) bekam man auch nicht. Als ich wieder in die Gruppe kam, freundete

ich mich mit einem Mädchen an. Deshalb kam ich nach einer Woche wieder in die Korrektion, ,wegen Lesbereien'. Als ich endlich wieder in die Gruppe durfte, wurde ich in einem Zimmer abgesondert. Ich brauchte nur mehr mit einem Mädchen sprechen, dann wurde schon gesagt, ich nehme eine lesbische Beziehung auf."[108]

Weil sie von zu Hause ausgerissen war und sich per Autostopp von Wien ins Weinviertel begeben hatte, soll Christine S. im Jahr 1960 wegen Vagabundage festgenommen worden sein. Das berichtet der Autor und Journalist Hans Weiss in seinem Buch *Tatort Kinderheim*:

> „Ein Jugendrichter in Wien verurteilte sie zu einer Arreststrafe von vierzehn Tagen und auf unbestimmte Dauer zur Einweisung in ein brutales Zwangsarbeitslager in Wiener Neudorf […]."[109]





Gebet, Arbeit und Schläge sollen die Erziehungsmethoden der geistlichen Schwestern gewesen sein. Christine S. erinnert sich an die bedrückende Stille, die in dem Kloster geherrscht hat. Nur Schritte und Händeklatschen, ein Mal klatschen: Setzen, zwei Mal klatschen: Aufstehen. Die Gefangene beschreibt, wie auch sie in die Korrektionszelle im Keller direkt unterhalb der Klosterkirche gesperrt wurde. Ebenfalls wegen einer Freundschaft zu einem anderen Mädchen, ebenfalls wegen „Lesberei". Einmal soll sie von einem Zahnarzt während der Behandlung an den Busen gefasst und bedrängt worden sein. Trotz ihrer Beschwerde bei einer Schwester (wegen ihrer Brutalität Schwester „Tarzan" genannt) wurde der Zahnarzt gerichtlich nicht belangt. Stattdessen wurde Christine S. von Mädchen – das Kapo-System funktionierte in vielen Heimen perfekt – über die Kirchenstufen in die Korrektionszelle gebracht. Ihre mehrmalige Weigerung, wieder zum Zahnarzt zu gehen, brachte ihr weitere Tage in Dunkelhaft ein.

Im Jahr 2010 schrieb die profil-Journalistin Edith Meinhart als eine der ersten wieder über die Vorfälle in staatlichen Heimen. In ihrem Bericht erzählte Elisabeth G., die mit 17 Jahren in die Erziehungsanstalt überstellt worden war, über ihre Erfahrungen in Wiener Neudorf.

> „Die Gruppen dort trugen niedliche Namen: ‚Mohnblumen', ‚Leuchtsterne', ‚Gänseblümchen'. Doch auch hier verliefen die Tage mit monotonen Tätigkeiten und schwerer, körperlicher Arbeit."[110]

Elisabeth G. habe zwar keine Schläge bekommen, aber auch sie hat mehrmals mit der Korrektionszelle Bekanntschaft geschlossen.



> „Stundenlang, manchmal Tage musste man allein in einem Zimmer sitzen und über die eigenen Fehler nachsinnen. Am Abend wurden Matratzen hinein-, am nächsten Morgen wieder hinausgeschleppt. Dreimal am Tag brachte eine Frau Essen."[111]

Ebenfalls im profil kam im Jahr 2010 das ehemalige Heimkind Erika S. zu Wort, die über sexuelle Übergriffe in Wiener Neudorf berichtete:

> „Einmal musste Erika S. mitten in der Nacht mit Fetzen und Kübel in ihrer Kemenate antreten, Boden putzen und Möbel abwischen. Danach sei es zum ersten sexuellen Übergriff gekommen, einem von mehreren:

> Die Schwester [„Tarzan"] habe ihren Schwesternkittel hochgehoben und sich befriedigen lassen. Erika S. hatte gehofft, danach Ruhe vor der Schwester zu haben: ‚Sie wurde nur noch grauslicher.'"[112]

Später habe sich Erika S. drei Mal das Leben nehmen wollen. „Als sie aus dem Krankenhaus zurückkam, lachte „Tarzan" sie aus: ‚Du kannst dich nicht einmal umbringen.' Beim nächsten Mal setzte sie das Messer dann schon der Länge nach an."[113]
In seinem Artikel in der Fachzeitschrift *betrifft:Sozialarbeit* begrüßte der Jurist Fritz Leitner die bevorstehende Schließung der „Jugendstrafanstalt Kaiserebersdorf" (auch Kirchberg und Wiener Neudorf wurden etwa zur selben Zeit geschlossen):

> „Die Bemühungen des Erziehungspersonals der Anstalt, die jugendlichen Straftäter zu resozialisieren, waren, wie von erfahrenen Erziehern der Anstalt zugegeben wurde, weitgehend erfolglos. De facto gelang es dem Erziehungspersonal, nach eigenen Angaben, nur bei ca. 25% der Entlassenen einer Rückfälligkeit vorzubeugen, für die Mehrheit der Zöglinge war Kaiserebersdorf die Vorstufe eines Aufenthalts in einer Strafanstalt."[114]





Leitner kritisierte, dass es zu einer „negativen Auslese der Zöglinge" käme und die Resozialisierung durch die Unterbringung in einer geschlossenen Anstalt eine wesentliche Ursache des Misserfolges wäre.

> „Totale Institutionen – geschlossene Heime, die die Organisation sämtlicher Lebensbereiche ihrer Insassen beanspruchen, verstricken sich in interne Mechanismen der Kontrolle und sind daher keine geeignete Plattform für die Erziehung von jungen Menschen. In

> Folge der Stigmatisierung durch einen Aufenthalt in einer Straf- oder Resozialisierungsanstalt werden ihre Insassen unweigerlich in Widerspruch zu ihrer Umwelt gebracht. Durch den Totalitätsanspruch der Anstalt können jene Fähigkeiten nicht vermittelt werden, die auf der Basis der Selbstständigkeit des Individuums im normalen Leben erbracht werden müssen. So gesehen war Kaiserebersdorf eine totale Institution. Durch die Abgeschlossenheit von der Umwelt sind die Erziehungsmaßnahmen vorwiegend auf eine angepasste Karriere der Anstalt gerichtet gewesen.“[115]

Den Zöglingen sei nichts anderes übrig geblieben, als den Aufenthalt in Kaiserebersdorf als Zwang und Strafe zu empfinden; Hilfe und Unterstützung für ein späteres, besseres Leben nach der Anstalt sei ihnen nicht geboten worden. Leitner: „Damit war die eigentliche Intention des Aufenthaltes nicht erreicht.“ Kritikern der Auflösung geschlossener Institutionen hielt er entgegen, dass dadurch



> „Versorgungsdefizite sichtbar werden, die vorher durch den Zwang und die Kontrolle der geschlossenen Heime verdeckt werden konnten. Wie am Beispiel Kaiserebersdorf zu zeigen ist, kann ein geschlossenes Heim keinen Resozialisierungserfolg garantieren, vielmehr werden durch interne Zwangsmechanismen, die eine geschlossene Anstalt aufbauen muss, um Ordnungsabweichungen und Fluchtversuche zu behindern, Resozialisierungsbemühungen wesentlich erschwert.“[116]

Abschließend stellte er fest, dass maximal das Jugendamt von dieser Art Einrichtungen profitiert, nicht aber die Jugendlichen:

> „Die geschlossene Anstalt stellt daher primär eine Entlastung anderer Institutionen der Jugendwohl-

fahrt dar und verhindert, da es an Erfolgsstatistiken fehlt, die Sichtbarkeit der Erfolge oder Misserfolge der Jugendwohlfahrt."[117]

# VI. DIE TOTALE INSTITUTION

*„Wer Kindern nur Paläste baut, reißt noch lange keine Kerkermauern nieder, solange sich hinter den Palastmauern nichts anderes abspielt, als hinter den Kerkermauern."*[118]

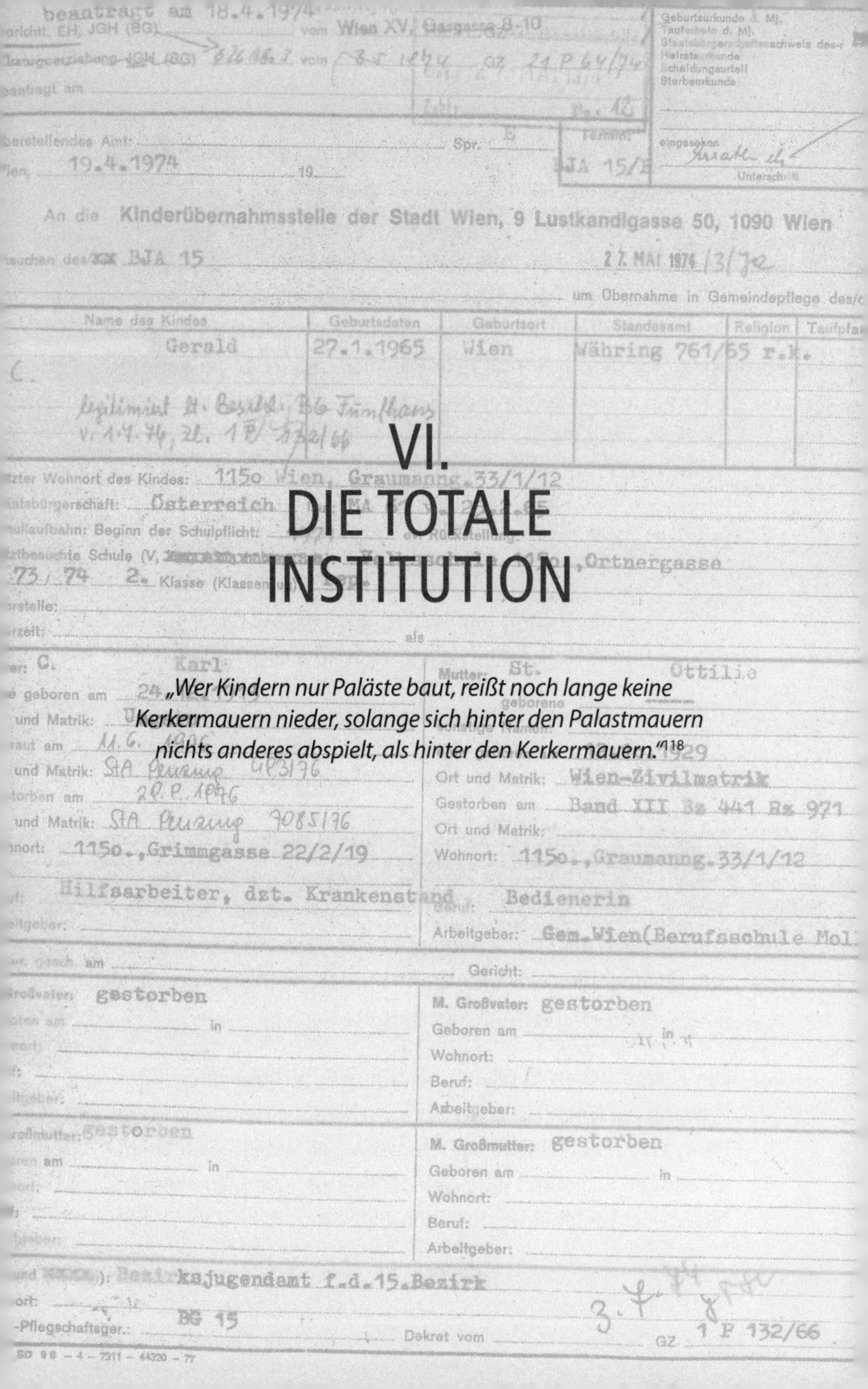

beantragt am 18.4.1974
gericht, EH, JGH (BG) vom Wien XV, Gasgasse 8-10
vom 3.5.1974 GZ 21 P 64/74
beantragt am
Nr. 12
Geburtsurkunde d. Mj.
Taufschein d. Mj.
Staatsbürgerschaftsnachweis des
Heiratsurkunde
Scheidungsurteil
Sterbeurkunde
eingesehen
Unterschrift
ersteilendes Amt: Spr.
Wien, 19.4.1974 19 BJA 15/E

An die Kinderübernahmsstelle der Stadt Wien, 9 Lustkandlgasse 50, 1090 Wien

Ersuchen des BJA 15 27. MAI 1974 3/Je
um Übernahme in Gemeindepflege des/d

| Name des Kindes | Geburtsdaten | Geburtsort | Standesamt | Religion | Taufpa |
|---|---|---|---|---|---|
| C. Gerald<br>legitimiert d. Bezirksg. BG Fünfhaus v. 1.7.74, Zl. 1 P 132/66 | 27.1.1965 | Wien | Währing 761/65 | r.k. | |

Letzter Wohnort des Kindes: 1150 Wien, Graumanng. 33/1/12
Staatsbürgerschaft: Österreich
Schullaufbahn: Beginn der Schulpflicht: ev. Rückstellung:
Letztbesuchte Schule (V, ...): ..., Ortnergasse
73/74 2. Klasse (Klassenzug)
Lehrstelle:
Derzeit: als

Vater: C. Karl
geboren am 24
Ort und Matrik:
getraut am 11.6.1976
Ort und Matrik: StA Penzing
gestorben am
Ort und Matrik: StA Penzing 7085/76
Wohnort: 1150., Grimmgasse 22/2/19
Beruf: Hilfsarbeiter, dzt. Krankenstand
Arbeitgeber:

Mutter: St. Ottilie
geborene
Sonstige Namen:
1929
Ort und Matrik: Wien-Zivilmatrik
Gestorben am Band XII Bz 441 Rz 971
Ort und Matrik:
Wohnort: 1150., Graumanng. 33/1/12
Beruf: Bedienerin
Arbeitgeber: Gem. Wien (Berufsschule Mol...

gesch. am Gericht:

V. Großvater: gestorben
Geboren am in
Wohnort:
Beruf:
Arbeitgeber:

M. Großvater: gestorben
Geboren am in
Wohnort:
Beruf:
Arbeitgeber:

V. Großmutter: gestorben
Geboren am in
Wohnort:
Beruf:
Arbeitgeber:

M. Großmutter: gestorben
Geboren am in
Wohnort:
Beruf:
Arbeitgeber:

Vormund: Bezirksjugendamt f.d.15.Bezirk
Wohnort:
Pflegschaftsger.: BG 15 Dekret vom 3.7.74 GZ 1 P 132/66

SD 98 – 4 – 7211 – 44320 – 77

Die Wiener Heim-Kommission empfahl 1971, der Tendenz zur Isolation der Heime entgegenzuwirken, sie in ihre lokale Umwelt einzugliedern.[119] Dass diesem Ziel kaum bis gar nicht entsprochen wurde, zeigte die von der Wiener Heim-Studie 1974 vorgenommene Typisierung der Heime auf.[120] Der Isolations-Index wurde aus elf Fragen an die HeimleiterInnen zu den drei Bereichen: 1. Kontakt zur Primärgruppe (z. B. Verwandte), 2. Kontakte zur Altersgruppe, 3. Kontakte zur Umwelt des Heims gebildet. Über die Wichtigkeit der Beziehung zur Primärgruppe und zur Problematik der Isolierung der Heimzöglinge vom Elternhaus heißt es in den Empfehlungen der Wiener Heimkommission:

> „Die Auffassung, Kinder möglichst vom Elternhaus zu isolieren, unter der Vorstellung, dass von dort aus nur ungünstige Einflüsse auf das Kind einströmen, sollte einer anderen Strategie Platz machen. Die Eltern sollten soweit wie möglich in die Erziehungsarbeit miteinbezogen werden, da ja letztlich die Tendenz besteht, die Kinder wieder in die Familie zu integrieren."[121]

Ähnliches wie für die Familie galt grundsätzlich auch für die Peergroups. Es bleibt zu bedenken, dass eine positive Beziehung zu einem Geschlechtspartner außerhalb des Heims den Zögling nach der Entlassung möglicherweise vor einem Scheitern nachhaltiger bewahren kann als jede noch so gute pädagogische Arbeit innerhalb der Anstalt.

Die Heime waren zunächst nach einem ausführlichen Interview mit der Heimleitung in vier verschiedene Heimtypen (von Heimtyp I „offen" bis IV „geschlossen") eingeteilt. Den HeimleiterInnen war somit jede Gelegenheit gegeben, ihr Heim im besten Licht erscheinen zu lassen. Erstaunen sollte daher nicht, wenn sich später herausstellte, dass auch in Heimen, die in der Typisierung ganz gut standen, Missbrauch stattfand. Erschreckend war, wie offen massive Einschränkungen, die sogar gegen die gesetzlich vorgeschriebene Heimordnung verstießen (sic!), zugegeben wurden.

Die Aufstellung des Isolationsindex erfolgte auf folgende Weise: Antworten, die eine Öffnung anzeigten, wurden mit 1 Punkt bewertet. Danach wurde gezählt, wie viele Punkte jedes Heim bekommen hatte. Das Maximum lag in der Untersuchung bei acht Punkten, das Minimum bei einem Punkt. Im Heimtyp I wurden alle Heime zusammengefasst, die sieben oder acht Punkte aufwiesen, die am wenigsten der totalen Institution entsprachen, die nach außen offen geführt waren. Im Heimtyp II wurden jene Heime zusammengefasst, die fünf oder sechs Punkte aufwiesen, im Heimtyp III jene mit drei oder vier Punkten, im Heimtyp IV schließlich jene, die nur ein oder zwei Punkte erreicht hatten, also der totalen Institution entsprachen.



Um möglicher Kritik an der Indexbildung zu begegnen, wurde versucht, diese Typeneinteilung noch auf andere Weise zu begründen, nach dem Restriktionsindex. Mit diesem wurden die einzelnen Heime in eine Rangreihe nach ihrer inneren und äußeren Einschränkung gebracht. Die innere Restriktion wurde bemessen aufgrund von Fragen zu:

*a) Abgeschlossene Räumlichkeiten*

Als eindeutige Restriktion für das Leben der Kinder konnte man werten, wenn Räume in der Zeit ihrer (routinemäßigen) Nicht-Nutzung (Schlafräume tagsüber, Waschräume) abgeschlossen waren. Ebenso die Möglichkeit des freien Zugangs zur Kleidung für die Zöglinge.

*b) Verhaltensmuster, die nur durch Zwang erreicht werden können*

Als Ausdruck von restriktivem und sanktionierendem Erzieherverhalten wurden auch manifeste Ordnungen gewertet, die ohne rationale Begründung (da es sich um irrationale Ordnungsvorstellungen handelte) von den Zöglingen wahrscheinlich nur durch gewissen Druck erreicht werden konnten. In diesen Komplex fiel, wenn die Bürstchen in den Zahnputzbechern in Reih und Glied standen, aber auch, wenn es während des Essens ganz still sein musste.

*c) Ungelenkte Freizeit*

Das Verhalten variierte hier vom Zurückziehen des Erziehers bis zu Fällen, in denen die Zöglinge überhaupt keine ungeplante Freizeit hatten.



*d) Taschengeld*

Die Regelungen bezüglich des Taschengeldes variierten stark, obwohl es von der Gemeinde Wien dafür eindeutige Richtlinien gab. Es wurde für die Indexaufstellung als Restriktion gewertet, wenn die Zöglinge nicht frei über ihr Taschengeld verfügen konnten, sondern es entweder in eine gemeinsame Gruppenkassa oder auf ein Konto legen mussten, und sie so bei der Verfügung über dieses immer auf eine Erlaubnis des Erziehers angewiesen waren.

*e) Strafweise Versetzungen*

Als letzter Komplex wurde gewertet, ob es im betreffenden Heim zu strafweisen Versetzungen kam.

Alle Heime des Heimtyps I zeigten, geringe äußere Einschränkung ging einher mit geringer innerer Einschränkung. Alle Heime des Heimtyps IV demonstrierten, starke äußere Isolation ging Hand in Hand mit starker innerer Isolation. In 17 Heimen (das waren 50 Prozent) bestand eine Gliederung in einzelne Wohngruppen. Eigene Teeküchen zur Bereitung von Zwischenmahlzeiten und ähnlichem gab es nur in fünf Heimen (15 Prozent). Man kann sagen, dass allein das Vorhandensein einer eigenen Teeküche für jede Gruppe schon auf ein besseres Heim hinwies. Ein hoher Zusammenhang bestand zwischen Heimtyp und Art des Schlafraums. Bei der Erfassung der Schlafräume wurde eine grobe Einteilung in „große Schlafsäle" und „kleine Schlafräume" getroffen, wobei unter kleinen Schlafräumen solche verstanden wurden, in denen etwa bis zu vier Kinder in einem Zimmer schliefen, deren Hauptmerkmal aber eine gewisse Wohnlichkeit war. Im Gegensatz zu den kleinen Schlafräumen waren die großen Schlafsäle durch Unpersönlichkeit gekennzeichnet. Hier standen in einem Saal viele Betten in Reih und Glied, teilweise waren Stockbetten vorhanden. Diese Zimmer erinnerten an einen frisch aufgeräumten Krankenhaussaal. Das sollte mancherorts dadurch ausgeglichen werden, dass auf den „gebauten" Betten jeweils ein Stofftier oder eine Puppe thronte. Es bestand keine Möglichkeit für das Kind, sich zum Beispiel während des Tages hierher zurückzuziehen, die räumliche Ausstattung regte auch in keiner Weise zur „Bewohnung" an.



Kein Heim des Heimtyps I hatte einen großen Schlafraum, dafür aber zehn Heime des Heimtyps IV. Die Wiener Heimkommission empfahl dagegen: „Kleinheime beziehungsweise kleine Wohneinheiten."[122] Diese Umstrukturierung sollte bis

1973 in allen Heimen für Wiener Kinder und Jugendliche abgeschlossen sein. 1974 bestand in 14 Heimen noch immer keine Gliederung der Räume in einzelne Wohngruppen. Hingegen konnte in den Heimbeobachtungen festgestellt werden, dass von den HeimleiterInnen auch in jenen Heimen, in denen die bauliche Anordnung dies zuließe, die Gruppenräume nicht als Privatsphäre der einzelnen Gruppen betrachtet wurden.

Bei der Erhebung konnte festgestellt werden, dass insgesamt in zwanzig Heimen die Einteilung der Kindergruppen nach Merkmalen vorgenommen wurde, die auf größtmögliche Homogenisierung hinzielte.[123] Aus der Tendenz, die Gruppen zu homogenisieren, ging klar hervor, dass öfter eine Verlegung von einer Gruppe in die andere notwendig wurde, weil die einzelnen Gruppenmitglieder schnell herausgewachsen waren. Auch die Sozialisationsbedingungen im Hinblick auf Möglichkeiten zur Einübung verschiedener sozialer Rollen sind in homogenen Gruppen schlecht. Erschwerend kommt hinzu, dass vor allem beim Besuch von Heimschulen, Klassenverband mit Heimgruppe oft identisch war. In der modernen Gesellschaft besteht eine grundlegende soziale Ordnung, nach der der Einzelne an verschiedenen Orten schläft, spielt, arbeitet – und dies mit wechselnden Partnern, unter verschiedenen Autoritäten und ohne einen umfassenden rationalen Plan.

Das zentrale Merkmal totaler Institutionen besteht darin, dass die Schranken, die normalerweise diese drei Lebensbereiche trennen, aufgehoben sind. Die Vorbereitung auf das urbane Leben in der Industriegesellschaft kann also nur mangelhaft erfolgen, wenn die Arbeitsweise der Kinder- und Jugendheime die Rollentrennung nicht bietet. Meist wurde die Gruppenzugehörigkeit noch dadurch verstärkt, dass Kontakte zwischen den Gruppen beinahe nicht möglich waren. So wussten etwa die Kinder einer Gruppe nur unklar über die Existenz und Bedingungen einer anderen Heimgruppe Bescheid, die den ErzieherInnen allerdings als abschreckendes Sanktionsmittel diente. Wer es nicht schaffte, immer pünktlich von der Lehre nach Hause zu kommen, oder wer in der Lehre versagte, musste mit strafweiser Versetzung in die geschlossene Gruppe rechnen. In einem Kleinkinderheim wurde festgestellt, dass jede Gruppe eine eigene Terrasse, ein eigenes, abgezäuntes Stück Garten hatte und dass bei der Tageseinteilung darauf geachtet wurde, dass sich auf diesen Spielplätzen die Kinder immer abwechselnd aufhielten.

Man kann zwar feststellen, dass die Handlungsökonomie von Kindern und Jugendlichen auch in anderen Institutionen (Schule, aber auch Familie) stärker beschnitten wird als die der meisten Erwachsenen, aber die totale Beaufsichtigung und Reglementierung des Lebens kann keinesfalls als geeignete Handlungsstrategie angesehen werden, betrachtet man Autonomie und Freiheit (wie die Wiener Heimkommission) als Erziehungsziel.



Wie detailliert und restriktiv der Prozess sozialer Kontrolle in Kinder- und Jugendheimen sein konnte, sollen einige Beispiele aus der Erhebung zeigen: In einem Lehrmädchenheim durften die Mädchen sich nicht weigern, in die Messe zu gehen. Alle Mädchen waren im Alter von 15 bis 19 Jahren, also in einem Alter, in welchem Jugendliche gesetzlich über ihre Religionszugehörigkeit bestimmen dürfen. „Wir sind ein privates Heim", erklärte eine Erzieherin. Wer sich weigerte, zur Messe zu gehen, wurde verlegt.

In einem privaten Knabenheim erklärte die Heimleiterin: „Montag, Mittwoch und Freitag ist Warmbad, die Körperpflege mache ich." (Knaben von 6 bis 15 Jahren.)

Charakteristisch war auch die Unmöglichkeit für die Zöglinge, Privatdinge aufzubewahren. Geteilt werden musste freilich nicht nur Kasten, Schlafraum, Bezugsperson, Spielzeug, sondern auch häufig die Bekleidung inkl. Unterwäsche. In sechs Heimen wurde die Mahlzeit paramilitärisch beendet. Die Zöglinge verließen in Zweierreihen den Speisesaal. Die Lernzeit war in jenen Heimen mit interner Schule straff organisiert, Beginn und Ende also genau festgelegt, um „Trödler" zu diskriminieren. Hier konnte man auch viel besser die „Klugen" gegen die „Dummen" ausspielen. Nur in sieben Heimen durften sich die Zöglinge, die ihre Aufgabe beendet hatten, aus dem Gruppenraum zurückziehen und ins Zimmer oder in den Garten spielen gehen.

# Welche Heime hätten bereits 1975 geschlossen gehört

Vierzehn Heime aus der Wiener Heim-Studie 1974 entsprachen dem restriktiven Heimtyp IV. Bezüglich der Trägerschaft gehörten zwar zehn der vierzehn Heime privaten Trägern, aber vier waren städtische Heime. Die Heime waren Schulkinder- und Jugendlichenheime, zwei davon Kleinkinderheime. Nach diesen Untersuchungsergebnissen hätten bereits 1973 mindestens elf Heime geschlossen werden müssen. Dies waren wie folgt: Wilhelminenberg, Biedermannsdorf, Hohe Warte, Klosterneuburg, Rochusgasse von den städtischen Heimen Wiens, Altenberg und Wimmersdorf von den privaten Heimen, das Caritas-Heim Turmhof Retz, Schopenhauerstraße, Graz und Salzburg von den Ordensheimen.

Diese Einschätzung der Heime aus dem Jahr 1973 bestätigten alle ab 2010 gemachten Historikeruntersuchungen sowie zahlreiche ab diesem Zeitpunkt durchgeführten Interviews mit ehemaligen Heimzöglingen.



### WIMMERSDORF

**Vergiftetes Wasser – Vergiftete Vergangenheit**

*Fallbeispiel für Heimtyp IV*

Erst war er am Spiegelgrund. In zwei Etappen verbrachte Franz Pulkert insgesamt zweieinhalb Jahre in der berüchtigten Nazi-Erziehungsanstalt am Wiener Steinhof. Im Gegensatz zu Hunderten anderen Kindern, die dort dem Euthanasie-Programm der Nationalsozialisten zum Opfer fielen, überlebte er. Seine Leidensgeschichte ist auf der Gedenkseite der

Steinhof-Opfer nachzulesen.[124] An den Spiegelgrund hat Pulkert kaum Erinnerungen. „Da war ich zu klein." Nach Ende des Krieges wurde er 1945 von der Stadt Wien in ein weiteres Kinderheim verlegt. Der ehemalige Spiegelgrund-Insasse sieht keinen Unterschied in den Erziehungsmethoden der beiden Heime. Erst das Nazi-Heim, dann das privat geführte, von der Wiener Jugendwohlfahrt beschickte Heim in Niederösterreich.

> „Ich war dann praktisch sieben Jahre, also bis vierzehn, in Wimmersdorf. Man hat immer gesagt, ja der Spiegelgrund, aber das ist eigentlich weitergegangen, also man ist nach Wimmersdorf gekommen, die Behandlung, das Schlagen, Treten und so weiter, das ist dort genauso gewesen. Also die sieben Jahre. Wir haben nur Erzieherinnen gehabt, also bestimmte Erzieherinnen haben das überhaupt übertrieben, also da ist mit Handbesen..., mit allem was die erwischt haben, haben sie einen praktisch traktiert."



Pulkert erklärt weiter, dass das Kinderheim Wimmersdorf „militärischer als das Bundesheer" war. Vom Bettenbau über das Gehen im Hof. „Ein Pfiff: Gehen, zwei Pfiffe: Stehenbleiben." Besonders gut erinnert er sich an den Heimleiter:

> „…wie ich das erste Mal hinkomme, am nächsten Tag den Direktor sehe, der war so fast ein Meter neunzig groß, der ist mit der Reithose und mit der Reitpeitsche gekommen, ich habe mir immer gedacht, der schaut aus wie die SSler, so eine Aufmachung hat der damals gehabt."

Dabei handelte es sich vermutlich um Alfred Stellbogen, der gemeinsam mit seiner Frau Margarete das Heim besaß und leitete. Alfred Stellbogen hatte sich während der Nazi-Zeit politisch für die NSDAP engagiert. Von 1938 bis 1945 war er

Bürgermeister der Gemeinde Johannesberg, der Wimmersdorf damals zugerechnet wurde. Auch seine Frau Margarete war Mitglied der NSDAP. Pulkert: „Und die Erzieherinnen, die Lehrerinnen, die waren ja selbst alle bei dem System dabei." Ein ehemaliger Erzieher meint dazu:

> „Da haben wir einen anderen, der war in der Nazi-Zeit bei uns im Heim und schreibt, dass er nur das Beste über die Frau Direktorin berichten kann. Mein Schwiegervater war notgedrungen Parteimitglied, aber nie aktiv. (…) Und der Schwiegervater war Bürgermeister, weil es die einzige Möglichkeit war, der deutschen Wehrmacht zu entkommen. Irgendwelche Nazi-Handlungen hat es nie gegeben."[125]

Pulkert war 1945 bis 1952 im Kinderheim der Familie Stellbogen. Das Grauen, die Torturen, die Erniedrigung und das Leid gingen für hunderte Burschen jedoch noch Jahrzehnte weiter. Erst im Juli 1981 wurde das Heim, nachdem die Stadt Wien keine Kinder mehr nach Wimmersdorf gesendet hatte, geschlossen. Bis zum Schluss Heimleiterin: Margarete Stellbogen, die Frau mit Trillerpfeife und Hundeleine.



Einige ehemalige Zöglinge des bereits 1924 als Erholungsheim gegründeten Kindergefängnisses an der Grenze zwischen Wienerwald und Tullnerfeld recherchieren seit vielen Monaten auf eigene Initiative über die Geschichte des Heims und der Familie Stellbogen. Was sie ans Tageslicht gebracht haben, sollte auch die Stadt Wien und das Land Niederösterreich interessieren. So hatten die Heimkinder – rund 100 Burschen – in den 1970er-Jahren lange Zeit nur Nitrat-verseuchtes Wasser aus dem Hausbrunnen zum Trinken zur Verfügung. Die Bundesanstalt für Lebensmitteluntersuchung und –forschung stellte am 6.12.1976 fest:

„Nach vorliegendem Befund ist das Wasser durch coliforme Keime verunreinigt und daher als Trinkwasser n i c h t geeignet."[126] (Hervorhebung durch die Behörde)

Über den zweiten Brunnen im Garten gab es ein gleich lautendes Gutachten.[127] Nach dem Einbau einer Chlorierungsanlage im Jahr 1977 wurde ein neuer Befund erstellt. Das Fazit: „Im chem. Befund war nach wie vor ein Nitratgehalt von 75 mg nachweisbar, der nach internationalen Gegebenheiten als überhöht zu betrachten ist."[128] Die Heimleitung stellte damals in Abrede, dass die Kinder dieses Wasser trinken mussten. Die damaligen Zöglinge sagen heute aber anderes aus. Helmut Nigg, von 1972 bis 1975 in Wimmersdorf untergebracht, erinnert sich: „Drei Jahre lang war es uns verboten, das Wasser zu trinken, aber wir haben ja eigentlich nichts anderes zu trinken gekriegt."[129] Die Kinder hätten sich nur aus der Wasserleitung mit dem verseuchten Brunnenwasser erfrischen können. „Wenn wir erwischt wurden, hat es erst wieder Strafen gegeben, weil die Specki [Spitzname der Heimleiterin Margarete Stellbogen] befürchtet hat, dass wir alle krank werden und ihr Heim zugesperrt wird."
„Wir haben immer nur Tee zu trinken bekommen. Aber ganz wenig, damit in der Nacht niemand ins Bett macht"[130], sagt das ehemalige Heimkind Horst Stangl. „Natürlich sind wir dann zum Wasserhahn und haben das verseuchte Wasser getrunken, wenn wir Durst gehabt haben." Der Tee sei auch mit dem Brunnenwasser zubereitet worden.

Mit dem Essen waren die Burschen nicht besser dran. „Es hat fast dauernd Milchnudeln gegeben"[131], sagt Michael K., von 1971 bis 1973 ein Wimmersdorfer. Einmal sei die Billigspeise mit Butterkeksen verfeinert worden. Michael K.:

„Einer der Schwiegersöhne von der Stellbogen hat bei ADEG gearbeitet. Da ist einmal eine Palette Freddykeks vom Laster gefallen. Die haben wir dann bekommen - drei Wochen lang im Teller mit den Milchnudeln."

Zahlreiche Zeugen aus mehreren Jahrzehnten haben sich mittlerweile beim Autor gemeldet. Das Schicksal von Franz F., der sechs Jahre lang bis knapp vor der Schließung des Heims in Obhut der Familie Stellbogen war, ist exemplarisch für die Torturen, die Burschen dort erleiden mussten. Der heute 48-jährige F. war quasi von Geburt an unter Obhut des Wiener Jugendamts. Erst in der Semmelweisklinik, dann bei zwei Pflegefamilien, ehe er via Kinderübernahmestelle (KÜSt) bis 1980 in Wimmersdorf einquartiert wurde. Wenn er schwererziehbar war, dann wurde er es unter den Fittichen des Jugendamts. Später, 1994, war er noch einmal am Gelände des Kinderheims. „Ich wollte alle erschießen."[132] Franz F. schildert, wie es dazu kam:



„1992 hatte ich einen Schlaganfall, der von meinen Herzproblemen kam. Ich habe einen angeborenen Herzfehler, der in meiner Zeit im Heim nie behandelt worden ist. Ich hab ein Loch im Herz, und das hat sich dort nie ein Arzt angeschaut."

Nach dem Schlaganfall im Jahr 1992 ist er in die Obdachlosigkeit gerutscht und hatte Selbstmordgedanken. Er wollte damals die noch lebenden ErzieherInnen mit in den Tod reißen. „Ein Freund hat mir seine Pistole geborgt und mich nach Wimmersdorf geführt." Mit geladener Waffe und einem Kanister Benzin betrat er das Heimgelände, auf dem noch immer ErzieherInnen wohnten. „Heute sag' ich, es war mein Glück, dass niemand zu Hause war, sonst hätte es ein Blutbad gegeben. Ich wollte alle wegräumen, bevor ich gehe." Das Benzin hatte er für die örtliche Kirche mitgebracht. „Die wollte ich niederbrennen", für das, was der Pfarrer ihm und anderen angetan haben soll. Es fiel aber weder ein Schuss, noch brannte das Gotteshaus. Franz F. verließ die Szenerie unverrichteter Dinge.

Er war neun Jahre alt, als er mit dem blauen Bus vom Hausmeister Schwarz nach Wimmersdorf gebracht wurde. Franz F: „Mir hat man erzählt, es ist zur Erholung." Es folgten sechs schreckliche Jahre. „Ich wurde gleich von der Stellbogen empfangen: ‚Weil du so schlimm bist, bist du hier.'" Mit einem weiteren Neuankömmling sei er in die Mimi-Gruppe gekommen. „Die Mimi war eine Erzieherin und gefürchtete Schlägerin", sagt F. Er wurde neu eingekleidet. „Da hat mir nichts gepasst, es war mir alles viel zu groß." Dort habe er auch gleich „die erste Watsch'n von der Mimi" bekommen, weil er nicht exakt in Zweierreihe angestellt gewesen sei. „Es ist von Anfang an rau und militärisch zugegangen. Aber ich hab mich trotzdem irgendwie gefreut, weil so viele Kinder dort waren."

Zur Einkleidung eine Zwischenbemerkung: Die forschenden Ex-Zöglinge aus Wimmersdorf haben herausgefunden, dass dem Heim von der Wiener Jugendwohlfahrt in den 1970er-Jahren bis zu 510 Schilling für die Grundausstattung eines neuen Heimkindes ausgezahlt worden sei. „Da gab es keine neuen Sachen, wir haben 20, 30 Jahre alte geflickte oder angeschissene Unterhosen bekommen"[133], sagt Ex-Heimkind Rudolf P. Niemand von der zuständigen Wiener Stadtverwaltung dürfte sich über Jahrzehnte darum gekümmert haben, ob das Geld für die Bekleidung und Erstausrüstung auch wirklich den

Kindern zugute kam. Es stellt sich die noch ungeklärte Frage, was mit dem stetig in die Kassa geflossenen Geld geschehen sei. Ein ehemaliger Erzieher behauptet im Gegensatz zu den Zöglingen, dass die Heimleitung sogar privates Geld in die Kleidung der Zöglinge investiert habe, weil die Stadt Wien zu wenig gezahlt habe.[134] Margarete Stellbogen wurde 1982 nach einer Anzeige ehemaliger Heimkinder als Zeugin befragt. Am 7. April 1982 gab sie dem Landesgendarmeriekommando Niederösterreich zu Protokoll:

> „Seit dem Jahr 1952 bis 1964 war ich in diesem Kinderheim die Leiterin. […] Bis 1964 war ich als Lehrin [sic!] tätig. Von 1964 bis 1981 war ich Leiterin, bzw. Heimmutter in Wimmersdorf. Während meiner Tätigkeit in diesem Heim, waren ungefähr am [sic!] die 2000 Zöglinge bei ims [sic!] in Betreuung."[135]



Es gab aber nicht nur die Erstausstattungskosten. Für jedes Heimkind musste die Stadt Wien einen Tagsatz leisten: „Da mit den derzeitigen Verpflegskosten von täglich S 170,-- das Auslangen nicht mehr gefunden werden kann, ist beabsichtigt, beim Magistrat der Stadt Wien um Erhöhung der Verpflegskosten anzusuchen."[136] Im Jahr darauf heißt es im nächsten Prüfbericht[137], dass die Verpflegskosten, die dem Heim Wimmersdorf für jedes Heimkind überwiesen wurden, ab 1. Jänner 1980 auf 230 Schilling erhöht würden.

In der ORF-Sendung „Am Schauplatz" erklärte der ehemalige Wimmersdorf-Zögling Ernst:

> „Die Erziehung hat mich zum Gewalttäter gemacht. Ich habe das halbe Leben, leider, im Gefängnis verbracht. Und ich habe im Gefängnis viele Kinder von hier ge-

> troffen, auch alles Gewalttäter. Das muss ja von wo herkommen."[138]

Heimleiterin Margarethe Stellbogen stritt in einem ORF-Interview Misshandlungen ab: „Das kommt ja gar nicht in Frage, dass wir Kinder schlagen."[139]

Zurück zu Franz F., der sechs Jahre lang in Wimmersdorf gelebt hat. Bald bekam er die „feinfühlige pädagogische Art" von Margarete Stellbogen zu spüren. „Sie hat mir erklärt, dass ich länger hier bleiben werde, weil meine Mutter mich nicht will. Ich habe nächtelang geweint, aber leise geweint." Hätte eine der diensthabenden Erzieherinnen das Schluchzen vernommen, hätte es Strafen gesetzt. Möglicherweise für die ganze Gruppe im Schlafsaal, was wiederum zu Misshandlungen durch andere, mitbestrafte Zöglinge geführt hätte. An das Personal kann sich F. noch genau erinnern. Zum Beispiel an Gertrude Z.*, eine ehemalige Erzieherin. „Die war für mich die Perverseste von allen." Gertrude Z. habe sich den Zöglingen auch sexuell genähert.

> „Ich war elf oder zwölf, da hat Gertrude mich in ihre Wohnung raufgeholt. Sie hat es sich am Bett selbst gemacht und ich musste so lange onanieren, bis ich blutig war. Dann hat sie mir eine Salbe raufgeschmiert. Ihr Mann hat das alles gewusst. […] Ich habe sie mit der Hand befriedigen müssen. Wie auch die Mimi und die Gitti…"

Die sexuellen Handlungen haben meist in den Dienstwohnungen oder im Klassenzimmer stattgefunden. „Damals habe ich nicht gewusst, dass es vielen anderen Burschen auch so ergangen ist. Heute weiß ich es." Mehrere Zeitzeugen berichten mittlerweile von sexuellen Handlungen mit Erzieherinnen in Wimmersdorf. „Ich kann das bestätigen“[140], sagt auch Stephan P., der bis 1979 in Wimmersdorf war. „Gertrude Z. hat immer wieder Burschen zu sich ins Zimmer geholt.“ Einige hätte ihm von sexuellen Handlungen berichtet. Michael K.:

> „Es hat sicher auch welche gegeben, die das freiwillig gemacht haben. Wie der Zögling M., aber der hat auch Buben vergewaltigt.“[141]

Horst Stangl, von 1973 bis 1976 in Wimmersdorf untergebracht, gibt in einer dem Autor vorliegenden, unterfertigten Sachverhaltsdarstellung vom 2. August 2013 an, Zeuge gewesen zu sein, als Gertrude Z. den Penis eines Heimkindes masturbierte. Franz Z.*, der Ehemann von Gertrude Z., war nach eigenen Angaben[142] von 1967 bis 1969 Erzieher im Heim Wimmersdorf. Danach arbeitete er in der Pharmaindustrie, lebte aber gemeinsam mit seiner Frau weiterhin am Heim-Areal. Vor Veröffentlichung des Interviews für den Online-KURIER, bestand Franz Z. darauf, seine Antworten zu den Anschuldigungen seiner Frau aus dem Text zu streichen. Im Interview erklärte der ehemalige Erzieher Z. jedoch: „Irgendwelche Straftaten an Kindern sind nicht verübt worden. Weder sexuell noch gewalttätig.“



Ein weiterer von mehreren ehemaligen Heimkindern geäußerter Vorwurf zu Erzieherin Gitti, hier von Franz F.:

> „Sie hat mich und ein anderes Heimkind einmal zu einem Mädchenheim nach Judenau geführt. Dort hat sie zwei geistig behinderte Mädchen abgeholt. Mit den beiden mussten wir vor Gitti in einer Wiese Sex machen.“

Aus der Sicht von Ex-Heimkind Stephan P.:

> „Die Gitti ist öfters nach Judenau gefahren. Ich war auch dabei. Dort hat sie zu mir und einem anderen Burschen zwei Mädchen in den VW-Bus gesteckt. Die Mädchen waren grün und blau gehauen, nicht von uns, sondern von deren Erziehern. Ich geniere mich heute noch dafür."

Als Zeitzeuge erinnert sich Franz F. an ein Mädchen, das 1980 im Bubenheim Wimmersdorf untergebracht war. Gemeinsam mit ihrem Bruder wurde die 14-jährige Wienerin ins Heim eingewiesen. „Die war ganz arm, die war voll entwickelt, ein fesches Mädel und hat bei uns [als einziges Mädchen] im Saal geschlafen." Das Mädchen sei täglich, oft mehrmals von den pubertierenden Burschen vergewaltigt worden.



> „Im Schlafsaal und auch beim Duschen. Das war ganz furchtbar. Man kann sich vorstellen, was sich bei den Zöglingen alles aufgestaut hatte... Und zu denen gibt man ein Mädchen in den Schlafsaal. Das ist mir bis heute unbegreiflich."

So heißt es in einem Bericht im Rahmen einer von der niederösterreichischen Landesregierung angeordneten Prüfung des Heims durch eine gewisse Frau Dr. Pehn und einen Herrn Hofrat Dr. Reisetbauer (amtsärztlicher Sachverständiger):

> „Im Heim sind derzeit 44 schulpflichtige Buben (im Alter ab ca. 10 Jahren, 3. Schulstufe) und ein 14-jähriges Mädchen (Schwester eines im Heim befindlichen Buben) untergebracht. 43 Kinder wurden vom Magistrat der Stadt Wien eingewiesen und 2 Kinder privat aufgenommen."

Im Bericht steht kein Wort über eine getrennte Schlafgelegenheit für das Mädchen.

> „Im Heim wurden seit der letzten Überprüfung einige Verbesserungen vorgenommen. Die durch die Auflassung der beiden Schulklassen frei gewordenen Räume wurden als Tagräume eingerichtet. Dadurch wurde es möglich, für jede Gruppe eine aus fast durchwegs 2 Schlafräumen und einem Wohnraum bestehende Einheit zu schaffen. Bei den Schlafräumen handelt es sich um größere nach altem Stil eingerichtete Räume."[143]

Auch ein Pfarrer soll sich in den 1970er-Jahren an Buben vergangen haben. Franz F.: „Ich war Ministrant, fünf Jahre lang." In der Sakristei beim Umkleiden hätten immer wieder Buben den Geistlichen oral befriedigen müssen. Dieser Pfarrer wurde im Prozess im Jahr 1982 als Zeuge angeführt. Er hat die Familie Stellbogen verteidigt und Misshandlungsbeschuldigungen als Diffamierung zurückgewiesen. Das Verfahren gegen das Heim wurde bald darauf eingestellt. Erzieherin Gertrude Z. war von Ärzten für „nicht verhandlungsfähig" erklärt worden, ehemalige Zöglinge, die damals schon das Verfahren angestrengt hatten, verzettelten sich bei zeitlichen Angaben und Namensnennungen in Widersprüche. Heute wird von den ehemaligen Heimkindern versucht, den Prozess nochmals aufzurollen.



Enorm war bis zur Schließung des Heims im Jahr 1981 auch der physische und psychische Druck auf die Kinder. Manche wurden als „Ordner" einzelner Erzieherinnen herangezogen. „Die haben das als Privileg verkauft, dabei war das nur Arbeit, wie die Wohnung der Erzieherin putzen", sagt Franz F. Beim Reinigen des Schwimmbeckens seien Zöglinge im Einsatz gewesen. Er sei auch ein solcher Ordner gewesen, sagt F.

> „Für die Erzieherinnen waren wir Spione, die sagen mussten, wenn jemand schlimm war. Haben wir was gesagt, sind wir von den anderen Heimkindern verprügelt worden. Haben wir nichts gesagt, und die Erzieherinnen kamen trotzdem drauf, hat es von ihnen die Prügel gegeben. Wir waren immer die Geprügelten."

Egal ob Holzschlapfen, Schlüsselbund, Rohrstaberl oder der berühmte Teppichklopfer der Frau Stellbogen, vielfältig sollen die Bestrafungsmethoden bis zum Schluss gewesen sein. Und manche Lehrer seien um keinen Deut besser gewesen.[144]
Das Heim Wimmersdorf wurde 1981 geschlossen, zeitgleich mit dem Kinderheim Altenberg sowie dem „Borromäum" in Biedermannsdorf.[145] Margarete Stellbogen ist 1995 verstorben.
Franz F.:



> „Viele von denen, die uns gequält und geprügelt haben, leben heute noch und bekommen eine gute Pension. Ich leb' von 400 Euro Notstandshilfe."

*Welche Heime hätten bereits 1975 geschlossen gehört?*
Weitere Kinder- und Jugendheime im Überblick:

**Wilhelminenberg**
Zu den Zuständen in diesem Heim gibt es einen umfassenden Bericht der Kommision Wilhelminenberg unter Vorsitz von Barbara Helige aus 2013. Es muss jedoch angemerkt werden, dass dieses Kinderheim bereits 1975 geschlossen gehört hätte.
Nach der Wiener Heim-Studie 1974 war das Heim Wilhelminenberg in der Gruppe IV der restriktivsten Heime und außerdem

ein Endstationsheim für Mädchen, die vor allem wegen „sexueller Verwahrlosung" eingewiesen wurden. Das Heim wurde 1977 viel zu spät geschlossen.

### Biedermannsdorf

Großheim für Buben mit 141 systemisierten Plätzen. Vom Schülerheim Schopenhauerstraße wurden Zöglinge wegen „Debilität" nach Biedermannsdorf überstellt. Das Heim war nach außen strikt abgeschlossen mit heiminterner Sonderschule. Das zahlenmäßige Erzieher-Zöglingsverhältnis war zwar günstig, jedoch drangen die Zöglinge mit ihren privaten Problemen nicht zum Heimleiter durch. Biedermannsdorf hatte große Schlafsäle. In der Dissertation von Rosemarie Fischer findet sich ein Ausschnitt aus dem Beobachtungsprotokoll:

> „Ich konnte eine Schulstunde bei einer Lehrerin beobachten, die nur im militärischen Ton mit den Kindern sprach. Zu mir gewendet, brachte sie Stoßseufzer an, wenn ein Kind dran war und nichts konnte. Sie hielt auch mit Bemerkungen über die Intelligenz der Kinder nicht zurück. Ich sah mir einige Schülerbeschreibungsbogen an, unter anderem fand ich die Entwicklung eines Kindes, der von der Lehrerin immer besser beschrieben wurde. Ich fragte den Schuldirektor, ob es in solchen Fällen nicht möglich sei, die Kinder in eine normale Schule zu überstellen (im Heim sind nur Sonderschulklassen). Der Direktor gab an, das sei aus verschiedenen formalen Gründen nicht möglich."[146]



### Hohe Warte

Großheim für Buben mit 99 systemisierten Plätzen. Es befindet sich im Wiener Villenviertel mit heiminterner Volksschule und Hauptschule B-Zug. Der Versuch, einige Zöglinge in eine öffentliche Schule umzuschulen, scheiterte. LehrerInnen und Eltern der Mitschüler protestierten heftig und mit Erfolg gegen die Heimkinder. Der Protest wurde durch Villeneinbrüche untermauert, die man prompt den Heimkindern anlastete. Das Heim wurde vom Heimleiter als Endstationsheim für Schulversager bezeichnet. Der Praktikant, mit dem das Beobachtungsinterview in den Jahren 1973/74 durchgeführt wurde, bezeichnete das Heim als „geschlossen", obwohl die Tore unversperrt waren. Die Zöglinge hatten auch sonst wenig Möglichkeiten, mit der Umwelt in Kontakt zu treten. Während des zweiwöchigen Beobachtungszeitraums kam niemand auf Besuch, auch keine Eltern. Ausgang musste als Belohnung verdient werden. Am Stichtag der Erhebung, 3.5.1974, war das Heim mit 104 tatsächlich belegten Plätzen überbelegt. Es waren 7 Gruppen vorgesehen, das bedeutete 14 bis 15 Kinder in einer Gruppe. Aus der Aufarbeitung von 43 Heimkinder-Akten dieses Heims[147] wurden den Zöglingen folgende Auffälligkeiten zugeschrieben: 56% Schulschwierigkeiten, 46% Eigentumsdelikte, 12% Bettnässer, 23% Herumtreiber. Häufig gab es Mehrfachnennungen.[148]

Die Heim-Hauptschule hatte nur einen B-Zug. Mit der Einweisung in dieses Heim war also unabhängig von der Intelligenz die Chance auf qualifizierte Berufe zumindest stark vermindert. Auf einen Erzieher entfielen 4,95 Zöglinge, auf einen ausgebildeten Erzieher 9,45 Zöglinge, ein günstiger Erzieherschlüssel. Leider musste Rosemarie Fischer feststellen, dass das Erzieherpersonal in zwei Gruppen zerfiel, die in Konflikt miteinander standen:

> „a) Erzieher, die einen autoritären Führungsstil haben. Sie sind meist schon längere Zeit im Heim, verfügen über ‚Praxis' und sind dementsprechend meist älter.

> b) Erzieher, die einen weniger autoritären Erziehungsstil haben, die meist erst seit kürzerer Zeit im Heim sind, davon viele, die ihre Erzieherausbildung erst kurz hinter sich haben. [...] Ein Beispiel der Spannungen und der ‚Kommunikation' zwischen den Erziehern dieser beiden Gruppen lief über die Zöglinge ab.
> Der Praktikant erzählte, [...] dass der autoritäre Erzieher die Zöglinge aufforderte, sich bei seinem (weniger autoritären) Kollegen während des Essens ‚recht aufzuführen', was diese dann auch taten."[149]

Da die weniger autoritären Erzieher in der Minderheit waren, noch nicht so lange im Heim waren und über „weniger Erfahrung" verfügten, dürfte diese Art der „Zusammenarbeit" extrem starken Druck in Richtung Konformität ausgeübt haben. Beziehungsweise verließen die weniger autoritären Erzieher das Heim. Eine Auswertung der Zu- und Abgänge der Erzieher im Jahr 1973 ergab, dass die mittlere Verweildauer der Erzieher kurze 18 Monate betrug (übrige Heime 32 Monate).



In einer Gruppe stellte der Praktikant fest, dass die Omega-Position, das schwächste Gruppenmitglied/ der Prügelknabe, besetzt war und dass offensichtlich auch der Gruppenerzieher bei der Zuschreibung der Omega-Position mithalf. Die Vermutung über ein Kapo-System im Heim Hohe Warte lag nahe. Da der Heimträger die Gemeinde Wien war, war dieses Heim wie die anderen städtischen Heime, fest in die hierarchische Struktur des Jugendamts eingebettet. Das Jugendamt war zugleich Kostenträger des Heims, Arbeitgeber der Erzieher und des Heimleiters, einweisende Behörde der Kinder und Kontrollinstitution. Der Heimleiter hatte die Vermittlungsposition zwischen Behörde und Erziehern. Die Erzieher waren die ausführenden Organe der Anordnungen gegenüber den Zöglingen,

der untersten Stufe der Hierarchie, die über nichts - nicht einmal ihre eigene Zeit - verfügen konnten. So kamen Spannungen und Aggressionen gegen Gruppen-Omegas oder Zerstörungen von Mobiliar öfters vor. Die Anzahl an Fluchtversuchen war hoch. Es entwich jeder 3,4te Zögling.[150]
Der Tagesablauf der Zöglinge war durch die Geschlossenheit und die Existenz der Heimschule in doppelter Weise vorgezeichnet. Dies änderte sich auch während der Sommerferien nur geringfügig. Das Heim entsprach auch von der baulichen Struktur her in den meisten Gruppen dem traditionellen Heimtyp, mit großen Schlafsälen ohne Zusatzeinrichtungen wie Gruppenküchen. Die Schlafräume waren teilweise tagsüber abgeschlossen, die Zöglinge hatten also nicht die Möglichkeit, sich aus der Zwangsgemeinschaft der Gruppe zurückzuziehen. Der Ausgang war extrem eingeschränkt, das Taschengeld der Zöglinge wurde durch den Erzieher verwaltet.[151]



**Klosterneuburg**

Städtisches Großheim mit 99 systemisierten Plätzen für Mädchen. Heiminterne Ausbildung für Büro, Berufsschule für Damenschneiderei, Näherei, daneben Wäscherei, sowie die übliche Küchen-, Garten- und Hausarbeit. Im Sommer gab es offiziell drei Wochen Urlaub, zu Weihnachten eine Woche. Es hatte zwar ein zahlenmäßig günstiges ErzieherIn-Zögling-Verhältnis, war jedoch sehr abgeschlossen, hatte große Schlafsäle und nur eine heiminterne Ausbildung.

**Rochusgasse**

Städtisches Heim für Mädchen von 15 bis 19 Jahren. Zunächst nur für 18 Plätze vorgesehen, wurde das Heim auf 30 Plätze ausgebaut. Laut dem Historiker-Bericht von Reinhard Sieder stellte ein internes Verzeichnis aus 1967 fest, dass kein Ausgang und kein Urlaub möglich waren.[152] Über dieses Heim findet sich ein Bericht einer Beobachterin in der Dissertation von Rosemarie Fischer:

> „Die Mädchen waren gerade beim Essen, als ich den Gruppenraum betrat, aber die Erzieherin fuhr sie sofort an: ‚Erhebts euch vielleicht!'
> Sie [die Mädchen] erzählten mir, dass sie oft stritten und meinten, dass das davon komme, dass sie nichts zu tun haben und jeder Tag gleich verläuft. Wenn die Erzieherin im Zimmer war, sprachen sie sofort leiser Dieses Heim mit verschlossenen Türen und Fenstern, mit den Mädchen in hässlichen Kleidern und zerrissenen Strümpfen, mit der Erzieherin, die ein mürrisches Gesicht machte und mit den Erzählungen der Mädchen wirkte auf mich bis jetzt am deprimierendsten."[153]



**Altenberg**

Kinderheim der Volkshilfe Wien mit 60 systemisierten Plätzen für Buben und Mädchen mit interner Volksschule. „Brave" Kinder konnten die Hauptschule extern besuchen. Auch hier gab es noch immer große Schlafsäle.

„Ich kann heute noch keinen Kochsalat mit Erbsen sehen", sagt Gabriele B.[154] „Wir mussten immer aufessen, bis wir uns angespieben haben", erinnert sich die 50-Jährige an ihre Zeit im Heim Altenberg, Niederösterreich zurück. Sie spricht von Repressalien, die in den 1970er-Jahren vor allem von älteren Mädchen ausgegangen seien, aber von den Erzieherinnen geduldet und gefördert wurden. „Wenn du in dieser Hierarchie nicht dabei warst, haben dir die stärkeren Kinder alles weggenommen." Auch der Heimleiter sei „ganz schlimm" gewesen. „Der Direktor hat dich stundenlang in der Kanzlei knien lassen und hat viel Druck auf uns ausgeübt." In Altenberg sei es auch zu sexuellen Übergriffen gekommen. Burschen sollen öfters in der Nacht gekommen und durch Fenster ins Heim eingestiegen sein. „Oft haben Burschen aus dem Heim sie hereingelassen." Manche der Einsteiger seien Freunde von Mädchen im Heim gewesen, andere wiederum hätten fremde Mädchen aus den Zimmern geholt und sie vergewaltigt. „Auch unter den Burschen ist es zu sexuellem Missbrauch gekommen", schildert Gabriele B. Gesagt habe niemand etwas. „Wir hatten ja Angst, dass wir dann wieder bestraft werden."

**Turmhof Retz**

Großheim der Caritas Wien für 100 Buben im Schülerheim und 28 Lehrlinge mit interner allgemeiner Sonderschule und heiminterner Lehre. Heute wird es als Behindertenheim mit 140 Plätzen geführt.



**Schopenhauerstraße**

Dieses Heim wurde von der Inneren Mission für Knaben geführt. Es gab sehr starke äußere und innere Restriktionen, große Schlafsäle. 1974 wurde es als Kinderheim geschlossen.

**Erziehungsheim Vom Guten Hirten „St. Josef", Salzburg**

1885 waren bereits 75 „verwahrloste weibliche" Jugendliche in der Hellbrunnerstraße 14 untergebracht. 1934 wurde das Heim von den „Schwestern unserer Frau von der Liebe des Guten Hirten" übernommen. 1935 wurde eine Haushaltungsschule zugefügt. In der NS-Zeit als Lazarett und danach als Heimkehrerspital geführt, wurde das Heim 1947 den „Guten Hirtinnen" zurückgegeben. Es wurde eine Lehrwerkstätte für Damenkleidermacher, Wäscheerzeuger sowie eine Büglerei eingerichtet.

An das Kloster war eine Landwirtschaft angeschlossen. Es gab auch schulpflichtige Kinder unter den Insassinnen. 25 Heimplätze waren zumindest ab den sechziger Jahren für Mädchen aus Wien vorgesehen. 1992 wurde das Heim geschlossen, einerseits wegen des Umdenkens in der Heimerziehung[155] und andererseits wegen des Mangels an Schwestern Vom Guten Hirten.

> „Die Kooperation der Jugendwohlfahrtsbehörde mit St. Josef wurde auch durch den Umstand gefördert, dass die Schwestern vom Guten Hirten ihre Dienste im Vergleich zu den übrigen Erziehungsheimen konkurrenzlos günstig anboten."[156]

In der Wiener Heimkinder-Studie 1974 wurde das Erziehungsheim in die Gruppe der stark geschlossenen Heime eingeteilt. Die äußere Abgeschlossenheit des Heims war eine der höchsten aller untersuchten Institutionen. Sie wurde nur vom Mädchenheim der Schwestern vom Guten Hirten in Graz übertroffen. Die inneren Restriktionen lagen ebenfalls über dem Median der beobachteten Heime, zudem gab es ein ungünstiges ErzieherIn-Zögling-Verhältnis. Salzburg diente auch als Endstationsheim bei „disziplinären Schwierigkeiten" und „negativer Arbeitshaltung"[157]. Bereits 1974 war also das St. Josefsheim Salzburg in die schlimmste Gruppe von Heimen eingeteilt. Heute wissen wir, dass die Mädchen auch arbeitsmäßig ausgenützt wurden, dass es ein Isolierzimmer gab und weitere Missstände.[158]



**Erziehungsheim „Vom Guten Hirten" für Mädchen, Graz**

Das Kloster zum „Guten Hirten", Kalvarienberggürtel 60, in Graz wurde am 1. April 1946 für „schwererziehbare schulentlassene"

Mädchen eröffnet, die vom Landesjugendamt eingewiesen wurden. Das Kloster war ganzjährig in Betrieb. Die Zöglinge wurden in zwei Gruppen geteilt, nämlich in Zöglinge der Fürsorgeerziehungsanstalt und in jene der Haushaltungsschule, wobei das Aufnahmealter zwischen 14 und 19 Jahren lag.[159] Von anfangs 50 Mädchen erweiterte sich das Heim auf 150 Plätze.

> „Die Ordensschwestern fanden als wichtiges Erziehungsziel, den Mädchen während ihrer Zeit in der Anstalt eine Ausbildung zu geben, die ihnen auch im späteren Leben zugute käme. Außerdem wollten sie ihnen schon während ihrer Zeit im Erziehungsheim vor Augen halten, dass diese keine verlorene Zeit, sondern von dauerndem Wert wäre, wenn sie mit entsprechendem Fleiß an ihrer eigenen Fortbildung mitarbeiteten. Deshalb war es den Ordensfrauen auch ein Anliegen, in ihrem Kloster eine Haushaltungsschule zu errichten."[160]



Mit der Religion hielten es die Guten Hirtinnen laut Aktenlage nicht so streng.

> „Katholische Mädchen besuchten den Gottesdienst nur an Feiertagen und am Sonntag um 8 Uhr morgens, nichtkatholische Mädchen wohnten dem Gottesdienst nur nach eigenem ausdrücklichen Verlangen bei. Der Religionsunterricht fand einmal in der Woche statt, wobei den Mädchen der Besuch aber freigestellt wurde."[161]



Mit dem Urlaub der Mädchen waren die Schwestern sehr streng. Nur jenen Zöglingen, die sich bereits ein Jahr im Heim befunden hatten, wurde Urlaub erteilt. Der Urlaub sollte

„Belohnung und zugleich Ansporn für weiteres Bemühen" sein. Mit 6. Dezember 1948 wurde den Eltern verboten, ihren Kindern Lebensmittelpakete an anderen Tagen als dem Besuchertag zu geben. Die Ordensschwestern waren nämlich der Meinung, „dass dadurch die Erziehung erschwert wird, da der vorherrschende Nahrungstrieb gefordert wird und der Geist schlaff wird."[162]

Am 28. November 1951 wurde das Erziehungsheim offiziell besichtigt. Zu diesem Zeitpunkt wurden 135 Zöglinge von den Schwestern betreut. Darunter befanden sich auch 25 Kinder aus Wien, 4 oberösterreichische Minderjährige und 3 Zöglinge aus Salzburg. Außerdem gab es private Zöglinge, die außerhalb der Fürsorgezöglingsgruppe geführt wurden. Die Mädchen waren in sechs Gruppen zu je 24 bis 26 Mädchen geteilt.



Völlig neutral wurde über eine Isolationsgruppe für Entweicherinnen berichtet:

> „Eine Gruppe unterscheidet sich jedoch von den jeweils anderen. Sie ist nicht wie die anderen Gruppen offen, sondern geschlossen und umfasst hauptsächlich die schwerstverwahrlosten Mädchen und solche mit zweifelhaftem Erziehungserfolg. Auch die Durchgeherinnen kommen nach ihrer Rückkehr in diese geschlossene Gruppe. Die Gruppe ist räumlich getrennt und hat einen eigenen Tag- und Schlafraum. Der Tagraum ist zugleich der Speiseraum."[163]

Von Anfang an wurden also Mädchen aus Wien in diesem Heim untergebracht. Nach der Wiener Heim-Studie 1974 war dieses Heim am restriktivsten. Für die Wiener Jugendlichen war Graz auch ein Endstationsheim.

# Widersprüche und Verschleierung

Zu einigen Heimen, die in der Klassifizierung der Wiener Heim-Studie 1974 als eher offene Institutionen eingestuft wurden, gibt es zeitgenössische Dokumente, die verheerende Missstände aufzeigen. Diese konnten jedoch aufgrund des damaligen festgesteckten Untersuchungsrahmens nicht festgestellt werden. Diese Widersprüche konnten vielleicht durch verschiedene Erhebungszeitpunkte oder durch gezielte Verschleierung der Heimleitung erzeugt worden sein.

**Lindenhof (Eggenburg)**

Eigentlich bestand Eggenburg aus zwei Heimen, eines für Buben von neun bis fünfzehn Jahren mit 120 Plätzen, das zweite mit 270 Plätzen für Lehrlinge von 15 bis 19 Jahren. Es gab interne Lehrwerkstätten für eine Reihe von Berufen, aber auch Anlehre und Hausarbeiter. Das Lehrlingsheim kam am Restriktionsindex sehr gut weg. Dabei muss festgehalten werden, dass wenige Restriktionen, die sich in Nichtkümmern um die Zöglinge ausdrückten, ebenfalls geringe Punkte auf dem Restriktionsindex erbrachten. Ein gut eingespieltes Kapo-System konnte viel verschleiern. Ein solches dürfte in beiden Eggenburger Heimen bestanden haben. Das Heim hatte ein zahlenmäßig gutes Erzieher-Zögling-Verhältnis, große Schlafsäle, interne Ausbildung, wurde aber mit dem Heimtyp II eingestuft.
Im Gegensatz zu den wissenschaftlichen Erkenntnissen von damals, berichten ehemalige Heimkinder aus Eggenburg über schwere Misshandlungen durch Erzieher und Mit-Zöglinge. Das Heim in Eggenburg hatte bereits 1970 für Aufsehen gesorgt, als zwei Zöglinge tot aus der Jauchegrube des an das

Heim angeschlossenen landwirtschaftlichen Betriebs geborgen wurden. Es stellte sich heraus, dass die beiden von zwei weiteren Zöglingen bereits im November 1969 ermordet worden waren – um an deren Kleidung zu kommen. Es setzte in den Medien eine Diskussion über die Erziehungsanstalten ein. Durchaus auch mit Kritik an den vorhandenen Erziehungsmethoden. In der Presse analysierte Erich Grolig:

> „Damit allein ist es nicht getan, dass man gestrauchelte Jugendliche, sofern sie als ‚leichtere' Fälle gelten, einfach nach Eggenburg einweist und das dortige Personal fortwursteln lässt."[164]

Die Arbeiterzeitung berichtete darüber, dass die Stadt Wien mehr Pädagogen zur Verfügung stellen wollte, es „vorderhand aber immer noch an Personal"[165] fehlte. Kolumnist Staberl wetterte in der Kronen Zeitung gegen die hohen Kosten, die für die „Asozialen" in Eggenburg aufgewendet würden. Für die Einrichtung eines „Beatkellers" im Heim empfahl er: „Als idealer Platz böte sich eventuell der Platz der Jauchegrube an. Und auch eine Falltür im Fußboden wäre recht kommod."[166]



**Leopoldstadt, Wien**

Städtisches Lehrlingsheim für 120 männliche Lehrlinge von 14 bis 19 Jahren mit internem polytechnischem Lehrgang und allgemeiner Sonderschule. Die Jugendlichen konnten jedoch den polytechnischen Lehrgang auch außerhalb besuchen. Bereits 1970 schilderte ein Zögling aus dem Heim Leopoldstadt die Situation im Heim:

> „Es gibt Schikanen aller Art: Einmal im Monat Friseurzwang, bei Verweigerung Ausgangssperre; der Erzie-

> her entscheidet, ob man Fernsehen darf; Rauchverbot usw. steht an der Tagesordnung. Wenn man beim Essen redet, bekommt man vom Erzieher Ohrfeigen. Erzieher Kellner und besonders Erzieher Pravits haben sich besonders als Schläger aufgespielt. Auch sonst haben alle Erzieher (bis auf Harser und Tullik) Erfahrung im Watschenausteilen."[167]

In weiterer Folge berichtete er über das Geld, das die Lehrlinge im Heim abliefern mussten. Ein Lehrling habe im ersten Lehrjahr 15 Schilling pro Woche behalten dürfen, im zweiten 20 und im dritten 25 Schilling.

> „Von dem Rest zieht die Direktion einen Teil für Miete, Essen, Heizung usw. ab. Was übrig bleibt, kommt aufs Sparbuch. Wie hoch die Zahlungen sind, die wir für das Heim leisten müssen, ist allen unbekannt!"[168]



Ein weiterer Lehrling des Heimes Leopoldstadt gab ebenfalls vor 43 Jahren zu Protokoll:

> „Der Lehrling zahlte seinen Lohn, den ersten, den er verdient hatte, ein. Der diensthabende Erzieher Pravits glaubte, er unterschlage etwas von seinem Lohn, da er keinen Lohnstreifen hatte. Das ging so drei Wochen hindurch. Bei seinem dritten Lohnerlag hat er [Pravits] wieder nicht geglaubt, dass der Lehrling nur 120 Schilling wöchentlich verdient. Darauf schlug ihn der Erzieher mit der Faust ins Gesicht und trat ihn mit den Füßen, dass er bis zur Wand taumelte. Es stellte sich aber heraus, dass der Lehrling recht hatte."

Drei Jahre später stellte die Wiener Heim-Studie 1974 das Lehrlingsheim insofern relativ offen dar, als dass es jeden Sonntag

Urlaub gab, nachmittags oder auch ganztags. Weihnachts- und Sommerurlaub wurden individuell ausgemacht, auswärtige Lehrausbildung war möglich. Deswegen wurde es in Heimgruppe I eingeteilt. Ob die vorteilhafte Darstellung der Heimleitung auch realen Änderungen entsprach, konnten die Beobachter nicht feststellen.

**Am Augarten**

Städtisches Lehrlingsheim für männliche Jugendliche mit 84 systemisierten Plätzen. Auch für dieses Heim gibt es aus dem Jahr 1970 zahlreiche Protokolle von Augarten-Lehrlingen, veröffentlicht von Spartakus, die himmelschreiende Zustände in dieser Einrichtung dokumentierten. So schilderte ein namentlich nicht genannter Zögling:

> „Es sind 200 Schilling beim Fernsehen entwendet worden. Es wurde darauf die Heimleitung verständigt. Es mussten sich alle vollkommen ausziehen, auf die Tische stellen und sich umdrehen. Als bei dieser Aktion nichts gefunden wurde, wurden die Burschen noch einzeln am Ausgang durchsucht, wobei man ihnen in den After, unter die Vorhaut und in den Mund schaute. Nach diesen Ereignissen besprach ein Zögling sich mit seiner Mutter und erstattete gegen das Vorgehen der Heimleitung Anzeige. Die Anzeige blieb ohne Folgen. Die Heimleitung bestellte daraufhin den Zögling zu sich und drohte ihm, falls er so etwas noch einmal machen würde, gäbe es Ohrfeigen."[169]



Weitere Zöglinge schildern in den Protokollen, wie sie von Erziehern geprügelt wurden.

> „Ich kam ins Lehrlingsheim Augarten. Auch dort wurde ich geschlagen, vor allem von Erzieher Erich Hickerts-

berger. Der war sehr primitiv, hatte überhaupt keine Voraussetzungen für einen Erzieher (…) Auch Erzieher Kienast war sehr brutal: Er reagierte sich oft ab, indem er Leute schlug."[170]

Die Lehrlinge begannen, sich mit Unterstützung der Spartakus-Gruppierung zu organisieren. Am 6. Dezember 1970[171] beschloss eine Versammlung der Lehrlinge des Augartenheimes folgendes Forderungsprogramm:

„1. Freier Ausgang bis zu den gesetzlich vorgeschriebenen Zeiten (23 Uhr).
2. Das Recht bis 23 Uhr ohne Einschränkungen im Heim Besucher zu empfangen, d.h. auch Versammlungen und Diskussionen ohne Beisein der Erzieher zu veranstalten.
3. Zu diesem Zweck ist ein Gemeinschaftsraum einzurichten, in dem alle Lehrlinge des Heims Platz haben.
4. Jeder Lehrling bestimmt selbst seine Kleidung und seinen Haarschnitt.
5. Die momentane Heimordnung ist sofort allen Lehrlingen schriftlich auszufertigen.
6. Jeder hat das Recht, im Heim jederzeit und auf allen Gruppen Protokolle zu sammeln, Flugblätter zu verteilen und Plakate aufzuhängen.
7. Zu Unterredungen mit Erziehern und dem Heimleiter kann jeder Zeugen mitnehmen, die er sich selbst aussucht.
8. In die Disziplinarkommission der MA11 (Wiener Jugendamt) werden gewählte Vertreter der Lehrlinge aus den Heimen beigezogen.
9. Erzieher Kienast, gegen den Anzeige erstattet ist, ist sofort vom Dienst zu suspendieren. Ebenso jeder weitere Erzieher, gegen den [...] schwerwiegende Verdachtsmomente auftauchen.

10. Freie Freizeitgestaltung: Die Lehrlinge bestimmen, welche Veranstaltung (Kino, Theater, Urlaubsreisen usw.) vom Heim bezahlt werden und jeder Lehrling entscheidet selbst, ob er daran teilnimmt oder nicht.
11. Für jeden Lehrling ein Drittel der Lehrentschädigung bar auf die Hand, ohne Abzüge (Fahrgeld, Urlaubsspesen usw.).
12. Ständige Kontrolle der Finanzen des Heims durch das Lehrlingskomitee des Augartenheimes."[172]

1973 wurde festgestellt, dass das Heim „offen" geführt war und es externe Ausbildungen gab. Daher wurde es in Heimgruppe I eingeteilt. Was im Heim hinter den Kulissen geschehen ist, blieb den Forscherinnen verborgen.

**Die Durchgangsheime Im Werd und Julius-Tandler-Heim**

Zum Zeitpunkt der Wiener Heim-Studie in den 1970er-Jahren war das Durchgangsheim „Im Werd" wegen Umbaus geschlossen und konnte deswegen auch nicht in die wissenschaftliche Begutachtung aufgenommen werden. Doch obwohl es zumeist nur für wenige Wochen oder Monate dauernde Aufenthalte gedacht war, ehe Zöglinge in einem weiteren Heim untergebracht werden sollten, gibt es aus dem Jahr 1970 zeitgenössische Schilderungen über massive Gewalt. So berichtete ein ehemaliger Zögling:



„Als mein Vater starb, kam ich zunächst ins Werd. Dort waren Schläge an der Tagesordnung; die Erzieher Schmidt, Bos, Dila, Bratschge und Lampl taten sich besonders hervor. Einmal wurden einem Zögling fünf Schilling gestohlen. [...] Er schob die Sache auf mich. Erzieher Schmidt ohrfeigte mich, warf mich zu Boden und trat mich mit den Füßen in die Rippen. Wenn ich

> nicht essen wollte, schlug der Erzieher meinen Kopf mit seinem zusammen."[173]

Ein weiterer Zögling erzählte über das Werd:

> „Kein Ausgang, Anstaltskleidung. Ich war Hausarbeiter und bekam fünf bis zehn Schilling die Woche. Wir bekamen oft Schläge. Ich wurde von Gruppenschlägern geprügelt, weil ich das Heim kritisierte; die Erzieher schauten weg."[174]

Das Julius-Tandler-Heim, das als Kinderübernahmestelle (KÜSt) ebenfalls nur für kurzfristige Aufenthalte gedacht war und daher nach anderen Kriterien funktionierte, wurde nicht in die Untersuchung der Wiener Heim-Studie 1974 aufgenommen.

# HEIME NACH BUNDESLÄNDERN - WAS MAN DAMALS BEREITS WUSSTE

## NIEDERÖSTERREICH

Die Heime in Niederösterreich wurden nur insofern in der Heim-Studie 1974 untersucht, als Kinder und Jugendliche aus Wien dort untergebracht waren. Daneben gab es in Niederösterreich auch eine Reihe an Heimen sowie eine heilpädagogische Station unter Dr. Erwin Schmuttermeier, worüber die Autoren noch keine unabhängigen zeitgenössischen Berichte und Dokumentationen außerhalb der Aussagen ehemaliger Heimkinder gefunden haben. Vorwürfe wurden jedenfalls gegen die Heime Allensteig und Korneuburg erhoben.
Im Auftrag der Landesregierung Niederösterreich wurde unter der Leitung von Frau Dr. Brigitte Lueger-Schuster die Studie „Psychotraumatologische Fragestellungen zu sexuellem Missbrauch und Gewalt in Einrichtungen des Landes Niederösterreich“[175] erstellt.



## OBERÖSTERREICH

### Caritas-Erziehungsanstalt Steyr-Gleink

*Kasernendrill und Klostersuppe*

Die Caritas der Diözese Linz hatte 1946 im ehemaligen Kloster Gleink im Auftrag des Landes Oberösterreich ein Erziehungsheim eingerichtet. Mit dessen Führung war der Orden der Herz Jesu Missionare betraut. Im Heim waren Patres als auch weltliche Erzieher tätig. Maximal 250 Insassen im Alter von 6 bis 15 Jahren konnten dort untergebracht werden. Die Schule war ebenfalls in den Räumlichkeiten innerhalb des Klosters. Das

Heim hatte auch eine Turnhalle, zwei Sportplätze und ein eigenes Schwimmbecken. Gleink hatte lange hallenartige Gänge und riesige Schlafsäle, in denen 20 bis 30 eng aneinander gereihte Betten standen.
2009 wurde das zum „sozialpädagogischen Zentrum" umbenannte Heim geschlossen, weil „trotz langjähriger Bemühungen zeitgemäße pädagogische Konzepte, die auf Integration und Normalisierung basieren, in dem ehemaligen Klostergebäude nicht umsetzbar waren." (Information der Caritas Oberösterreich) So kann man das auch ausdrücken.

Bereits 1976 erschien ein Artikel unter dem Titel „Kasernendrill und Klostersuppe - Fürsorgeerziehung in Gleink." Dort wurden die später auch in einer Biografie eines ehemaligen Zöglings geschilderten Missstände zuvor aufgezeigt.



> „Beobachtet man die Zeremonie vor dem zu Bett gehen, drängt sich der Vergleich mit einem Viehtrieb auf: Es wird schweigend angetreten und durch die langen Gänge in strenger Zweierreihe zum Schlafsaal marschiert. Der Erzieher steht in der Türe und beobachtet die Zöglinge. Wenn alle fertig entkleidet sind, wird auf ein Zeichen des Erziehers, wieder schweigend, in Zweierreihen angetreten und zum Waschraum am anderen Ende des Ganges marschiert. Nachdem sich jeder Zögling mit der Zahnbürste beim Erzieher angestellt und von diesem etwas Zahnpaste auf die Bürste gedrückt bekommen hat, wird unter Einhaltung absoluter Ruhe mit dem Waschen begonnen. Niemand darf sich abtrocknen, bevor er nicht mit erhobenen Händen vor dem Erzieher stand und kontrolliert wurde, ob Hals und Achselhöhle nass und demnach gewaschen waren. Wenn alle gewaschen waren, wurde angetreten und schweigend so lange gewartet bis auch der letzte

> auf der Toilette war. Jeder Tag war vorgeplant, und die Kinder wurden sportmäßig sehr gedrillt. […] Die Erzieher kommen aus den Berufen Ex Militarist, Tischler, Boxer, Schneider oder waren gescheiterte Studenten. Die Leitung der Anstalt ist geteilt. Pater Maehler macht die Organisation und Pater Lämmer ist mit der Erziehungsleitung betraut."[176]

Die Verfasser dieses Artikels beobachteten auch, wie Pater Lämmer einige Buben so zusammengeschlagen hatte, dass sie auf den Boden fielen. Die Artikelschreiber waren im Sommer 1975 als Studierende der Linzer Lehranstalt für soziale Berufe als Praktikanten in Gleink. Sie gründeten einen Arbeitskreis und brachten einen ausführlichen Praktikumsbericht heraus, um die Öffentlichkeit auf die Zustände und das Schicksal der 120 Kinder, die im Klosterheim von Gleink verwahrt wurden, aufzurütteln.



Bereits in den 1960er-Jahren hat Franz Josef Stangl die erniedrigenden und brutalen Erziehungsmethoden im Kloster Gleink kennengelernt. Sowohl geistliche als auch weltliche ErzieherInnen haben dem Buben damals das Leben schwer gemacht. In seinem Buch *Der Klosterzögling* schildert Stangl unter anderem wie die Erzieherin Szieber ihn mit einem Haselnussstock bestraft hat:

> „‚Bring mir den Stock', sagte sie leise und höflich, so in etwa wie ‚Gibst du mir bitte das Brot herüber?' ‚Küss den Stock.' ‚Knie dich nieder.' Dann erduldete er die übliche überflüssige Frage der erwachsenen Idioten in allen Erziehungsanstalten: ‚Was glaubst du, hast du angestellt?' Genauso gut hätte sie sagen können: ‚Du bist nicht mehr als ein Haufen Dreck.' Beides erwar-

tete keine Antwort. ‚Steh auf. Zieh dir deine Hose hinunter. Beug dich über die Badewanne. […] Zähl laut mit, wenn ich dich nicht verstehe, wiederhole ich den Schlag.'"[177]

Dann habe sie ihn gefragt, ob er sich fürchte, ehe der erste Hieb auf ihn herabzischte.

„Eins. ‚So ist es schön. Klar und deutlich will ich…' Zwei. ‚Merk dir eines, du kleine Sau. Ich mach das nicht aus Spaß.' Drei. ‚Merk dir für das nächste Mal, ich mag ganz einfach nicht, wenn du Sachen tust, die ich nicht will.'"[178]

Anschließend habe sich der kleine Franzi – nach zehn Schlägen auf den nackten Hintern – bei Fräulein Szieber bedanken müssen. Sie soll daraufhin gemeint haben: „Siehst du, es wird doch noch einmal etwas Anständiges aus dir. Wir bekommen das schon hin. Unsere Liebesmüh hat noch keinem geschadet."[179]



## Fürsorgeheim Linz-Wegscheid

*Wie man die Kontrollbehörden hinters Licht führt*

Wegscheid wurde über Oberösterreich hinaus durch die „Öffnet die Heime"-Kampagne der Spartakus-Bewegung bekannt. Am 18. Juli 1971 fand eine große Protestaktion vor den Toren des Heims Wegscheid statt. Infolge der Spartakus-Bewegung wurden die Repressionen zwar gelockert, blieben aber intakt.[180] Zeitgenössische Dokumente über Wegscheid gibt es einerseits durch das *Erziehungsprogramm 1964*, in dem dargestellt wurde, was es alles nicht mehr geben sollte, wie Kahlscheren, Wegsperren in den „Besinnungsraum", Züchtigungen mit Gegenständen.[181] Folglich musste es dies vorher in Wegscheid gegeben haben. Außerdem kann diese derart schön beschriebene pädagogische Provinz nicht so idyllisch gewesen sein, sonst hätte es nicht 1971 den Heimaufstand gegeben. Die 2006 gesammelten Interviews und die Geschichte „Karl, die Tomate" eines ehemaligen Erziehers in der Dokumentation „Wegscheid" bestätigen vielmehr die Vorwürfe von Spartakus.

1951 kaufte das Land Oberösterreich in Linz Wegscheid ein Areal für die Errichtung eines Jugendfürsorgeheims. 1953 wurde der reguläre Betrieb aufgenommen. Verwalter war damals ein ehemaliger Offizier und Ritterkreuzträger, der sich offenbar weite Teile seiner Gesinnung auch in der Republik bewahrt hatte. 1955 wurde er abgesetzt. In Wegscheid arbeiteten über Jahrzehnte hinweg ehemalige Soldaten, ehemalige Nationalsozialisten und SS-Männer, aber auch Polizisten, Taxifahrer und Personen aus diversen Berufen, die anderweitig unerwünscht geworden waren. Man dachte, mit dieser Mischung die „schweren Jungs" gut unter Kontrolle halten zu können.[182] Man hatte sich einer „Pädagogik" der Härte und der Gewalt verschrieben. Zeugenberichte jedenfalls suggerieren, dass man sich bei der Wahl der Erziehungsmethoden nicht gerade zimperlich zeigte. Beispielsweise wurde ein Erzieher von einem damaligen Kollegen schlicht als „Schlägertyp" bezeichnet. Das Züchtigungsrecht war die Grundlage der Erziehung. Gezählt hat, wenn man Angst hatte.
Neben Schlagen wurde auch „Kurzschließen" praktiziert. Dabei wurden die Arme unter die Beine festgebunden. Bei Fluchtversuchen rasierte man den Zöglingen nicht nur die Haare ab,

sondern steckte sie zudem in den „Besinnungsraum", eine etwa 4 m² „große" Zelle im Keller.[183]

Nachfolger des 1955 entlassenen Verwalters war Karl Walter, der Ende der 40er-Jahre in Salzburg die Ausbildung zum Erzieher durchlaufen hatte. Glaubt man den Akten, dann versuchte Walter, anders als sein Vorgänger, neue Konzepte in die Erziehungsarbeit einfließen zu lassen. Das Ergebnis war die Entwicklung eines neuen Erziehungsprogramms für Wegscheid im Jahre 1964.[184]

Die folgenden Zitate stammen aus von der Erziehungsleitung an die Abteilung Fürsorge ausgesendeten Berichte, Monatsrückschauen und Denkschriften. Dem Erziehungsprogramm war, wie Walter schrieb, „eine lang andauernde und selbstkritische Analyse der bisherigen Erziehungspraxis" vorausgegangen. Walter behauptete, es gäbe „freiwillige[n] und nahezu völlige[n] Verzicht auf die Anwendung der körperlichen Züchtigung als Disziplinierungsmittel", durch „die Abschaffung des ‚Kahlscheren[s] der Zöglinge nach Fluchten", durch den „Wandel von der Strenge zur Festigkeit bei der Behandlung von Jugendlichen" und durch eine besonders „affektive Hinwendung zu den Nichtakzeptierten und die gezielte pädagogische Betreuung der Schwierigsten." Jugendliche sollten nicht mehr verprügelt und eingeschüchtert, sondern durch „schöne Erlebnisse" bereichert werden. Dem Zögling sollte Gelegenheit gegeben werden,

> „sinnvoll produktiv zu sein, sich zu engagieren, eine [seine] Rolle zu spielen, sich zu erproben, zu bewähren, selbst zu erkennen und zu erleben, dadurch mit Hilfe des Erziehers Konflikte abbauen, manifeste oder latente Aggressionen gefahrlos abzureagieren, um schließ-

> lich in weiterer Folge aufgeschlossen, empfangsbereit und - fähig gegenüber dem an ihn gerichteten pädagogischen Appell zu werden."

Positives Verhalten sollte von nun an mehr beachtet und durch die Chance auf verkürzte „Strafzeiten" honoriert werden. „Zöglingsdiskussionen", über alle ‚heißen Themen' sollten als „Erziehungsmittel zu demokratischem Denken" dienen. Zentraler Punkt des neuen Erziehungsprogramms war die Freizeitgestaltung. In den an die Abteilung Fürsorge ausgesendeten Monats- und Quartalsrückblicken informierte das Heim regelmäßig über die Umsetzung der Neuerungen. Die Aktivitäten des Jahres 1965 umfassten beispielsweise Fernsehübertragungen sportlicher Ereignisse und kultureller Veranstaltungen, Filme im Heim („Hunde wollt ihr ewig leben", „Rettet den Wald" sowie einen Film über das VW-Werk in Wolfsburg), Stadionbesuche, sportliche Aktivitäten, Kulturveranstaltungen, Blutspenden im AKH und Renovierungsarbeiten an der Ruine Schaumburg. Außerdem versuchte man sich an einer Schnecken- und Mehlkäferzucht. Selbst die Sexualität blieb nicht ausgespart. Die Besprechung der „Botanik der Blütenpflanzen" wurde allen Ernstes als „Geschlechterkunde" bezeichnet. Zur „Bewusstmachung der eigenen Person" wurden „große[r] Spiegel im Heim" angebracht, „damit sich die Burschen ganz sehen können." Der Monatsrückblick vom März 1965 informierte über Walters Idee, die Namen jener Zöglinge zu veröffentlichen, „die sich als besonders höflich" oder als „auffallend unhöflich erwiesen haben."



Die Auswirkungen dieser Reformen wurden von Walter überschwänglich und enthusiastisch kommentiert. Bereits im Februar 1964, zwei Monate nach der Einführung des neuen

Erziehungsprogramms, schrieb Walter an die Abteilung, man könne „jetzt schon von ausschließlich positiven Erfahrungen sprechen und berichten. [...] Körperliche Züchtigungen sind ausgesprochene Seltenheit geworden." Die Einwände der in Wegscheid beschäftigten Meister und Werkstättenleiter, die von Übermüdung und Desinteresse der Zöglinge bei der Arbeit sprachen, wischte Walter kurzerhand beiseite und warf im Gegenzug seinen Kritikern ein kurzschlüssiges pädagogisches Denken vor.

Diesen Schilderungen der Umsetzung des Erziehungsprogramms 1964 stehen die Erinnerungen eines Zöglings entgegen, die unter dem Titel: „‚...der du hier eintrittst, lass alle Hoffnung fahren...' Biegen und Brechen in Wegscheid", zusammengefasst wurden.[185]



Den Akten zufolge kam der Zögling Wolfgang Loy am 10. Mai 1966 in das Jugendfürsorgeheim Linz-Wegscheid, also knapp zweieinhalb Jahre nach der Einführung des neuen Erziehungsprogramms.

> „Ich bin nach Wegscheid gebracht worden. [...] Und hab' dort eine neue Hölle, eine noch viel schlimmere erlebt. [...] Wegscheid war damals von nach innen geneigtem Stacheldraht umzäunt."

Dann ging es bei ihm hinter verschlossene Türen. Er berichtete vom Kapo-System, von Schlägen und Entzug von Taschengeld.

All diese Übergriffe und Missbräuche wurden auch in den Flugblättern des Heimprotestes von 1971 berichtet. Am Sonntag, den 18. Juli 1971 trafen Günther Nenning und der Polizeidirektor von Linz im Heim ein. Es ging darum, ob eine Demonstration der Spartakus-Aktivisten zugelassen werden sollte. Es wurden auch detaillierte Anzeigen gegen Erzieher und Werkstättenmeister gemacht. Vor diesem heißen Sommer gab es in Linz bereits die Kommune „Rote Lokomotive", die das Zusammenleben von StudentInnen und Heimzöglingen versuchte. Im Frühjahr 1972 musste dieses Experiment eingestellt werden. Auch das Heim Wegscheid verschloss sich wieder.[186]

### Säuglingsheim Gallneukirchen, Mühle

Dieses Heim wurde von Diakonissinnen geführt. Es lag etwas abseits in einem parkähnlichen Garten. Aus einer Kalendernotiz von Irmtraut Karlsson vom 5. März 1974:



> „Beim Eintritt fiel uns die totale Stille im Heim auf. Wir wurden zunächst in den Speisesaal geführt, und da wurde uns gedeutet, dass nun das Essen stattfindet. Ich saß zu rechten Seite der Mutter Oberin und wurde während des Essens von ihr über unsere Ziele, unsere Erfahrungen usw. befragt. Die Suppe wurde aufgetragen, die Schwester Oberin stellte eine Frage, ich antwortete. Sonst stellte niemand Fragen. Als ich meine Suppe essen wollte, wurde sie abserviert. Hauptgang dasselbe: Mutter Oberin stellte eine Frage, ich antwortete, es war still, zwei Bissen des Hauptgangs konnte ich essen, dann wurde es abserviert. Nachspeise dieselbe Prozedur. Am Ende versuchte ich das Heimleiterinterview mit der Mutter Oberin durchzuführen. Dies war nicht möglich. Sie verweigerte viele Angaben, und daher mussten wir das Heim aus unserer Typisierung ausschließen. Meine Begleiterinnen saßen am Ende des Tisches, und als wir das Heim verließen, lachten

sie mich aus, da ich nicht mitbekommen hatte, dass nur gegessen werden konnte, solange die Oberin gegessen hatte. Wenn sie Ihr Besteck niedergelegt hatte, wurde abserviert. Und so ist es ihr schlau gelungen, mich erstens von neugierigen Fragen abzuhalten und zweitens in eine nervöse Essenshaltung zu manövrieren. Nach der Besichtigung des Heims gingen wir hinüber in das Behindertenheim."

**Behindertenheim Gallneukirchen**

Aus einer Kalendernotiz von Irmtraut Karlsson vom 5. März 1974:

> „Hier war der Kulturschock total. Wir kamen in einen offenen, luftigen, freundlichen Bau, der von Geräuschen, Lachen, Schreien usw. erfüllt war.
> Der Heimleiter saß mitten in einer Gruppe und beantwortete alle Fragen des Heimleiterinterviews. Am Ende der Beobachtung und Besichtigung des Behindertenheims Gallneukirchen hatte ich den Eindruck, dies war das einzige Heim, das wir besucht hatten, in dem ich mir vorstellen könnte, zu arbeiten oder zu wohnen. Mit diesem Heim gab es keinen Vertrag mit der Stadt Wien."



**SALZBURG**

Ingrid Bauer, Robert Hoffmann und Christina Kubek haben unter dem Titel „Abgestempelt und ausgeliefert. Fürsorgeerziehung und Fremdenunterbringung in Salzburg" eine sehr sorgfältige und umfangreiche Untersuchung über die Fürsorgeerziehung und Fremdunterbringung im Bundesland Salzburg ab 1945 gemacht. Hier wurden nur die zeitgenössischen

Beschreibungen herausgesucht. Das Erziehungsheim Vom Guten Hirten „St. Josef" wurde bereits bei den Wiener Vertragsheimen dargestellt.

### Zellhof bei Mattsee

Bereits seit Jänner 1946 führten die Herz Jesu Missionare eine Fürsorgeerziehungsanstalt für „erziehungsschwierige" männliche Jugendliche. Wesentliches Ziel der Heimunterbringung war die Erziehung zur Arbeitsfähigkeit, wobei das heiminterne Ausbildungsangebot begrenzt war. Neben der Ausbildung in landwirtschaftlichen Arbeiten gab es in Zellhof lediglich eine Ausbildungswerkstätte für Holzverarbeitung. Über die Auflösung der Erziehungsanstalt 1963 gibt es nur Vermutungen. Die frühere Leiterin des Referates Jugendwohlfahrt, Dr. Kastner, berichtete, dass sie 1972 bei Übernahme ihrer Funktion einen versiegelten Akt über Zellhof in ihrem Schreibtisch gefunden hat. Er handelte von einem Pater, der einen Jugendlichen unsittlich berührt hatte. Gerüchte gab es, dass am Zellhof Übergriffe von Erziehern vorhanden waren und das Heim deshalb gesperrt worden wäre.[187]



### Arrest wegen Kosten- und Zuständigkeitsstreit der Behörden

Bis zum Jahr 1971 gab es in Salzburg eine von der Stadtverwaltung finanzierte „Jugendauffangstation". Dort sollten Jugendliche untergebracht werden, die unmittelbar aus ihrer Umgebung fortgebracht werden mussten oder nach Entweichungen von der Polizei aufgegriffen wurden. 1971 entschied die Stadt, dass eigentlich das Land Salzburg und die Polizei zuständig seien und schloss die Jugendauffangstelle.[188] Zehn Jahre lang wurde der Ball hin und her gespielt. Inzwischen wurden die

Jugendlichen in Arrestzellen des Polizeigefangenenhauses untergebracht. Allein im Jahr 1971 waren 483 Minderjährige im Polizeiarrest. Dabei war es die Polizeidirektion, die feststellte, dass die Unterbringung ohne strafrechtlichen Grund verfassungswidrig und auch aus psychologischer Sicht nicht vertretbar wäre.[189] Erst 1981 wurde provisorisch und 1982 endgültig eine Krisenstelle für Jugendliche eröffnet.

### Heilpädagogische Ambulanz

Ausführlich schildert die Salzburger Studie die Zustände in der heilpädagogischen Ambulanz. Hier fällt die Parallelität der heilpädagogischen Ambulanzen bzw. kinderpsychiatrischen Institutionen mit in der Zwischenzeit unrühmlich bekannt gewordenen Namen auf, wie Dr. Franz Wurst in Kärnten, Dr. Maria Nowak-Vogl in Tirol auf und in Salzburg eben Dr. Ingeborg Judtmann.



## TIROL

### Landes-, Säuglings- und Kleinkinderheime Arzl und Axams

*Ausländerkinder - Ab ins Heim*

1979 beschreibt Edith Kaslatter in ihrer Dissertation Ausstattung und Erziehung von Säuglingen und Kleinkindern in den Heimen Arzl und Axams.

> „Ihre Erziehung ist auf Ordnung, Sauberkeit, Gehorsam, Gefälligkeit und Bravsein ausgerichtet. Unter Bravsein ist zu verstehen: grüßen, bitten und danken (auch für Dinge, die lebenserhaltend und selbstverständlich sind wie für das Essen) schnell einschlafen, möglichst

viel schlafen, still sitzen - immer, wenn gewünscht, gute Tischmanieren (schon ab 2 Jahren), sich nicht schmutzig machen (weder beim Essen noch beim Spielen; [...] Es werden häufig Verbote und Befehle erteilt, und bei Nicht-Einhalten dieser wird geschimpft oder bestraft. [...] Da auf die Bedürfnisse [nach Entwicklungsstufen] der Heimkinder meist weniger eingegangen werden kann, haben diese oft Spannungszustände und Mangelerlebnisse, die sich mit zunehmender Entwicklung in aggressiven Verhaltensweisen ausdrücken. Aggressionen werden jedoch vom Betreuungspersonal meist als persönlicher Angriff, persönliche Ablehnung oder als Bosheit angesehen, mit Sanktionen belegt und dadurch zu unterdrücken versucht. Das Kind muss also derartige Impulse verdrängen, die später zu Selbstaggression (Nägelbeißen, mit dem Kopf gegen harte Gegenstände schlagen etc.) oder zu Lern- bzw. anderen Verhaltensstörungen führen."[190]



Dieses Erziehungsverhalten ist insofern ein Skandal, als dass spätestens seit den Untersuchungen des renommierten österreichischen Entwicklungspsychologen René A. Spitz aus 1924, deren Ergebnisse in allen kinderpsychologischen Vorlesungen gelehrt wurden, klar war, dass dies schädlich für die Kinder ist.

Zum ersten Mal wurden in einer Heimbeschreibung Kinder als explizit „ausländische Kinder" erwähnt. 42% der Kinder in den zwei Säuglings- und Kleinkinderheimen waren Kinder von jugoslawischen Gastarbeiterinnen. Während die österreichischen Kinder nur 11% aus - wie Kaslatter es nennt - „normalen" Familien kamen, waren es bei den ausländischen Kindern 65%. Von den Heimen wurde auch betont: „die jugoslawischen Eltern besuchen die Kinder wöchentlich."[191] Dabei sind die

Besuchszeiten sehr restriktiv: „Säuglinge dürfen erst dann, wenn sie auf Kleinkinderkost umgestellt sind (mit 8-9 Monaten), nach Hause mitgenommen werden."[192] 50,5% der Kinder kamen vor dem 3. Lebensmonat ins Heim. Kaslatter fragte sich, warum diese Kinder innerhalb der Mutterschutzfrist ins Heim kamen, bzw. warum nicht das Karenzjahr in Anspruch genommen wurde. Karenzjahr bekam nur, wer 52 Wochen in einem ununterbrochenen Arbeitsverhältnis stand. Vor allem lieferten die unzureichenden Wohnverhältnisse der Eltern den Grund zur Abnahme des Kindes. Dafür wurden die Eltern auch noch zur Kasse gebeten: 66 Schilling mussten pro Tag und Kind bezahlt werden, im Schnitt 2000 Schilling pro Monat. Für Tirol haben wir ein zeitgenössisches Dokument über Kinder von GastarbeiterInnen, die einfach von der Fürsorge abgenommen wurden. Daten über andere Bundesländer fehlen.



### Bubenburg in Fügen
### Knabenerziehungsheim des Seraphischen Liebeswerks „St. Josef"

1926 gegründet, waren bereits in den Anfangsjahren bis zu 120 Kinder dort untergebracht. In der NS-Zeit wurde das Heim enteignet und 1946 wieder dem Orden der Kapuziner zurückgegeben. Die Bubenburg diente der Unterbringung von Buben im Volks- und Hauptschulalter.

1981 wurde die Bubenburg von Erwin Aschenwald[193], einem ehemaligen Insassen folgendermaßen beschrieben:

> „Die ‚Bubenburg' ist weder Erziehungsheim noch Jugendstrafanstalt. Die Zöglinge haben nichts verbrochen, außer unehelich geboren bzw. einfach unerwünscht zu sein, zerrütteten Verhältnissen zu ent-

stammen oder von der Kinder-Psychiaterin Prof. DDr. N.-V. [Dr. Maria Nowak-Vogl] als schwererziehbar eingestuft worden zu sein. […] Jeden Tag, pünktlich um 6.30 Uhr, betritt die Gruppenschwester den 20 - 25 Betten fassenden Schlafsaal, ruft, gelobt sei Jesus Christus', worauf die aus dem Schlaf Geschreckten ,in Ewigkeit Amen' zu antworten haben. In der 2. Gruppe, in der die 8 bis 10-Jährigen zusammengefasst sind, folgte zu meiner Zeit (1970 - 1976) ein etwas seltsamer Vorgang: Schwester B., die inzwischen die ,Bubenburg' verlassen hat, streifte mit der flachen Hand über die Leintücher, um festzustellen, ob jemand ins Bett genässt hat. War dies der Fall, so nahm sie den von ihr ,Lukas' genannten Teppichklopfer zur Hand, zerrte den oder die Bettnässer an den Haaren herbei und versetzte, ihnen etwa 15 - 20 Schläge auf Hintern und Rücken. Ähnliches hatten Nägelbeißer zu erleiden, doch diese schlug sie ,nur' auf die ausgestreckten Handflächen. […] Dieser Pater M., inzwischen schon über 65 Jahre alt, unterrichtete auch Religion. Gelegentlich zeigte er seine im 2. Weltkrieg erbeuteten Orden, die einen Schuhkarton zur Hälfte füllten, vor und prahlte mit seiner Kriegsverletzung. […] Bernhard A., der beim Essen schwätzte, musste sich in die Mitte des Gruppenraumes stellen und wurde von R.W. mit einer Ohrfeige bedacht. Bernhard A. meinte daraufhin, R. W. sei nur zum Prügeln in die ,Bubenburg' gekommen. Der Erzieher versetzte ihm einen Faustschlag in die Lebergegend und traktierte den am Boden Liegenden mit den Füßen. […] Einmal wöchentlich fand eine Musik- und Singprobe statt, die von Pater M., einem eifrigen Musizierer, geleitet wurde. Während so einer Probe blies der Trompeter R. einen falschen Ton, was zur Folge hatte, dass Pater M. den damals 14-jährigen schlug und würgte. Dieser und ähnliche Vorfälle veranlassten mich übrigens dazu, meine Blockflöte zu zerstören, um nicht in der Musikkapelle

> eingesetzt zu werden. Ich zog es vor, in der Sicherheit der letzten Reihe des Chors zu verbleiben."

Dem mittlerweile verstorbenen Pater Magnus wird von zahlreichen weiteren Heimkindern nicht nur Gewalt, sondern auch sexueller Missbrauch vorgeworfen. Im Auftrag der Stadt Innsbruck erstellten drei Wissenschaftler der Leopold-Franzens-Universität im Jahr 2013 eine Studie – unter anderem über diesen Pater:

> „Berichte über sexuelle Gewalt in der „Bubenburg" weisen in zwei Richtungen. Zum einen missbrauchten ältere Burschen jüngere, zum anderen sind Übergriffe von zwei weltlichen Erziehern zwischen Ende der 1960er-Jahre und 1979 dokumentiert [...] Darüber hinaus liegen verschiedene Formen sexualisierter Gewalt vor."[194]



Aufgrund dieser Studie wurde Magnus Kerner am 11. Juli 2013 posthum das Sozialehrenzeichen der Stadt Innsbruck aberkannt, das ihm der Gemeinderat 1982 verliehen hatte, gleichzeitig mit der Aberkennung des Ehrenzeichens von Hermann Pepeunig, der Kindern in anderen Einrichtungen Gewalt angetan hatte.

## Landeserziehungsheim Kleinvolderberg

*Therapie als Strafe*



1889 vom katholischen Verein der Kinderfreunde in Salzburg gekauft und als Heim betrieben, wurde es in der NS-Zeit als Erziehungsanstalt geführt. 1947 an die Erzabtei St. Peter in Salzburg zurückgegeben, wurde es ab 1948 vom Land Tirol

gepachtet. Bis zur Schließung 1990 diente es als Landeserziehungsheim für schulentlassene Burschen.[195]
Der im Februar 1979 gegründete Tiroler Arbeitskreis für Heimerziehung erhob massive Vorwürfe gegen das Heim und das Landesjugendamt. Vor allem wendete sich der Arbeitskreis gegen die Eröffnung einer „geschlossenen Therapiestation" in Kleinvolderberg (vgl. Veronika Holzknecht in *betrifft:Sozialarbeit*). Die Station wurde dennoch mit den vorauszusehenden Folgen eröffnet: Der erste „therapierte" Zögling flüchtete schon nach einer Stunde, ein weiterer nach vier Wochen „Therapie".

**Landeserziehungsheim für Mädchen St. Martin/Schwaz**
*„emotional warmes klima"*



Unter diesem Titel veröffentlichte der Tiroler Arbeitskreis für Heimerziehung Ausschnitte aus den Beschlüssen und Vereinbarungen der Erzieherbesprechung vom 13.6.1975 bis 6.9.1976. Aus den Bestimmungen der Hausordnung:

> „ - Wer den Wunsch hat, Frau Direktor zu sprechen, hat bei der Gruppenerzieherin einen Zettel abzugeben. Innerhalb von 3 Tagen wird Frau Direktor das Mädchen zum gewünschten Gespräch bitten. [...]
> - Auch dann, wenn eine Flucht nur wenige Stunden gedauert hat, ist es vorgesehen, eine Fluchtverhandlung abzuhalten. [...]
> - Die Besuchsregelung ist zu beachten. Es darf lediglich einmal in Monat zum festgesetzten Besuchstag Besuch empfangen werden. Ausnahmen von dieser Regelung müssen von der Direktorin genehmigt werden. [...]
> - Es soll allen Mädchen bekannt sein, dass eine Sekret- und Blutabnahme nach einer Entweichung erfolgt.

> - Kaugummi ist lediglich als Belohnung für die Nichtraucher gestattet.
> - Wenn ein Mädchen von Angehörigen oder Bekannten Geld erhält, hat sie dies der Erzieherin zu melden. Das Geld darf nur für einen bestimmten Zweck verwendet oder auf das Konto überwiesen werden.
> - Es ist nicht gestattet, eigene Kleider auszuborgen; auch das Ausleihen fremder Kleider ist verboten."[196]

Der gefürchtete „Karzer" wurde in einer eigenen Strafordnung reguliert. Die penibel ausgeführte „Vorschrift zur Durchführung der Strafisolierung im Landesjugendheim Schwaz" vom 15. Juni 1976 und die „Strafordnung" vom 29. Oktober 1976 erlaubten Isolierungsstrafen in einem Raum, „der keinerlei Einrichtung enthält", bis zu drei Mal 24 Stunden zu verhängen. Eine Strafe, die selbst für verurteilte, erwachsene Schwerstkriminelle zu dieser Zeit in Österreich nicht gestattet war. Das Landesjugendheim Schwaz war ein Heim für Mädchen. Die Gründe für die Verhängung dieser Isolierstrafen waren in einem Gummiparagrafen zusammengefasst und konnten für „Aufhetzung zum Ungehorsam und unerwünschtem Verhalten" oder „bewusste Demonstration einer Verhaltenweise, die eine erzieherische Tätigkeit sowohl im Einzelfall als auch in der Gruppe verhindert oder wesentlich behindert" verhängt werden.





**St. Josefs-Institut, Mils**

Der größte Heimskandal in Tirol wurde jedoch von einer 22-jährigen Hilfspflegerin, Brigitte Wanker, ins Rollen gebracht. Sie hatte keine Erzieherinnenausbildung, war aber vom ersten Tag für eine Gruppe von 24 schulpflichtigen Buben verantwortlich. Im Heim waren zu dieser Zeit 210 Personen aller

Altersstufen mit Behinderungen untergebracht. Nach einem Interview mit der Sendung *Teleobjektiv* im September 1980 veröffentlichte Brigitte Wanker die Tagebuchaufzeichnungen über ihre Tätigkeit in Mils. Dort zeigt sie, wie brutal mit den Kindern umgegangen wurde. Wie sie seelisch und körperlich zu Grunde gerichtet wurden. Vor allem eine Nonne hat sich als besondere Sadistin hervorgetan. Wanker berichtet u. a. von einem Mittagessen, bei dem sich ein Bub weigerte, seine Mahlzeit aufzuessen:

> „Die Schwester stopft ihm alles in den Mund. Er schluckt nicht, sie droht: ‚Wir gehen ins Bad.' Gebet, alle stehen auf, Wolfgang hat noch immer den Mund voll. Die Schwester zerrt ihn ins Bad. Ich muss inzwischen mit den anderen Kindern geschlossen zum Klo gehen. Wir hören im Nebenraum die Schwester brüllen, zuschlagen und Wolfgang schreien. Die Kinder halten sich die Ohren zu, wir hören die Szene fassungslos mit an. Auf meine Frage erzählen sie mir, dass so etwas öfters vorkommt. Wolfgang kommt verheult und mit einem blutigen Striemen auf der Wange aus dem Bad. Er berichtet mir zögernd, dass er zuerst kalt geduscht und dann mit dem Hosenträger geschlagen worden war."[197]



An anderer Stelle schreibt Wanker über einen Buben mit Down Syndrom, der über das Kabel eines Bügeleisens gestolpert war und dabei die Steckdose aus der Wand riss.

> „Die Schwester erfährt von dem Vorfall, kommt, brüllt und schlägt auf den 17-jährigen mongoloiden, geistig behinderten Buben ein, zerrt ihn an den Haaren ins Bad. Ich höre trotz der Entfernung Schläge und Schreie."

Erschütternd sind auch Wankers Beschreibungen des monotonen, öden Alltags im St. Josefs-Institut:

> „6.00 Uhr: Wecken, erstes Mal anstellen in Zweierreihen, die Buben werden frisiert, dürfen es nie selber tun, die Hemden werden schön in die Hosen gesteckt.
>
> 6.45 Uhr: Frühstück. Zweites Mal anstellen in Zweierreihen, die Buben werden frisiert, dürfen es nie selber tun, die Hemden werden schön in die Hosen gesteckt.
>
> 7.30 Uhr: Hl. Messe. Drittes Mal anstellen in Zweierreihen, die Buben werden frisiert, dürfen es nie selber tun, die Hemden werden schön in die Hosen gesteckt. Aufsicht: Geistliche Schwester."



Weiters:

> „21.5.80: 10.30 Uhr Dienstantritt, ich finde den taubstummen G. schlafend mit Zwangsjacke auf dem Clo. Ich weiß, dass er jeden Tag um 1/2 8 Uhr - nach dem Frühstück auf's Clo gesetzt wird. Ähnliches wiederholt sich am 4.6. - 12 Uhr 45 bis 14 Uhr 40, 23.6.80 ca. 2 Stunden eingesperrt. Brutalität der Kinder untereinander: Ch., ein ca. 15-jähriger Bub von meiner Gruppe, hatte die Aufgabe, den taubstummen, geistig und körperlich behinderten G. nach den Mahlzeiten auf's Clo zu setzen, ihn in die Zwangsjacke zu stecken und die Türe von außen zu versperren. Am Abend, vor dem Schlafengehen, wird G. von demselben Buben aus und angezogen, das Zähneputzen übernimmt auch er. Als ich einmal zufällig dabei war, wurde mir klar, warum

> G. solche Angst davor hatte. Ch. putzte ihm so fest die Zähne, dass er blutete, den Mund immer mehr zubiss und das Gesicht verzog. [...] Angestelltenklo: Klopapier. Bubenklo: Zeitungspapier."

## STEIERMARK

Eine ausführliche Darstellung zum Erziehungsheim Vom Guten Hirten für Mädchen in Graz ist bereits unter den Wiener Vertragsheimen angeführt. Dieses Heim wurde in der Heim-Studie 1974 zum restriktivsten aller Heime deklariert.

### *„Helft steirischen Kindern!"*

Unter diesem Titel legte Nicole Kössler 2007 eine Diplomarbeit über die Auseinandersetzung mit der Jugendwohlfahrt in der Nachkriegssteiermark (1945-1954) vor. Kössler analysierte dazu Akten des Steiermärkischen Landesarchivs. Der Analysezeitraum 1945 bis 1954 liegt zwar vor der Betrachtungsperiode dieses Buches, gibt aber doch interessante Hinweise, dass Missstände schon sehr früh erkannt und nicht immer nur der Nachkriegsnot zugewiesen wurden. So wurden bei einer Tagung der „Interessensgemeinschaft zur Bekämpfung der Jugendverwahrlosung"[198], an der auch verschiedene Vertreter vom Institut für Vergleichende Erziehungswissenschaften teilnahmen, neben Hinweisen auf Mängel für Erzieher und Not in Heimen auch die Behandlung von Kindern und Jugendlichen verurteilt:

> „Das Essen der Zöglinge muss ferner so beschaffen sein, dass auch die Erzieher dasselbe gerne essen. [...] In den Schlafsälen sieht man Betten übereinander oder Betten mit fast keinem Zwischenraum nebeneinander,

> Betten im Flur usw., alles Zustände die abgestellt werden müssen.
> In einer Anstalt wird der Schlafsaal abgesperrt und haben dann auch die Zöglinge überhaupt keine Möglichkeit mehr, ein Klosett aufzusuchen. [...] Es ist doch ein erbärmliches Bild, wenn Zöglinge aus Näpfen mit Blechlöffeln essen müssen. [...] Die Zöglinge aber täglich zu einem Appell antreten zu lassen, wobei jeder Zögling die auf seinen Fingern hängenden Handtücher, Waschlappen und Unterkleidungsstücke vorzuzeigen hat, ist nicht nachahmenswert."[199]

Kössler beschreibt dann ausführlich die damals bestehenden Heime in der Steiermark. Auch hier gab es die altbekannten Phänomene, Beschwerden, die ignoriert wurden.



**Landeserziehungsheim für Knaben in Hartberg**

Zunächst berichtet Kössler über die Entstehung des Heims. Dann fand sie eine Reihe von Berichten über Missstände bzw. Beschwerden. Einerseits über unhaltbare hygienische Zustände, aber auch unverständliche Schikanen gegenüber Zöglingen.

> „Am 6. Dezember 1946 schreibt der Jugendamtsdirektor zum Beispiel an seinen Vorstand, dass es in Hartberg viele Missstände gibt. So sind die Abortanlagen durch Kriegseinwirkung derart beschädigt, dass der Urin nicht abläuft, sondern in großen Lachen stehen bleibt; die Knaben müssen vor dem Schlafengehen die Schuhe im gereinigten Zustand vor dem Schlafsaal aufstellen und dürfen sie nicht mit zu ihren Betten nehmen [...] (A 6-431/2/46 am 6. 6. 1946/Jg 1947). Sie müssen also nachts barfuß die Toilette aufsuchen, wodurch es unvermeidbar ist, dass sie mit verschmutzten Füßen

> wieder ins Bett gehen und dieses verunreinigen. Außerdem haben die Böden Steinbelag, weshalb sich die Knaben leichter verkühlen, und der Gesundheitszustand der Bettnässer wird durch das bloßflüßige Umherlaufen und den Einfluss von Kälte und Nässe dazu verschlechtert. [...] Im ganzen Haus riecht es wie in einem Hasenstall. Als letztes weist der Direktor noch auf die Heizung hin. Die Anstalt litt unter Kohlenmangel, weshalb nur der Tagraum geheizt wurde und alle anderen Räume eiskalt waren. Für den Tagraum holen die Knaben Holz aus dem Wald (vgl. A 6-431/2/46 am 6. 12. 1946/Jg 1947)."[200]

Die Reaktion darauf? Immerhin schrieb nicht irgendwer, sondern der Jugendamtsdirektor.

> „Aufgrund dieser behördlichen Beschwerde und auch wegen der Beschwerde einer Privatperson wurde am 21. Jänner 1947 eine Vernahme mit einigen Zöglingen durchgeführt. Dabei machten die Zöglinge einen durchwegs sauberen Eindruck und abgesehen von einzelnen Beschwerden über weniger verträgliche Kameraden wurden keine Beschwerden und Klagen eingebracht (vgl. 131 Ha 12/7-47 am 21. 1. 1947/Jg 47)."[201]



Kössler fand ein Protokoll, das sechs Tage nach der Einvernahme der Zöglinge datiert war, mit folgendem Inhalt: „[...] dass das Leintuch nass und schmutzig war und dass es mir nicht erlaubt wurde, es abzuziehen und auf der bloßen Matratze zu liegen. (131 Ha 12/8-47 am 27. Jänner 1947)."[202]
Auch was die Ernährung betraf, gab es Diskrepanzen zwischen Heim und Landesjugendamt.[203]

**Landeserziehungsheim für Mädchen Blümelhof**

Das Erziehungsheim für Mädchen in Graz, Mariatrosterstraße 163, wurde am 1. Dezember 1945 für die Unterbringung schwer erziehbarer, schulpflichtiger Mädchen eröffnet, wo ein Jahr später rund 50 Mädchen untergebracht waren.[204] Zuerst wurde das Heim aufgrund seines desolaten Zustandes saniert, konnte aber erst 1951 vom Land Steiermark käuflich erworben werden, da es „Deutsches Eigentum" war und die Restitution an die früheren Besitzer immerhin sechs Jahre (sic!) dauerte. Das Heim war ganzjährig geöffnet, nahm Zöglinge zwischen 5 und 18 Jahren auf, die nach Alter in Gruppen eingeteilt wurden und innerhalb der Schulpflichtigen nach der Art des Schulbesuches (öffentliche Schule oder Heimschule). Neben der heiminternen Haushaltungsschule wurden auch die Lehren Schneiderei und Stickerei gefördert. Kössler fiel auf, dass im Gegensatz zu den anderen Heimen die Zöglinge zumindest unfallversichert waren. Die Angestellten hatten eine Haftpflichtversicherung.[205]



Nach einem Um- und Zubau ab 1955 waren ein Jahr später 63 Mädchen im Alter von 6-19 Jahren untergebracht. Diese wurden von nur vier Erzieherinnen und der Heimleiterin beaufsichtigt. Für den Schulbesuch wurde durch öffentliche Schulen vorgesorgt, wobei es auch eine zweiklassige Heimvolksschule gab. Außerdem standen Lehrwerkstätten für Damenschneiderei und Weißnähen, eine einjährige Hauswirtschaftsschule mit Schulküche, Gärtnerei, Weberei, Wäscherei, Landwirtschaft zur Berufsausbildung für die älteren Mädchen zur Verfügung.[206]



1958 wurden zwei aus dem Blümelhof entwichene Zöglinge über die Ursachen ihrer Flucht befragt. Sie gaben an, dass die Mädchen in dem Heim misshandelt würden. Sie hätten von den Vorkommnissen im Heim bereits mehrfach die Fürsorge informiert, die Heimleiterin hätte dies aber abgestritten und immer Recht bekommen.[207]

## VORARLBERG

Vorarlberg war lange Zeit ein weißer Fleck der Aufarbeitung der Fürsorge-Geschichte. Authentische Beschreibungen aus den 1970er-Jahren sind uns nicht bekannt. In einer Vorstudie über die Heimerziehung in Tirol und Vorarlberg[208] aus dem Jahr 2012 wurden das Bubenheim Jagdberg in Schlins, das Jupident-Heim in Schlins und das Kinderdorf Au-Rehmen als Anstalten im westlichsten Bundesland aufgelistet. Wobei der Jagdberg eine Besonderheit darstellt, weil es dazu seit der Gründung 1886 fast einen vollständigen Aktenbestand gibt.[209]



> „Den [wichtigsten] Grund, der für die weitergehende Bearbeitung des Erziehungsheims Jagdberg spricht, stellt allerdings die hohe Zahl an Gewalt-Meldungen ehemaliger Heimkinder bei der Vorarlberger Opferschutzstelle dar."[210]

Der Jagdberg wurde 1999 geschlossen, heute befindet sich in dem Gebäude eine Sozialpädagogische Schule. Zeitzeuge Ludwig Brantner, in den 1960er-Jahren im Heim Jagdberg untergebracht, erinnert sich:

> „Kaum fing der Bub an, zu erzählen, nahm ihn der Erzieher bei den Wangen und richtete sie so, dass er ihm mit aller Wucht eine Ohrfeige geben konnte. […] und leider war das sehr oft der Fall. […] Das einzige Mittel,

sich zu wehren, war die Flucht. Aber wenn Flüchtige wieder zurückkamen, gab es viele Hiebe für sie und brutale Strafen."[211]

## BURGENLAND

Neben dem bekannten Kinderheim in Wimpassing an der Leitha, das vom Kamilianer-Orden geführt wurde, ist im Burgenland jedoch die hohe Dichte an Pflegeeltern auffällig, vor allem im Bezirk Jennersdorf. Bei der Präsentation[212] der Studie über Wiener Pflegekinder[213] berichtete die Historikerin Gudrun Wolfgruber von

> „‚Züchtigungen, die schwere Verletzungen der Kinder nach sich gezogen haben. Vor allem Mädchen erzählten von Vergewaltigungen: ‚Durch den Pflegevater, die älteren leiblichen Kinder der Pflegeeltern oder durch Bekannte'.'"[214]



Laut der Studie waren alleine im Jahr 1969 1276 Kinder aus Wien bei Pflegeeltern am Land untergebracht, die meisten im Burgenland und in der Steiermark. Die Studienautoren beklagten bei der Präsentation der Ergebnisse, dass in beiden Bundesländern kaum noch Fürsorge-Akten vorhanden seien.

## KÄRNTEN

Zum Bundesland Kärnten konnten wir keine zeitgenössischen Quellen aus den 1970er- und 80er-Jahren finden. Weißer Fleck auf der Landkarte der Kinderheime ist das südlichste Bundesland aber heutzutage nicht mehr. So berichtet etwa die Kleine

Zeitung im Jahr 2012 über einen ehemaligen Heimzögling, der behauptete: „Ich wurde wie ein Tier angekettet."[215] Rund 300 Kinder sollen in diesem Heim untergebracht gewesen sein. Die Kleine Zeitung weiter:

> „Im Landesjugendheim in Görtschach bei Ferlach kam es in den 1950er- und 60er-Jahren offenbar mehrfach vor, dass Kinder im Stall wie Tiere am Hals angekettet und dann sexuell missbraucht worden sind. Erstmals hat ein Ex-Heimbewohner (Zögling Nr. 44) sein Schweigen gebrochen. Der heute 62-jährige Künstler sagt: ‚Ich bin mindestens 20 Mal vom Stallknecht angekettet worden. Mehrmals musste ich auch zusehen, wie er die Tiere sexuell missbraucht. Wenn ich brav war, durfte ich das Futter von den Schweinen essen.'"[216]

Neben Schlägen, Züchtigungen und Behandlungen mit Elektroschocks berichtete der Mann über weitere Übergriffe:



> „Wenn Erzieher Freunde zu Besuch hatten, ‚ist man geholt worden'. Wenn junge Praktikantinnen ins Heim gebracht wurden, ‚mussten wir Burschen uns vor ihnen nackt ausziehen und wurden gedemütigt.' Es gab sexuelle Übergriffe des damaligen Kinderarztes Franz Wurst (er wurde dafür verurteilt), der Erzieher und es gab Missbrauch durch den Heim-Pfarrer. Die Kirche hat den 62-Jährigen dafür inzwischen entschädigt."[217]

Beim Autor meldete sich im Juli 2013 das ehemalige Heimkind Michael S., das in den 1970er- und 1980er-Jahren im Kärntner Grafenstein in einem Kinderheim schwer misshandelt worden sein soll. 2012 hatte Michael S. das Kinderheim wegen „Gewaltverbrechen" angezeigt. Die Staatsanwaltschaft Klagenfurt schaltete sich ein. Aus einem Schreiben der Staatsanwaltschaft

geht hervor, „dass einzelne Zeugen zwar von Misshandlungen in Form von Ohrfeigen, ‚Scheitelknien' sowie ‚Schlägen' mit Brennnesseln, aber auch Einsperren im Keller, zu berichten wussten, diese jedoch nicht zweifelsfrei dem Beschuldigten [Erzieher] zuordnen konnten."[218]
Auch die Heimleiterin, sowie deren Tochter sollen laut Zeugenaussagen Misshandlungen in Form von Ohrfeigen und Schlägen mit Brennnesseln gesetzt haben. Der beschuldigte Erzieher habe der Staatsanwaltschaft Klagenfurt gegenüber zugegeben, durchaus Ohrfeigen verteilt zu haben und angegeben, „dass es sich dabei um seiner Meinung nach gerechtfertigte Erziehungsmethoden gegenüber den bei seiner Mutter untergebrachten ‚schwer erziehbaren Kindern' gehandelt habe."[219] Das Verfahren wurde eingestellt.

# VII.
# DAS GESCHÄFT MIT DEN HEIMKINDERN

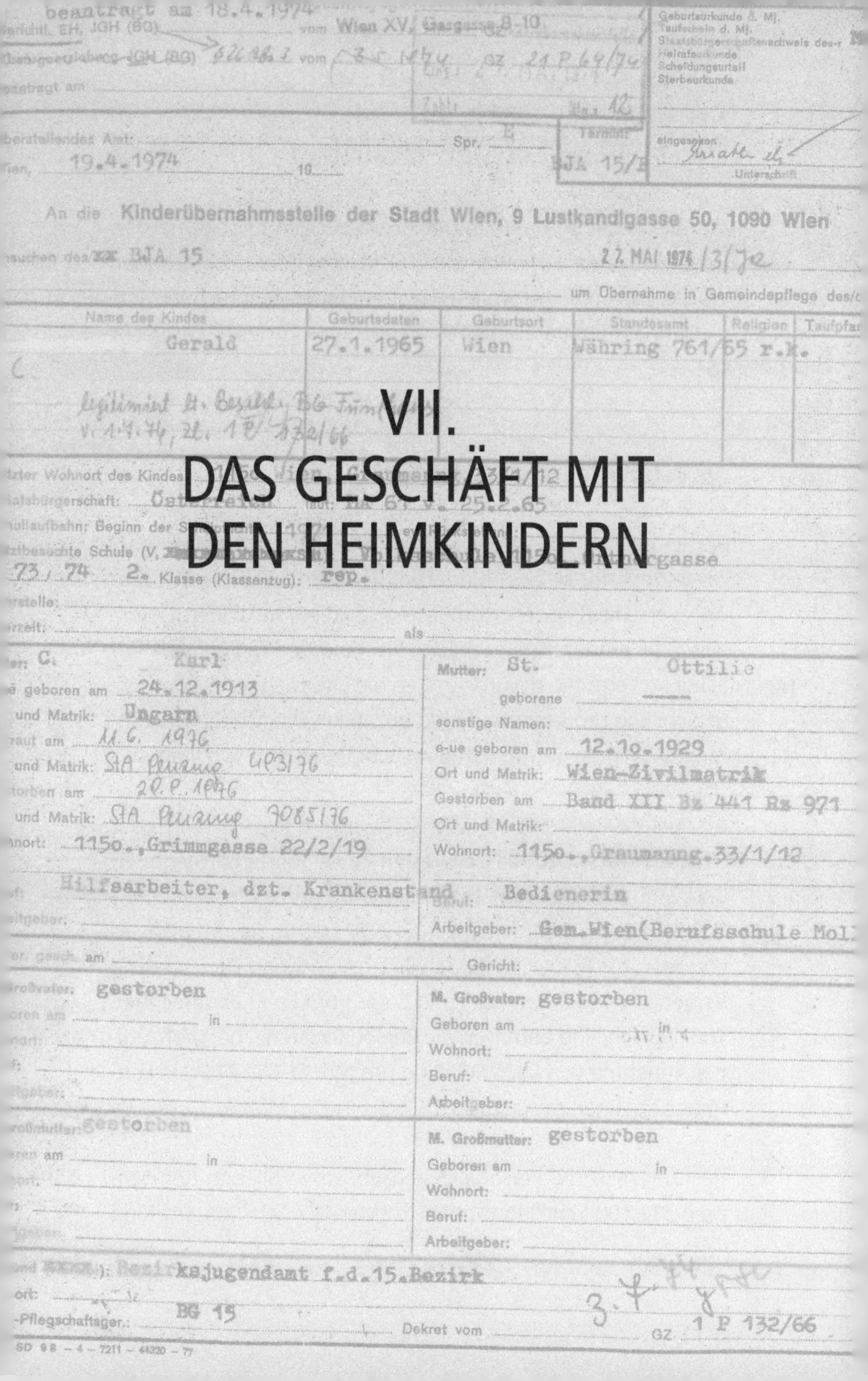

beantragt am 18.4.1974 vom Wien XV, Gasgasse 8-10

Geburtsurkunde d. Mj.
Taufschein d. Mj.
Staatsbürgerschaftsnachweis des-r
Heiratsurkunde
Scheidungsurteil
Sterbeurkunde

eingesehen

Unterschrift

19.4.1974 19

BJA 15/E

An die Kinderübernahmsstelle der Stadt Wien, 9 Lustkandlgasse 50, 1090 Wien

BJA 15 22. MAI 1974

um Übernahme in Gemeindepflege des/d

| Name des Kindes | Geburtsdaten | Geburtsort | Standesamt | Religion | Taufpfar |
|---|---|---|---|---|---|
| Gerald | 27.1.1965 | Wien | Währing 761/65 | r.k. | |

Klasse (Klassenzug): rep.

| | |
|---|---|
| C. Karl | Mutter: St. Ottilie |
| geboren am 24.12.1913 | geborene |
| und Matrik: Ungarn | sonstige Namen: |
| getraut am 11.6.1976 | e-ue geboren am 12.10.1929 |
| und Matrik: StA Penzing 483/76 | Ort und Matrik: Wien-Zivilmatrik |
| Gestorben am 20.8.1976 | Gestorben am Band XII Bz 441 Rz 971 |
| und Matrik: StA Penzing 7085/76 | Ort und Matrik: |
| Wohnort: 1150., Grimmgasse 22/2/19 | Wohnort: 1150., Graumanng. 33/1/12 |
| Hilfsarbeiter, dzt. Krankenstand | Beruf: Bedienerin |
| Arbeitgeber: | Arbeitgeber: Gem. Wien (Berufsschule Mol |
| Großvater: gestorben | M. Großvater: gestorben |
| Großmutter: gestorben | M. Großmutter: gestorben |

Bezirksjugendamt f.d.15.Bezirk

Pflegschaftsger.: BG 15 Dekret vom GZ. 1 P 132/66

SD 98 – 4 – 7211 – 44320 – 77

# DIE FINANZEN DER HEIME

Immer wieder kommen in den Erinnerungen der ehemaligen Heimkinder auch Hinweise auf Geld, das ihnen vorenthalten wurde, vor. Zunächst wollen wir aber einmal nachrechnen, wie viel Einnahmen das Betreiben eines Heims insgesamt erbracht hat.

**Am Beispiel Arzl und Axams, Tirol**

Als Beispiel sollen hier die beiden Säuglings- und Kleinkinderheime aus Tirol für das Jahr 1978 durchgerechnet werden. Diese deshalb, weil bei Kindern unter sechs Jahren nicht sehr viel „Verschleiß" oder Schulkosten anfallen. In beiden Heime waren 95 Kinder untergebracht. Pro Kind und Tag wurden 170 Schilling vergütet, davon mussten die Eltern, so sie es konnten, 66 Schilling pro Tag[220] und Kind bezahlen. Das Monatseinkommen der Heime betrug damit im Schnitt 490.000 Schilling.

An Personal gab es 8 Säuglingsschwestern (einschließlich der Oberschwester), 10 Hilfsschwestern, zwei Kindergärtnerinnen und 27 Praktikantinnen. Die Praktikantinnen erhielten 600 bis 700 Schilling pro Monat. Im Jahr 1977 betrug das Medianeinkommen für Frauen 6174 Schilling pro Monat. Den zwanzig Bediensteten wurden Kost und Logis vom Lohn abgerechnet. 160.000 Schilling betrugen die Personalkosten – bei großzügiger Annahme von 8000 Schilling pro Monat. Die 27 Praktikantinnen kosteten maximal 18900 Schilling im Monat.

Rechnet man die Personalkosten ab, so verblieben den Heimen 311.100 Schilling monatlich oder 107 Schilling pro Kind und Tag über. Im Vergleich dazu hatte im Jahr 1978 die österreichische Durchschnittsfamilie (Vater, Mutter, zwei Kinder) pro Person und Tag 75 Schilling zur Verfügung.[221]

## (ZWANGS-)ARBEIT IN HEIMEN

Jahrzehntelang wurde darüber geschwiegen, aber in österreichischen Jugendwohlfahrtseinrichtungen mussten Kinder und Jugendliche oftmals zum Nulltarif – oder gegen geringste Entlohnung – hart arbeiten. Das wohl bekannteste Beispiel dafür ist die Erziehungsanstalt St. Martin in Schwaz in Tirol. Dort waren Mädchen von 14 bis 18 Jahren untergebracht. Eigentlich hätten diese einer Berufsausbildung zugeführt werden sollen. Die Wirklichkeit sah jedoch in vielen Fällen anders aus:



> „Arbeiten, das heißt im Heim putzen, waschen, nähen, sticken, bügeln, Küchenarbeit oder in der Landwirtschaft des Erziehungsheimes. Immer kostenlos oder für ein geringes Entgelt. Mit ihrer Arbeitskraft tragen die Mädchen dazu bei, dass das Heim mit den geringen Tagsätzen der Landesregierung auskommt. Wer brav und folgsam ist, wird belohnt […] Außendienst bedeutet, sich als billige Arbeitskraft zu verdingen. Putzfrau in privaten Haushalten und Betrieben oder Küchengehilfin, Zimmermädchen, Kellnerin. Vielfach sind sie nicht einmal sozialversichert."[222]

Besonders berüchtigt war auch der Dienst in der Waschküche des Heims, in der vor allem für das Bundesheer gearbeitet wurde[223]. Auch im Tiroler Vorbericht aus dem Jahr 2012 wird auf die Problematik in St. Martin eingegangen:

„Sehr deutlich ist hierbei der Befund, dass vielen Jugendlichen im Rahmen der Unterbringung in Heimen keine Ausbildung zu Teil wurde. Was nämlich unter einer solchen zu verstehen wäre, wird im Motivenbericht 5 zum Jugendwohlfahrtsgesetz 1954 konkretisiert: ‚Durch den Hinweis ‚Berufsausbildung' sagt schon der Gesetzgeber, dass es sich hier um eine Ausbildung in einem Beruf und nicht lediglich um die Befähigung handeln darf, durch eine Tätigkeit Einkommen zu erzielen. Für eine künftige Verwendung als ungelernter Arbeiter, Hilfsarbeiter, landwirtschaftlicher Hilfsarbeiter u. dgl. bedarf es keiner Berufsausbildung.' Von Bedeutung ist, dass dies für weibliche Jugendliche in noch viel größerem Ausmaß und viel länger zutraf als für männliche Jugendliche – vielfach war den Mädchen nach einem Heimaufenthalt nicht einmal die eigenständige Existenzsicherung [möglich]."[224]



Im Tiroler Jugendwohlfahrtgesetz heißt es, dass darauf geachtet werden müsse, „dem Minderjährigen eine für sein zukünftiges Fortkommen dienliche Berufsausbildung zu bieten."[225] Das Land Tirol ließ Mädchen in einem von der Jugendwohlfahrt beschickten Heim dennoch arbeiten, um Geld zu sparen. Ohne für eine Ausbildung zu sorgen. Als der Autor im Zuge einer Recherche für den KURIER im Jahr 2012 den damals zuständigen Landesrat Gerhard Reheis (SPÖ) mit der Ausbeutung der jungen, weiblichen Arbeitskräfte konfrontierte, zeigte man sich in dessen Büro erstaunt. Sein damaliger Pressesprecher: „Von Arbeiten für die Firma Swarovski haben wir nichts gewusst."[226] Denn auch der international renommierte Kristallkonzern aus Wattens hat in den späten 1960er-Jahren im Heim für seine Produktion fertigen lassen. Im August 2012 erklärte ein ehemaliges Heimkind aus St. Martin:

„„Da gab es so eine Schachtel mit kleinen Steinen. Winzige Kristallsteine', schildert Johanna P. [...] Mit einem Schlauch, der vermutlich mit Unterdruck angesaugt hat, legte sie die Kristalle auf vorgefertigte Schablonen. [...] Das war ihre Arbeit; von 7 oder 8 Uhr früh bis 17 oder 18 Uhr abends. ‚Es war Fließbandarbeit', sagt P. Andere Jugendliche haben dann die Schablonen bekommen, um Kristalle auf Stoffbänder zu heften. ‚20 bis 25 Madln' sollen in der Fertigung für Swarovski tätig gewesen sein."[227]

Wie sich herausstellte, nahmen auch der Marmeladenhersteller Darbo und der Leuchtenproduzent Eglo das Angebot günstiger Arbeitskräfte an.[228] Der Gesellschafter des Lampenherstellers, Ludwig Obwieser wurde im Jahr 2012 interviewt.

„Ich habe einen ehemaligen Betriebsleiter von uns kontaktiert. Der hat bestätigt, dass wir mit St. Martin zusammengearbeitet haben. Es war aber nur von kurzer Dauer. [...] In St. Martin wurden Lampenschirme für uns produziert. Das Heim hat das Material bei uns abgeholt und die fertigen Schirme an uns geliefert. [...] Wenn sich da jemand an den Mädchen bereichert hat, [...] dann war das eine richtige kleine Mafia."[229]



Wenig später konnte Obwieser einen Zahlungsbeleg vorweisen. Heimkind Claudia K. hatte im November 1980 für den Konzern gearbeitet. Die 7298,41 Schilling (Lohn sowie anteilsmäßig Urlaubs- und Weihnachtsgeld) wurden damals direkt auf das Konto des Heims St. Martin überwiesen[230]. Die Firma Darbo zahlte wenige Tage nach den Zeitungsberichten ehemaligen „Heim-Arbeiterinnen", die in den 1970er-Jahren für das Unternehmen gearbeitet hatten, den Lohn nach. Wertangepasst.

Nach den Zeitungsberichten setzte die Tiroler Landesregierung im August 2012 die Kommission „Arbeit in Heimen" ein. Deren Abschlussbericht lag bei Redaktionsschluss dieses Buches noch nicht vor. Aus dem Büro der nunmehr zuständigen Landesrätin Christine Baur (Grüne) wurde jedoch per E-Mail[231] mitgeteilt: 89 von Arbeit in Heimen Betroffene haben sich gemeldet. Gearbeitet wurde heimintern, für Externe im Heim und heimextern. Viele der Betroffenen gaben an, kein Entgelt und keine Auszahlung von ihrem „Zöglingskonto" bekommen zu haben, andere hingegen erinnern sich, entschädigt worden zu sein. Richtig ist, dass die Jugendlichen nicht sozialversichert waren. Nach §68a ASVG können Pensionszeiten auf Antrag nachträglich erworben werden.

Aus dem Erziehungsheim Wegscheid in Oberösterreich gibt es zeitgenössische Notizen über die Zwangsarbeiten der jungen Insassen. „Bei der Errichtung des neuen Zubaues [...] wurden durch die Mitarbeit der damaligen Zöglinge, die nahezu alle Hilfsarbeiten verrichteten, etwa 1 Million Schilling eingespart. Die Zöglinge haben im wahrsten Sinn des Wortes maßgeblich mitgeholfen, ihr Heim zu erbauen", so der damalige Erziehungsleiter in einem Kurzreferat vor Jugendrichtern im Jahre 1962.[232] Alois Brandstätter, Heimleiter ab 1990, bestätigt:

> „Es kamen öfter ehemalige Zöglinge, die hier waren. Es geht um anrechenbare Pensionsversicherungszeiten, aber die Leute waren nicht sozialversichert. Sie sagen, Zwangsarbeit war das, wir wurden gezwungen, man hat uns geschlagen und den Kopf geschoren."[233]

Die Zwangsarbeit war auch nach dem Gesetz ein Teil der Fürsorgepraxis. Erst mit dem oberösterreichischen Jugendfürsorgegesetz 1973 verschwand der Arbeitszwang endgültig aus dem Gesetz.[234] Wie ist die Situation heute 2013 in Wegscheid? Darüber gibt die eigene Homepage Auskunft:

> „Kann man im JWH Wegscheid eine richtige Lehre machen?
> Ja. Neben der pädagogischen Betreuung in den einzelnen Gruppen, bietet das JWH den Jugendlichen daher zusätzlich die Möglichkeit, in einer der heimeigenen Werkstätten (derzeit Bäckerei, Konditorei, Malerei, Schlosserei, Tischlerei) ihre Fähigkeiten und Talente zu entdecken und zu fördern, um dann in einem dieser Bereiche eine Lehre abzuschließen bzw. eine Anlehre zu beginnen.
> Werden die Jugendlichen für ihre Tätigkeit in den Werkstätten entlohnt bzw. bekommen die Jugendlichen Taschengeld?
> Jugendliche die in den Werkstätten arbeiten sind sozialversichert und erhalten Taschengeld dessen Höhe abhängig ist vom Bemühen, der Leistung und dem Sozialverhalten [sic!]. Für Schüler ist ein Taschengeld von 39 €/Monat [sic!] vorgesehen."[235]



In einem Wiener Mädchenheim gab es eine Hausmädchengruppe, die hier einen normalen Arbeitstag lang in der Küche, in der Nähstube oder in der Wäscherei arbeiteten. Diese Beschäftigung ist nicht als Lehre, sondern eher als Hilfsarbeiterbeschäftigung zu bezeichnen. Als Entlohnung erhielten die Mädchen „Prämien" zwischen 50 und 100 Schilling pro Monat. Sie waren weder kranken- noch pensionsversichert. Auf diese Weise sollten die Mädchen, die vorher in Lehren oder anderen Arbeitsplätzen scheiterten, „zur Arbeit angehalten werden". Ebenso zweifelhaft war auch die Beschäftigungstherapie in einem Wiener Burschenheim, in dem serienweise Puppenbetten u. ä. für Kindergärten hergestellt wurden.

Der amerikanische Soziologe Erving Goffman hat nachgewiesen, dass der Widerspruch, der zwischen der Arbeit in einer totalen Institution und der fundamentalen Arbeit-Lohn-Struktur unserer Gesellschaft besteht, zwangsläufig zur Demoralisierung führe. Es wurde in wie den vorhin angeführten Beispielen ein voller Arbeitstag gefordert, wobei das Motiv der Arbeit nicht die Belohnung in angemessener Höhe war, sondern in der Androhung des Entzuges von Privilegien (Ausgänge, Entlassung) bestand.

Sogar in der vom Justizministerium geführten Erziehungsanstalt Kaiserebersdorf musste hart gearbeitet werden. Dort waren bis 1975 sogenannte straffällig gewordene Jugendliche untergebracht. Als Erziehungsmaßnahme mussten die Burschen für vergleichbare Delikte wesentlich länger „absitzen" als erwachsene verurteilte Straftäter. KURIER-Journalist Josef Dvorak schilderte bereits im Jahr 1970 in einer ausführlichen Reportage den Arbeitsalltag im diesem Heim:

> „Als ich – geführt von Oberdirektor Dr. Amon und Erziehungsleiter Schmidt – die Räume der Strafgruppe betrat, fädelten drei Burschen gerade Dochte in Feuerzeuge ein. Vor ihnen stand eine Kiste mit 15.000 Feuerzeughülsen. Nach dem Einfädeln werden die Feuerzeuge gestopft. Pensum: 1800 bis 2500 Stück pro Tag und Person, und dies eine Woche lang. Akzeptiert ein Jugendlicher diese Arbeit nicht, wird er in die Einzelzelle gesperrt, in der er sonst bloß die Nacht verbringen müsste. ‚Das darf man ja nicht laut sagen, aber wir müssen direkt froh sein, dass wir die Burschen so bestrafen können. Die Feuerzeugfirmen haben ja ihre Verträge mit dem Justizministerium, und diese Verträge müssen erfüllt werden', sagt mir der Direktor."[236]

Ebenfalls im Jahr 1970 veröffentlichte die Widerstandsgruppe Spartakus das Protokoll eines ehemaligen Kaiserebersdorf-Insassen:

> „Um 9 Uhr beginnt die Arbeit, entweder in die Bürstenbude oder Feuerzeugstopfen. Beim Feuerzeugstopfen ist das Pensum 3000 Stück pro Tag. Wer das Pensum binnen einer Woche nicht erreicht, kommt in den ‚Besinnungsraum', der sich im Keller befindet. Der schaut folgendermaßen aus: Nachteile: kein Fenster, kein Bett, kein Licht. Vorteile: eine Klosettmuschel, kleine Bank von ca. 50 cm Länge."[237]

Der ehemalige Insasse Herbert Sirny erinnert sich an die Arbeit in der Anstalt zurück: „Damit ich eigene Zigaretten bekomme, hab' ich in Kaiserebersdorf Splinten zupfen müssen. 5000 Stück pro Tag."[238] Dabei habe es sich um ein etwa 20 cm langes Stück Spagat gehandelt, das in ein Metallplättchen mit Loch eingefädelt werden musste. „Für Gewandetiketten; heute sind die aus Plastik. Wir haben für große Bekleidungsfirmen gearbeitet, damit wir am Abend zehn Zigaretten aus unserem eigenen Besitz kriegen." Eine große österreichische Bürobedarfsfirma habe ebenfalls auf die Arbeitskraft der inhaftierten Jugendlichen zurückgegriffen. „Ich habe Hüllen für Aktenordner gemacht", sagt Herbert Sirny. „Das war so marmoriertes Elefantenpapier; falten, leimen, stanzen, ein Schild draufpicken."



Weitere Strafarbeiten in Kaiserebersdorf waren laut dem ehemaligen Zögling Karl M. „Bürsten für die Kehrmaschinen der Straßenreinigung machen und die Wassermesser der Gemeinde Wien zerlegen."[239] In der Außenstelle der Anstalt im niederösterreichischen Kirchberg am Wagram habe Karl M. ebenfalls „Splinten zupfen" müssen. Eine weitere Zeugenaussage zum

Thema Zwangsarbeit in Erziehungsanstalten gibt es bereits aus dem Jahr 1970. Ein ehemaliger Zögling berichtete: „Ich musste mal in Kirchberg arbeiten und zwar mit Handschellen. Es sieht hier ärger aus wie in jedem Häfen [...] Wenn man Arbeitsverweigerung macht, oder man kann einfach nicht mehr, wird man von drei oder vier Erziehern derartig verprügelt, dass man manchmal gar nicht mehr stehen kann."[240]

Von Zwangsarbeit betroffen waren auch zahllose von den Jugendämtern vermittelte Pflegekinder, die in ganz Österreich vorwiegend zu bäuerlichen Familien aufs Land geschickt wurden. In Wien wurde am 19. Juni 2013 eine Studie[241] zum Thema Pflegekinder präsentiert, wo Elisabeth Raab-Steiner von der FH Campus Wien berichtete: „Ländliche Pflegefamilien waren eher der armen Bauernschaft zuzurechnen. Manche hatten bis zu zehn Pflegekinder - vom Säugling bis zum Ende der Schulpflicht." Dass die Pflegekinder zur Arbeiten herangezogen wurden, stimme „in überwiegendem Ausmaß", stellte Raab-Steiner fest. Mädchen seien vermehrt zur Hausarbeit herangezogen, Burschen eher am Feld, im Stall oder als Hausarbeiter eingesetzt worden. „Viele Kinder mussten vor allem in der Erntezeit auf den Schulbesuch verzichten."

Fazit: Die Pflegeeltern kassierten das Pflegegeld der Gemeinde Wien und erhielten Billigst-Arbeitskräfte.

# VIII.
# NACH DEM HEIM

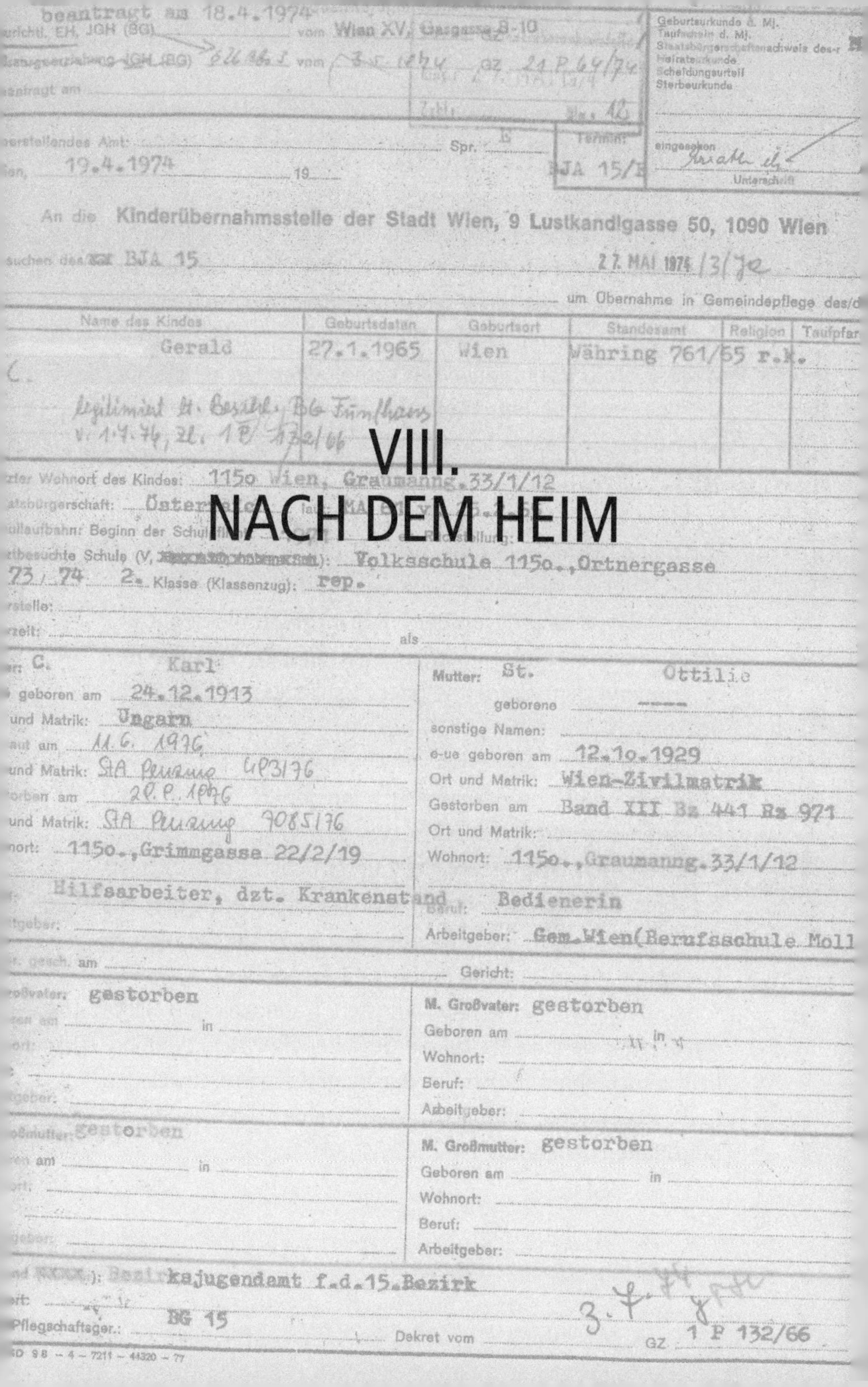
beantragt am 18.4.1974
…richtl. EH, JGH (BG) … vom Wien XV, Gasgasse 8-10
…eingeleitet JGH (BG) … vom 3.5.1974 GZ 21 P 64/74
…antragt am
…erstellendes Amt: … Spr. … Termin:
…ien, 19.4.1974 19 … BJA 15/E
Geburtsurkunde d. Mj.
Taufschein d. Mj.
Staatsbürgerschaftsnachweis des-r
Heiratsurkunde
Scheidungsurteil
Sterbeurkunde
eingesehen
Unterschrift

An die Kinderübernahmsstelle der Stadt Wien, 9 Lustkandlgasse 50, 1090 Wien

…suchen des BJA 15 27. MAI 1974 /3/ Je

… um Übernahme in Gemeindepflege des/d…

| Name des Kindes | Geburtsdaten | Geburtsort | Standesamt | Religion | Taufpfar… |
|---|---|---|---|---|---|
| C. Gerald<br>legitimiert lt. Beschl. BG Fünfhaus v. 1.4.74, Zl. 1 P 132/66 | 27.1.1965 | Wien | Währing 761/65 | r.k. | |

…ter Wohnort des Kindes: 115o Wien, Graumanng.33/1/12
…atsbürgerschaft: Österr. … laut MA …
…ullaufbahn: Beginn der Schulpflicht … Rückstellung:
…zt besuchte Schule (V, …): Volksschule 115o., Ortnergasse
…73 / 74 2. Klasse (Klassenzug): rep.
…rstelle:
…rzeit: … als

…er: C. Karl
geboren am 24.12.1913
…und Matrik: Ungarn
…aut am 11.6.1976
…und Matrik: StA Penzing 483/76
…torben am 20.8.1976
…und Matrik: StA Penzing 9085/76
…nort: 115o., Grimmgasse 22/2/19
Hilfsarbeiter, dzt. Krankenstand
…tgeber:

Mutter: St. Ottilie
geborene ——
sonstige Namen:
e-ue geboren am 12.10.1929
Ort und Matrik: Wien-Zivilmatrik
Gestorben am Band XII Bz 441 Rz 971
Ort und Matrik:
Wohnort: 115o., Graumanng.33/1/12
Beruf: Bedienerin
Arbeitgeber: Gem.Wien(Berufsschule Moll…

… gesch. am … Gericht:

…roßvater: gestorben
…ren am … in
…ort:
…
…tgeber:

M. Großvater: gestorben
Geboren am … in
Wohnort:
Beruf:
Arbeitgeber:

…roßmutter: gestorben
…ren am … in
…ort:
…
…tgeber:

M. Großmutter: gestorben
Geboren am … in
Wohnort:
Beruf:
Arbeitgeber:

…nd …: Bezirksjugendamt f.d.15.Bezirk
…ert:
…Pflegschaftsger.: BG 15
Dekret vom 3.7.74 … GZ 1 P 132/66
…D 98 – 4 – 7211 – 44320 – 77

# Wie die Psyche leidet

In wissenschaftlicher Begleitung der von Waltraud Klasnic geleiteten Opferschutzkommission (UOK) untersuchte das Institut für Angewandte Psychologie der Universität Wien[242] die psychologischen Folgen für Betroffene von Gewalt und Missbrauch in Institutionen der katholischen Kirche, die aber durchaus auch für Betroffene aus öffentlichen Einrichtungen herangezogen werden kann. Insgesamt wurden die Daten von 448 Betroffenen - 339 Männer, 109 Frauen – analysiert. „In der Fragebogenuntersuchung sticht hervor, dass 48,9% (…) eine Posttraumatische Belastungsstörung (PTBS) aufweisen. Etwa zwei Drittel der teilnehmenden Frauen und knapp die Hälfte der Männer sind davon betroffen. Insgesamt leiden 82,6% unter einzelnen Symptomen der Störung (z.B. wiederkehrende Erinnerungen, Alpträume oder Flashbacks, physiologische Reaktionen."[243]

Weiters habe sich bei der Untersuchung gezeigt, „dass 21% der Betroffenen unter Intrusionen [Wiedererleben von psychotraumatischen Ereignissen], 15% unter Scham- oder Schuldgefühlen und 11,4% unter Schlafschwierigkeiten leiden. Bei den psychosozialen Folgen werden von 36,8% der Betroffenen Beziehungs- und sexuelle Probleme beschrieben. 25,4% Personen berichten, heute unter Ängsten, Traurigkeit und Hilflosigkeit zu leiden, die sie auf die Gewalterlebnisse in der Kindheit zurückführen. Brüche in der biografischen Entwicklung (z. B. Ausbildung, beruflicher Weg) werden von 24,1% der Betroffenen genannt."[244]

# Schicksale

**Herbert D., 75**[245]

„Die Psyche und die Seele der Kinder wurden in den Heimen zerstört", sagt Herbert D. Der Wiener war in den 1940er- und 50er-Jahren mit seinem Bruder im Heim Wilhelminenberg und im Heim Hohe Warte. „Mein Bruder hat das alles nicht verkraftet", sagt D. „Er ist einsam und alleine gestorben." Herbert D. selbst habe mit 17 seinem Leben ein Ende machen wollen. „Ich bin in den Donaukanal gegangen, weil ich dachte, dass das ganze Leben sowieso keinen Sinn hat." Der Versuch schlug fehl. D. begann, für einen internationalen Konzern zu arbeiten. Gesundheitlich sei er nach seiner schweren Kindheit und Jugend angeschlagen gewesen. „Ich hab von der Psyche her Dauergastritis." Sein damaliger Chef habe ihn zu einem Privatarzt geschickt und dies aus seiner Privatschatulle bezahlt. „Zwei Jahre lang wurde ich behandelt." Über den zweiten Bildungsweg schaffte es D. zum Bereichs- und Verkaufsleiter des Konzerns. Dennoch hadert der Pensionist mit seiner Vergangenheit: „Wäre ich nicht im Heim gewesen und hätte eine ordentliche Ausbildung genossen, hätte ich Doktor der Biologie oder der Wirtschaft werden können oder ich wäre auf die Kunstakademie gegangen." So sei ihm nur ein Aufstieg bis zum mittleren Management möglich gewesen. Psychisch sei er immer noch schwer angeknackst. „Ich habe noch immer Angstzustände und Schlafstörungen, fast 60 Jahre nach den Heimen."



**Marina Schennach, 55**[246]

Torturen in verschiedenen Tiroler Kinderheimen bis hin zu Zwangsarbeit und Karzer (eine dunkle Einzelzelle) in der Erziehungsanstalt in St. Martin in Schwaz. Von dort wurde die heute

55-jährige Marina Schennach von einem Tag auf den anderen auf die Straße gesetzt. „Am 30. Dezember 1975, spät nachmittags, wurde ich aus dem Heim geschmissen. Mit 50 Schilling und einem Nylonsack Gewand. Meine Schwester holte mich ab. Mit einem Bekannten fuhren wir nach Innsbruck. Sie [die Schwester] arbeitete als Haushaltsgehilfin, ich konnte nicht bei ihr wohnen. Zu Silvester ließen wir uns einladen, feierten bis zum nächsten Morgen. Sie ging arbeiten, ich gammelte in der Stadt herum. So, jetzt war ich frei, frei, frei... ohne Winterschuhe, ohne Zuhause, ohne Geld. Mensch, es war schweinekalt, ich habe drei Tage nichts gegessen. Lange stand ich auf der Innbrücke und schaute ins Wasser. Aber sollte ich, wo ich jetzt frei war, jeden Lebensmut verloren haben? Hinter mir blieb ein Auto stehen. ‚He, was verlangst du denn?' - Ah bitte? – ‚Was verlangst?' – Für was? – ‚Steig ein, wir werden uns schon einig!' So schnell geht's! Es war ekelig. Ich schlief in Treppenhäusern, klaute Hähnchen beim Wienerwald und ging ab und zu auf den Strich. Eine Prinzessin. Zwischendurch schlief ich bei komischen Typen. Da bekam ich zwar kein Geld, aber es war warm. Da waren Männer dabei, pfui Teufel, was die von mir verlangten. Viele bumsten mich und warfen mich anschließend aus dem Auto, ein Überlebenskampf. Im Wienerwald-Restaurant lernte ich dann Josef kennen, der bot mir an, bei ihm zu wohnen. Es war mir egal, wo ich pennte, Hauptsache ein Dach über dem Kopf. Wir hatten noch drei Mitbewohner. Nun hatte ich eine Wohnung, eine Arbeit und eine Extraarbeit dazu. Lief doch alles wunderbar. Er [Josef] war 25 Jahre älter als ich, Zuhälter und Einbrecher. Wie kann es anders sein. Happy End? Und ich lebte glücklich und zufrieden? Natürlich nicht! Wir wurden bei einem Einbruch erwischt. Ich kam mit drei Monaten Haft und einer Bewährungsstrafe raus, er bekam fünf Jahre. Wieder frei?

Fast. Ein 60-jähriger Polizist hat sich meiner angenommen. Ich wohnte bei ihm, schlief mit ihm. Drei Monate später lernte ich in einer Disco meinen Mann kennen. Nach drei Monaten war ich schwanger. Heute habe ich vier Kinder und drei Enkel. Glücklich? Nein, zufrieden. Heute habe ich das Helfersyndrom. Schuldgefühle habe ich immer noch und Panik im Dunkeln. Der Tinnitus [der von Ohrfeigen im Heim stammen soll] macht immer noch wahnsinnig, und in meinen Träumen verfolgt mich immer noch die Polizei, um mich ins Heim zurückzubringen." Marina Schennach lebte lange in Italien und heute wieder in Tirol.

**Ludwig Brantner, 59**[247]

„Nachdem ich wieder einmal aus dem Heim Kleinvolderberg geflohen war, wurde ich als unerziehbar entlassen", sagt Ludwig Brantner. Der Tiroler ist auf der Straße gestanden. „Es hat mit Saufen und Kriminellem begonnen." Nach mehrmonatiger Haft sei er endgültig in der Obdachlosigkeit gelandet. „Söll-Schlucht, wieder einmal Psychiatrie, Betteln." Zwei seiner Brüder hätten sich mittlerweile „zu Tode gesoffen". Brantner hat sich an den eigenen Haaren aus dem Sumpf gezogen. Er ist seit Jahren „trocken" und hat sogar ein Buch[248] über seine Alkohol-Krankheit und seine Obdachlosigkeit verfasst. Heute lebt Brantner in Innsbruck.



**Melitta V., 47**[249]

Melitta V. war von 1967 bis 1983 in Heimen der Stadt Wien und der katholischen Kirche untergebracht. Die Zeit dort war für sie „die Hölle", die Zeit danach nicht wesentlich besser. „Ich hab nur das Gewand gehabt, das ich anhatte. Sonst nichts, kein Geld." „Wissen Sie, wie das ist, wenn man in Mistkübeln nach dem

Essen suchen und Leute um Geld anbetteln muss? Die Gemeinde Wien hat mein Leben zerstört." Später fand sie ihren ersten Mann, entkam der Obdachlosigkeit. „Aber mit Männern konnte ich nie wirklich eine Beziehung aufbauen. Bis heute gelingt es mir nicht", sagt sie, als sie ihre fünf Scheidungsurkunden vorweist. Ihr ganzes Glück ist ihre Tochter, die im Juni 2013 maturierte. „So deppert, wie die mich im Heim immer hingestellt haben, kann ich also auch nicht gewesen sein", meint Melitta V. „Die haben mich ja ursprünglich als Behinderte geführt." Obwohl sie immer wieder Rückenprobleme hat, arbeitet sie seit Jahren in der Kranken- und Altenpflege.

**Rudolf B., 65**[250]

Was er genau angestellt hat, will Rudolf B., Jahrgang 1948, nicht im Detail verraten. Nur so viel sagt er im Gespräch mit dem Autor: „Einige Einbrüche mit anderen ehemaligen Heimkindern." Jedenfalls saß er nach seiner Kindheit und Jugend, die er fast durchwegs in Heimen der Stadt Wien verbracht hatte, mehrere Male und mehrere Jahre in Gefängnissen. „Im Häf'n war es besser als in den Heimen. Im Heim hat man die Erzieher gegen sich gehabt, im Häf'n hat man seine heilige Ruh' gehabt."

„Heute bin ich brav […] Ich hab' bis jetzt geschwiegen, aber das geht jetzt nicht mehr. Jetzt kann ich alles über die Heime rauslassen. Vielleicht geht's mir dann besser." Seit mehreren Jahren befindet sich Rudolf B. in psychiatrischer und psychologischer Behandlung. Er gibt der Zeit in den Heimen die Schuld an seinem patscherten Leben. Unter anderem war er in den Kinderheimen Wimmersdorf, Hinterbrühl, Hütteldorf und Eggenburg sowie zur Behandlung in der berüchtigten Klinik Hoff, der psychiatrischen Abteilung der Uni Klinik Wien. „Am schlimmsten war es in Wimmersdorf." Was B. bis heute nicht versteht, ist, dass die Erzieherinnen und Erzieher in den Heimen für ihre Taten nie geradestehen mussten. „Ich hab' Sachen angestellt und dafür gebüßt, diese Leute haben gar nicht gebüßt." Seinen kompletten Original-Heimakt hat Rudolf B. dem Autor überlassen: „Ich will damit nichts mehr zu tun haben. Ich will da nicht mehr reinschauen. Behalten Sie sich das Ganze."

**Edith B., 58**[251]

Von Zwangsheirat mit Unterstützung des Jugendamts berichtet Edith B. Ihre Heimzeit in Wien-Pötzleinsdorf sei „nicht so schlimm gewesen. Ich kam ja aus einer wirklich asozialen Familie." Nach der Heimzeit erwartete Edith B. ein Kind. Als sie schwanger wurde, habe sich ihr Liebhaber, ein Franzose, aus Österreich abgesetzt. Sie sei zu Pflegeeltern in Wien gekommen und dort ihrem Pflegevater sexuell zu Diensten gewesen. „Es waren keine Vergewaltigungen, aber er hat mich sexuell ausgenützt. Ich habe halt alles über mich ergehen lassen, damit mir mein Kind nicht abgenommen wird und ohne mich in ein Heim kommt." Schließlich sei im Jahr 1970 in ihrem Namen eine Heiratsannonce im KURIER geschaltet worden[252]. „Die Pflegeeltern haben das mit dem Jugendamt ausgemacht", sagt Edith B. heute. An den Text des Inserats könne sie sich noch genau erinnern: „Ich, 16, erwarte ein Baby. Ich habe sonst nicht viel, aber ich kann sehr viel geben." Sieben Männer, die sich auf die Anzeige gemeldet hatten, seien schließlich vom Jugendamt und der Pflegefamilie am 5. Dezember 1970 eingeladen worden. „Ich bin damals davongelaufen."

Sie hat dennoch einen Mann bekommen, den sie heiraten musste. „Es war die Horrorvision. Er hat mich grün und blau geschlagen." Ein weiteres Kind kam zur Welt. Nach Jahren des Martyriums beendete Edith B. die Ehe mit dem Gewalttäter.

„Ich bin draufgekommen, dass er meine Töchter missbraucht hat. Da bin ich mit ihnen nach zwölf Höllenjahren ausgezogen." Eine Tochter habe mittlerweile Selbstmord verübt.

**Helene L., 58**[253]

Wenn sie aus dem Heim im Schloss Wilhelminenberg Ausgang bekam, erinnert sich Helene L., „musste ich immer zum Vater, obwohl ich zur Mutter wollte." Das Jugendamt habe sie immer zum Vater geschickt. „Und der hat mich missbraucht. Er hat auch meine Halbschwester missbraucht." Schließlich sei sie auf der Straße gestanden. „Ich hab' in der Schnellbahn geschlafen, in Telefonhütteln, auf Bierkisten im Wiener Südbahnhof [...] Ich bin dann wieder zum Jugendamt. Dort hat man mir gesagt, man könne nur etwas für mich tun, wenn ich schwanger sei. Und ich hab' natürlich g'schaut, dass ich schwanger werd', damit ich in ein Mutter-Kind-Heim komme." 1973 ist ihr Kind zur Welt gekommen.



Schließlich habe sie einen Hausbesorger-Posten vermittelt bekommen. Das Amt habe sich dennoch weiterhin in ihre Familienplanung eingeschaltet. „Ich wurde praktisch gezwungen zu heiraten. Das geschah eigentlich alles unter Zwang – die Schwangerschaft, die Ehe... Nach zehn Monaten ließ ich mich wieder scheiden."

**Rudolf S., 64**[254]

Rudolf S. ist neun Mal einschlägig vorbestraft. „Ich war im Heim in Hütteldorf", sagt er. „Und wissen Sie, in der vierten Hauptschule, sind wir erstmals aus dem Heim rausgekommen. Also in eine Schule außerhalb des Heimes. Und wir haben ja gar nicht gewusst, wie das mit den Madln so ist." Er selbst habe „das weiter gemacht, was wir in dem Heim gelernt haben. Ich hab halt mit den jungen Buben herumgemacht. Ohne Gewalt und so, aber das darf man halt nicht." 2013 verbüßte der 64-jährige Wiener seine bislang letzte Strafe.

# IX.
# Wie konnte das geschehen?

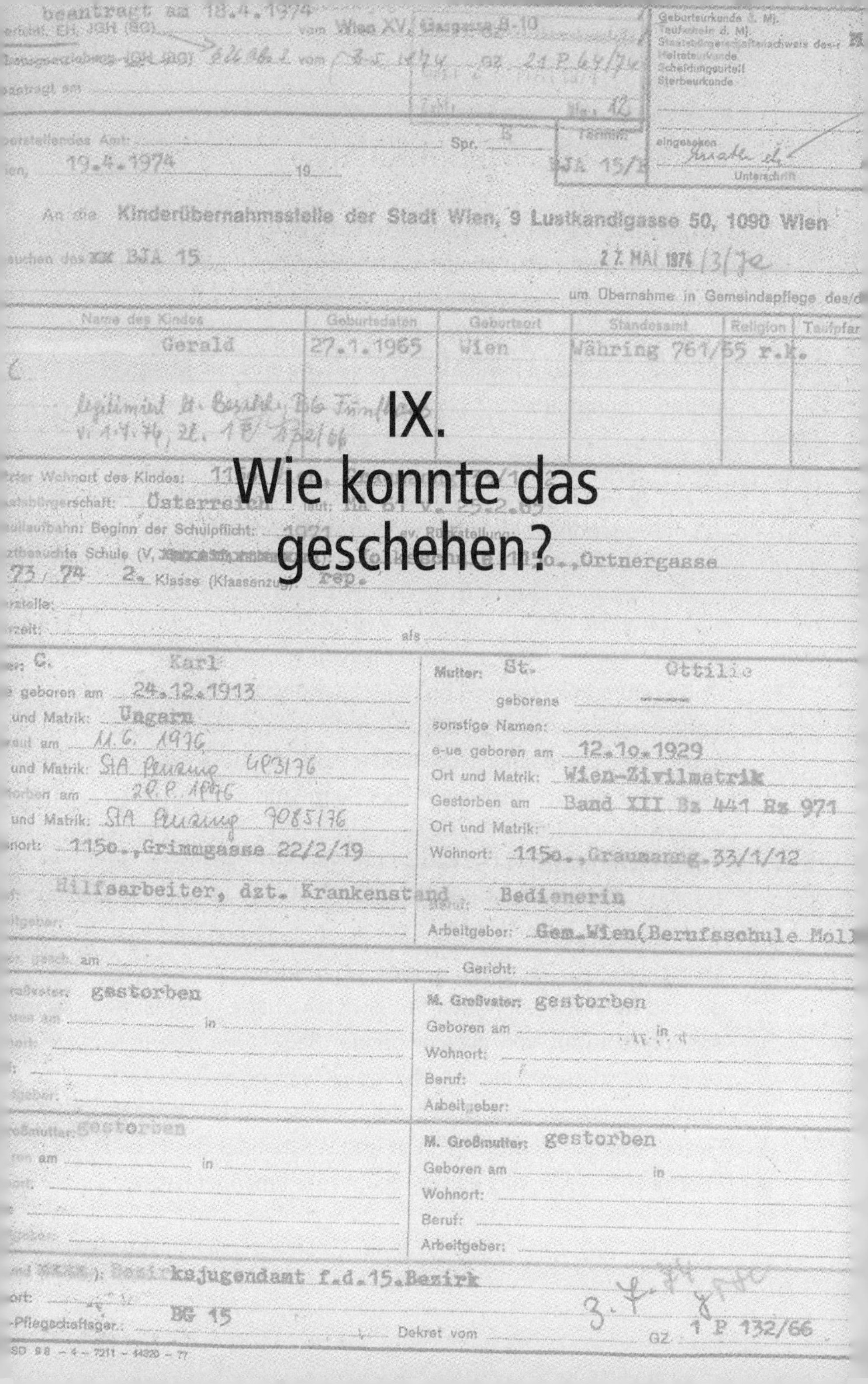

beantragt am 18.4.1974
erichtl. EH, JGH (BG) vom Wien XV, Gasgasse 8-10
Bezugsgerichtes JGH (BG) vom GZ 21 P 64/74
eantragt am

Geburtsurkunde d. Mj.
Taufschein d. Mj.
Staatsbürgerschaftsnachweis des-r
Heiratsurkunde
Scheidungsurteil
Sterbeurkunde

orstellendes Amt: Spr. Termin:
ien, 19.4.1974 19 BJA 15/I
eingesehen
Unterschrift

An die Kinderübernahmsstelle der Stadt Wien, 9 Lustkandlgasse 50, 1090 Wien

suchen des BJA 15 27. MAI 1974

um Übernahme in Gemeindepflege des/d

| Name des Kindes | Geburtsdaten | Geburtsort | Standesamt | Religion | Taufpfar |
|---|---|---|---|---|---|
| C. Gerald | 27.1.1965 | Wien | Währing 761/65 | r.k. | |

tzter Wohnort des Kindes:
aatsbürgerschaft: Österreich laut:
ullaufbahn: Beginn der Schulpflicht: 1971 ev. Rückstellung:
tztbesuchte Schule (V, ..., Ortnergasse
73/74 2. Klasse (Klassenzug): rep.
erstelle:
rzeit: als

er: C. Karl
geboren am 24.12.1913
und Matrik: Ungarn
aut am
und Matrik:
torben am
und Matrik:
nort: 115o., Grimmgasse 22/2/19
f: Hilfsarbeiter, dzt. Krankenstand
itgeber:

Mutter: St. Ottilie
geborene
sonstige Namen:
e-ue geboren am 12.10.1929
Ort und Matrik: Wien-Zivilmatrik
Gestorben am Band XII Bz 441 Rz 971
Ort und Matrik:
Wohnort: 115o., Graumanng. 33/1/12
Beruf: Bedienerin
Arbeitgeber: Gem. Wien (Berufsschule Moll

er. gesch. am Gericht:

roßvater: gestorben
oren am in
ort:
f:
tgeber:

M. Großvater: gestorben
Geboren am in
Wohnort:
Beruf:
Arbeitgeber:

roßmutter: gestorben
ren am in
ort:
f:
geber:

M. Großmutter: gestorben
Geboren am in
Wohnort:
Beruf:
Arbeitgeber:

nd ): Bezirksjugendamt f.d.15.Bezirk
ort:
-Pflegschaftsger.: BG 15 Dekret vom GZ 1 P 132/66

SD 98 – 4 – 7211 – 44320 – 77

# Ideologische Kontinuitäten

Zeitgenössische Forschungen betonen die ideologische und personelle Kontinuität von in der NS-Zeit tätigen oder sozialisierten Personen.[255] Das stimmt. Wie zum Beispiel:
Dr. Karl Ourednik, Pg (Parteigenosse) Ourednik, war Leiter der Unterabteilung Jugendhilfe in der Abteilung 3: Wohlfahrtspflege und Jugendhilfe:

> „1944 wünscht der Reichsstatthalter in Wien, Gemeindeverwaltung, Hauptabteilung Jugendwohlfahrt und Jugendpflege den Posten des Rechtsreferenten im Gaujugendamt mit Ourednik zu besetzen. Die Zweite Republik respektierte den Wunsch des Reichsstatthalters."[256]



Dr. Karl Ourednik war 1963 bis1967 Leiter des Jugendamts der Stadt Wien. Er verfasste maßgeblich die Wiener Heimverordnung 1956, sowie einen Kommentar zum Jugendwohlfahrtsgesetz, auf den sich auch die Wiener Heim-Studie 1974 stützen musste.
Ausgespart bleibt beim Fokus auf die Zeit des Nationalsozialismus die ungebrochene ideologische Kontinuität der im Austrofaschismus sozialisierten PsychologInnen und SozialforscherInnen. Dabei war gerade, was Pädagogik, Psychologie und die Entwicklung der Sozialwissenschaften betraf, der Austrofaschismus von entscheidender Bedeutung. Die Prinzipien der ständestaatlichen Pädagogik wurden in einer Festschrift für Bürgermeister Richard Schmitz (Christlichsoziale Partei) – „einem geistigen Führer und Wegbahner des neuen Österreich" – 1936 kurz und prägnant zusammengefasst:

> „[...] mit dem abgeklärten Goethe die dreifache Ehrfurcht: zuvörderst die Ehrfurcht vor dem, was über uns ist,d.i. Gott, der sich in Eltern, Lehrern und Vorgesetzten offenbart, dann die ‚Ehrfurcht vor dem, was unter uns ist',d.i. die Schöpfung, die die göttliche Ordnung unter uns gestellt hat, von den sozial niederen Volksgenossen bis hinab zur unbelebten Natur, und schließlich und als Letztes die ‚Ehrfurcht vor uns selber', die aber bei Lichte besehen, auch in erster Reihe, den Kameraden,d.i. der Gemeinschaft, gilt und in zweiter Reihe dem eigenen Ich."[257]

Nach dieser hehren Einleitung geht es zu den Schlüsselworten ständestaatlicher Pädagogik: Gott, Vaterland, Volk, sittlich-religiös, vaterländisch und sozialvolkstreu, ethisch-ideelle Konzentration, Leistung und Zucht. „Die Jugend selbst will Unterordnung." Daher war die Schule wieder „katholisch und autoritär". Die vormilitärische Erziehung wurde wieder eingeführt. Die Fortsetzung dieser Pädagogik findet sich z. B. in der Erziehung mit „harter Liebe" im St. Josefs-Institut in Mils/ Tirol für Kinder mit speziellem Förderbedarf.



Auch die Psychologen Karl und Charlotte Bühler hatten sich mit dem neuen Regime arrangiert. Ihre Studentinnen Lotte Schenk-Danzinger und Sylvia Bayr-Klimpfinger waren nach 1945 in Graz und Wien Universitätsprofessorinnen. Sylvia Bayr - Klimpfinger trat am 1.1.1941 der NSDAP bei. Nach 1945 wurde sie einem Entnazifizierungsverfahren unterzogen und durfte erst wieder 1948 Kinderpsychologinnen ausbilden und das bis 1979. Ein interessanter Hinweis findet sich in einer Fußnote in Gertrude Czipkes Diplomarbeit über „Die Schreibmaschinentäterinnen".[258] Johanna Hauke wurde später Psychologin in der Jugendfürsorge Niederösterreichs. Ihre Dissertation „Untersuchungen über ethische Begriffe Verwahrloster" stützte sich auf Versuchspersonen, die sie bei ihrer Tätigkeit in der 1944 bis 1945 bestehenden „medizinisch-pädagogisch-psychologischen Untersuchungsanstalt für Kinder und Jugendliche in Perchtoldsdorf", geleitet von Doz. Dr. Klimpfinger, fand. Dort wurden Mädchen in ein Kinderheim eingewiesen wegen „Nichterfüllung ihrer Arbeitspflichten während ihres Pflichtjahres", mehrmals „Versagen am Arbeitsplatz", Kirschendiebstahl, arbeitsunwillig, Aufpasser bei einem Tulpendiebstahl, Vater fahnenflüchtig, ein Mädchen verurteilt wegen „Verkehrs mit ausländischen Arbeitern", am Spiegelgrund dreimal durchgegangen. Diese Tätigkeit von Sylvia Bayr-Klimpfinger ist sonst in keiner Literatur erwähnt.

Die Sozialforscherin Marie Jahoda dagegen wurde 1936 in den Wiener Institutsräumen verhaftet und trotz ihres kleinen Kindes gefangen gehalten, bevor sie einer unmittelbaren Emigration nach England zugestimmt hatte. In ihrer Laudatio anlässlich der Verleihung des Ehrendoktorats der Universität Wien an Frau Professor Jahoda 1998 sagte die Politikwissenschaftlerin Eva Kreisky:

> „Der Nationalsozialismus stellte Ihr Exil auf Dauer, und auch die wiederhergestellte Republik unternahm nach 1945 keinerlei Anstrengungen, Sie in angemessener Form nach Österreich zurückzuholen."[259]

Mit Marie Jahoda wurde aber auch der sozialwissenschaftliche Ansatz, der die Beforschten als MitarbeiterInnen der Forschung betrachtet, aus Österreich vertrieben.[260]
Ebenso wenig ist aufgearbeitet, dass die einzigen „progressiven" Ideen und Experimente in der österreichischen Sozialarbeit drei Emigrantinnen zu verdanken sind, die nach 1945

nach Österreich zurückgekehrt waren: Anne Kohn Feuermann (Casework Ansatz), Elisabeth Schilder (Bewährungshilfe) und Maria Simon (Reform der Sozialarbeitsausbildung, darunter Projektunterricht). Diese drei hielten auch ihre schützende Hand über AufdeckerInnen und Kritiker. Darüber hinaus fanden einige im Rahmen der Bewährungshilfe auch berufliche Sicherheit. In Tirol waren das zum Beispiel Klaus Madersbacher, Edmund Pilgram, Veronika Holzknecht, in Salzburg der spätere Innenminister Caspar Einem.

## Kinder der Arbeiterklasse?

> „In den Wiener Kinderheimen waren doch fast ausschließlich Kinder der Arbeiterklasse. Kinder, die der SPÖ aus ihrer Geschichte heraus ein besonderes Anliegen sein müssten. Und diese Kinder hat die Wiener SPÖ damals schändlich im Stich gelassen."[261]



Bei dieser Aussage wird vergessen, dass die Wiener Sozialdemokraten brave Marxisten waren. Das Wiener Proletariat lebte in der Ersten Republik im Gemeindebau und schickte seine Kinder in städtische Kindergärten, zu den Kinderfreunden und Roten Falken auf Erholungs- und Ferienlager und zur Ausbildung in die Lehre oder mittlere Lehranstalten. Diese aufrechten Proletarier sahen auf das „Lumpenproletariat" herab. Karl Marx bezeichnete damit eine Gruppe von „ruinierten Bourgeois und ruinierten Proletariern, [...] einer Kollektion von Lumpen, die in jedem Zeitalter existiert haben."

Im Kommunistischen Manifest begegnet uns das Lumpenproletariat wieder als „passive Verfaulung der untersten Schichten der alten Gesellschaft." Auch Rosa Luxemburg bezeichnete das „Lumpenproletariat“ als Schicht von „Verbrechern und Prostituierten“.[262] In dieser Tradition standen die sozialistischen Eugeniker wie Magnus Hirschfeld in Deutschland und Julius Tandler in Österreich. Julius Tandler stellte Überlegungen über „produktive“ und „humanitäre“ Wohlfahrtsausgaben an:

> „80 Milliarden betragen die Ausgaben für die geschlossene Armenpflege, also für Versorgungshäuser, das ist für jene Menschen, die im Leben Schiffbruch gelitten haben und ihre letzten Tage auf Kosten der Allgemeinheit in dazu bestimmten Anstalten verbringen, gewiss gerecht und human, aber sicher nicht produktiv. Rund 44 Milliarden kostet die Irrenpflege, gewiss nicht produktiv und um so irrationeller als ein Großteil der Menschen, die in den Irrenanstalten ihr Leben verbringen, dorthin kommen auf Grundlage jener Schädigungen, welche sie sich selbst erworben haben, durch Syphilis und Alkohol oder welche ihnen ihre Eltern mitgegeben haben, die selbst dem Trunke ergeben oder der Syphilis verfallen waren. Sie büßen die Sünden ihrer Väter. Aber nicht nur sie büßen, sondern alle Kinder Wiens büßen die Sünden dieser Väter. Nehmen wir an, dass es gelänge, durch vernünftige bevölkerungspolitische Maßregeln [sic!] die Zahl der Irrsinnigen auf die Hälfte herabzusetzen, so dass wir nur 22 Milliarden ausgeben müßten, so wäre es möglich, rund 70.000 Kinder. also nahezu 1/8 aller Schulkinder Wiens durch vier Wochen in Ferialerholung zu halten. Für dieses Geld könnten wir also die Gesundheit unserer Kinder erhalten und sie dem Glück und der Freude wenigstens für vier Wochen im Jahre zuführen. Welchen Aufwand übrigens die Staaten für vollkommen lebensunwertes Leben leisten müssen, ist zum Beispiel daraus zu ersehen, daß die 30.000 Vollidioten Deutschlands diesen Staat

> zwei Milliarden Friedensmark kosten. Bei der Kenntnis solcher Zahlen gewinnt das Problem der Vernichtung lebensunwerten Lebens im Interesse der Erhaltung lebenswerten Lebens an Aktualität und Bedeutung [sic!]. Gewiß, es sind ethische, es sind humanitäre oder fälschlich humanitäre Gründe, welche dagegen sprechen, aber schließlich und endlich wird auch die Idee, daß man lebensunwertes Leben opfern müsse, um lebenswertes zu erhalten, immer mehr und mehr ins Volksbewußtsein dringen. Denn heute vernichten wir vielfach lebenswertes Leben um lebensunwertes zu erhalten."[263]

Der Nationalsozialismus musste darauf nur mehr die erbbiologische und rassistische Komponente aufsetzen, und die Massenvernichtung konnte beginnen.

So hatten die „Verwahrlosten" auch nach 1945 in Österreich ideologisch keine Chance. Denn entweder wurden sie dem Lumpenproletariat, dem erbbiologischen Auswurf, oder den sozial niederen Volksgenossen zugeordnet, die eine Erziehung mit „harter Liebe" brauchten. Aus diesen ideologischen Wurzeln speisen sich dann weitere Phänomene zum Nachteil der Heimkinder.



### Die „Verwahrlosung" und ihr zähes Überleben

„Was immer in den Akt gelangt, es existiert und die so produzierten Inhalte laufen auf eine Geschichte der Verwahrlosung hinaus, bei Mädchen und Frauen auf sexuelle Verwahrlosung sogar, nachdem diese Begrifflichkeit vom Wiener Jugendwohlfahrtsträger selbst aufgegeben worden war."[264]

Bereits 1971 hatte Markus Hug in seiner Dissertation „Zur sogenannten Verwahrlosung dissozialer Jugendlicher in Österreich“[265] versucht, den Begriff der „Verwahrlosung“ von seiner Etikettierung zu befreien. Vom mittelhochdeutschen transitiven Zeitwort „die Eltern verwahrlosen ihre Kinder“ wurde es zum intransitiven Zeitwort, die ErzieherInnen eines „verwahrlosten Kindes“ waren nicht mehr unmittelbar verantwortlich.

> „Einerseits wurde das Objekt der Bemühungen verwahrlost, es wurde ihm also etwas angetan, andererseits ist es bei der Übernahme in öffentliche Erziehung bereits verwahrlost und der Anteil der eigenen Schuld an der eigenen Verwahrlosung wächst und wächst in der Abfolge der Heime und korreliert mit dem Ausmaß der Disziplinierung im Heim und wird immer wieder bewiesen anhand der Häufigkeit der Verlegungen und – lebenslang – durch die Tatsache ein ‚Heimkind' gewesen zu sein.“[266]



Markus Hug fand in seinen Untersuchung, dass es stark unterschiedliche „Verwahrlosungsdichten“ in Österreich gab und stellte die Frage, ob das Vorhandensein von Verwahrlosung nicht sehr eng an die „Tüchtigkeit“ der Fürsorgerinnen gebunden wäre. „Diese Vermutung wurde denn auch von zuständiger Amtsstelle prompt im Sinne der Vermutung beantwortet.“[267]
Wie schwer es aber die Welt insgesamt mit den Jugendlichen hatte, wurde in der Festschrift zum siebzigjährigen Bestehen des Wiener Jugendamts 1987 geschildert:

> „Die Verlängerung der Jugendzeit durch längeren Schulbesuch einerseits und Vorverlegung der biologischen Reife andererseits führten zu einer Statusunsicherheit der Jugend, die es den Erwachsenen schwer machte, mit dieser Jugend umzugehen. Dies umso mehr, als sich bei den Erwachsenen ein Phäno-

men bemerkbar machte, das in seiner späteren Ausprägung als „Infantilisierung" zu bezeichnen ist (saloppes Verhalten, Lotto- und Totospiel, Autofetischismus usw.). Damit fehlten den Jugendlichen auch die Modelle zur Identitätsfindung. Die Jugendlichen reagierten darauf mit verstärkter Zuwendung zur Jazzmusik [sic!] ..."[268]

**Sexuelle Verwahrlosung**

Bis 1991 gab es am Jugendamt keine Übereinkunft oder Vorschrift, wie sexueller Missbrauch zu definieren und wie damit umzugehen wäre. Davor bestimmten zwei wissenschaftliche Arbeiten, die von zwei führenden Beamtinnen im Dienststand der Jugendwohlfahrt geschrieben wurden, die Gutachten. Es handelte sich dabei um die Dissertationen von Marianne Estl „Intelligenzuntersuchungen an sexualdepravierten jungen Mädchen" an der Universität Wien aus dem Jahr 1952 und von Hermine Koller[269] „Zum Problem der Verwahrlosung weiblicher Jugendlicher unter Berücksichtigung ihrer Einstellung zu den verschiedenen Lebensbereichen (Anhang: Fallgeschichten)", ebenfalls an der Universität Wien aus 1962.



Marianne Estl wurde 1973 Leiterin der Erziehungsberatung des Psychologischen Dienstes, ihre Nachfolgerin war Hermine Koller.[270] Nicht vergessen werden soll in diesem Zusammenhang Rosa Dworschak. Sie arbeitete von 1949 bis 1961 im Rahmen des „Instituts für Erziehungshilfe", hatte weiters einen Sitz im Jugendamt selbst und tritt als „Erziehungsberaterin" in Akten des Jugendamtes sowohl vor als auch nach 1945 in Erscheinung. Der Direktor dieses Instituts war in den ersten zwei Jahren „Dr. Franz Wurst, ein erfahrener Kinderarzt der Klinik Asperger."[271]

Mit umfangreichen Zitaten weist Gertrude Czipke nach, dass von „sexueller Verwahrlosung", von „ungeordneten sexuellen

Beziehungen" auch dann gesprochen wurde, wenn ein Kind „geschändet" worden war. Kind und Vergewaltiger wurden nicht nur als Komplizen gesehen, das Opfer erschien schuldig qua erlittener Gewalt. Rosa Dworschak berichtet von den „Beobachtungen" der „Sozialarbeiter":

> „Sie hatten Jugendliche oder Erwachsene zu betreuen, die erwiesenermaßen den Annäherungen des Vaters oder einer mit der gleichen Autorität ausgestatteten Erzieherpersönlichkeit innerhalb der Familie unterlegen waren, die also auch von sich aus die Inzestschranke überschritten hatten. Aus dieser Triebkonstellation heraus [würden bestimmte Mädchen] [...] zu einem Agieren geführt, das von der Gesellschaft verurteilt wird."[272]

Diese Mädchen begehen demnach ihren eigenen sexuellen Missbrauch!



> „Nachdem Jahre hindurch sexuelle Beziehungen zum Vater bestanden hatten, erzwang sie sich von ihm die Erlaubnis, ihre Studien in einem fremden Land fortsetzen zu dürfen. Als sie hier einen Brief des Vaters erhielt, in dem er seinen Besuch ankündigte, wollte sie ihrem Leben ein Ende machen."[273]



Marianne Estl definierte die Verwahrlosung neu:

> „Wir gehen von der Hypothese aus, dass Sexualdepravation eine sich vorwiegend bei weiblichen Personen im Sexuellen auswirkende Form der Verwahrlosung ist.[274] [...] Eine spätere Depravation bereitet sich gewöhnlich und in der Mehrzahl der Fälle in frühkindlichem, übersteigerten (sic!) Sexualinteresse vor.[275] [...] Diese Interessen sowie eine frühzeitige Erregung und

> Übersteigerung des Sexualtriebes können zu einem Missbrauch oder zu einer Schändung des Kindes durch verantwortungslose, abnormale Erwachsene führen. Eine Schändung bedeutet in der Mehrzahl der Fälle einen traumatischen Eingriff in die normale Entwicklung eines jugendlichen Individuums und hat sexuelle Übererregung zur Folge. Wird dieser Entwicklung nicht Einhalt geboten, so kann unter Umständen in der Pubertät die Triebsteigerung so weit gehen, dass es zur Lösung von der psychischen Seite der somatischen Genitalerregungen kommt und die Mechanismen der Depravation einsetzen."[276]

Aus der anfänglich hemmungslosen und wahllosen Triebbefriedigung würde dann die Einnahmequelle und ein trügerisch einfacher Gewinn.[277] Aber Zuhälterei „dürfte nicht so ernst gewertet werden wie die sexuelle Gefährdung jugendlicher Mädchen."[278]



Hermine Koller standen Zöglinge des städtischen Erziehungsheims Rochusgasse zur Verfügung, in das Mädchen im Alter von vierzehn bis achtzehn Jahren nur vorübergehend zur Beobachtung, psychologischen und – wenn erforderlich – psychiatrischen Begutachtung eingewiesen wurden, ehe über ihre länger dauernde Unterbringung in einem bestimmten Erziehungsheim entschieden wurde.[279] Zitate:

> „Schon vor Schuleintritt gehörte die Straße zu Marias beliebtestem Aufenthaltsort, wo sie gemeinsam mit den Geschwistern oder allein ihre Entdeckungen machte. In diese Zeit fällt auch ihr erstes sexuelles Erlebnis, die Schändung durch einen Mann.[280] [...] Kennzeichnend für die jugendlichen Verwahrlosten ist die auf unmittelbare Erfüllung gerichtete Vergnü-

gungssucht. So gingen die von mir befragten Mädchen mehrmals wöchentlich ins Kino.[281] [...] Die jugendlichen Verwahrlosten stellten auch an Druckwerke keine hohen Ansprüche.[282] [...] Tanzen wurde von der überwiegenden Mehrzahl dieser jungen Mädchen als Lieblingsbeschäftigung angegeben. [...] Kein Mädchen besaß eine tiefere religiöse Bindung.[283]

Gut essen, spielen und lesen, das ist das einzige, wofür sich Doris begeistern kann.[284]
Emma ist reizhungrig, sie liest Zeitschriften. Daneben liest sie wahllos alle Bücher.[285]
Die Straße hatte für Erika stets einen besonderen Reiz, mit dem Rad fuhr sie stundenlang spazieren.

Bei jedem Programmwechsel, also mindestens zweimal die Woche, war Grete im Kino zu finden. [...] Der höhere Verdienst verleitete sie zu Ausgaben für Süßigkeiten, Make-up und ähnliches. [...] Aber gerade diese leichte Kontaktfindung mit dem anderen Geschlecht, macht Grete in erhöhtem Maße depravationsgefährdet. Um sich die Burschen vom Leib zu halten, trägt Grete an der linken Hand einen Ehering, den sie für S5 [fünf Schilling] gekauft hatte. ‚Dann glauben alle, ich bin verlobt.' Sie bringt für eine Ehe noch keine Voraussetzungen mit, da sie nicht kochen kann."[286]

Ein Experte auf dem Gebiet der „Exploration von Kindern und Jugendlichen unter besonderer Berücksichtigung von Aussagen zu sexuellen Themen" war Dr. Werner Steinhauser. Werner Steinhauser war zunächst Lehrer und 1971 Leiter des Instituts für Heimerziehung der Stadt Wien. 1972 wurde er Direktor der „Lehranstalt für gehobene Sozialberufe für Berufstätige" der Caritas und blieb es bis 1992. Dr. Werner Steinhauser sprach von einem „Ziel der sexuellen Verwahrlosung", das vom Kind selbst angestrebt würde, und von einem „Ersatzlustgewinn". Die „sexuelle Fehlhaltung" lag vor dem „bestimmten Sachverhalt", der aufzuklären wäre, und diese führte über „die Notwendigkeit zur Exploration von Kindern und Jugendlichen im Zusammenhang mit sexuellen Problemen", über eine innere Logik, zur Prostitution; der jeweilige Nutznießer wäre vollkommen unsichtbar, es wären die Kinder und Jugendlichen, an denen die „sexuellen Probleme" klebten.

> „Die Auto- und Heterosuggestibilität spielt beim weiblichen Geschlecht eine größere Rolle als beim männlichen. Sie ist von großer Bedeutung bei geistig reduzierten Personen und natürlich ein besonderes Problem bei Kindern und Jugendlichen. Speziell zwischen dem 5. und 7. Lebensjahr kommt es zufolge der starken Eidetik zum pseudologisierenden Fortspinnen tatsächlicher Erlebnisse in der Phantasie."



Hier wird also behauptet, dass sich fünf bis siebenjährige Kinder sexuellen Missbrauch ausdenken können.

> „Ein 7-jähriges, höhergradig debiles Mädchen beschuldigt seinen Stiefvater, es geschändet zu haben. Die Aussagen werden sehr präzis, mit eingelernt wirkender Exaktheit vorgebracht. Da das Mädchen einerseits wenig Kritikvermögen besitzt, affektlahm ist und ein eher lückenhaftes Gedächtnis aufweist, andererseits aber über das Altersmaß hinaus suggestibel ist, bestehen berechtigte Zweifel am Wahrheitsgehalt der Aussage, zumal die Mutter des Mädchens seit längerer Zeit nach einem Scheidungsvorwand sucht. Im Rahmen einer Suggestibilitätsprobe gelingt es, dem Mädchen mit einmaliger Suggestion den Stiefvater als Schänder auszureden. Der Übeltäter ist nunmehr, vom Befrager

> induziert, der Pudel der Mutter. Die übrigen Aussagedetails werden nach wie vor in Übereinstimmung mit den früher gemachten, mit anderen Worten ‚perseverativ', angeboten. So wenig sich damit nun der wahre Tatbestand bloßlegen ließ, so problematisch erschien doch von diesem Moment an die Aussage des Kindes. Eine Verurteilung auf der Basis einer solchen Aussage und des genannte Milieuhintergrundes ist wohl kaum denkbar."

Während sonst das Jugendamt sehr stolz auf seine Deflorationsuntersuchungen war:

> „Von den 100 untersuchten Mädchen waren 92 defloriert, die Mädchen bemühten sich kaum, in diesem Punkt falsche Angaben zu machen, da sie wussten, dass wir uns über das Ergebnis der med. Untersuchung informieren können."



Ein Mädchen gab das 8. Lebensjahr für den ersten „Geschlechtsverkehr" an, zwei Mädchen das 11. und 12. Lebensjahr, sechs Mädchen das 13. Lebensjahr. Auf welche Weise, unter welchen Umständen, diese „Geschlechtsverkehre" stattgefunden haben könnten, interessiert die „Untersucherin" nicht. Sexueller Missbrauch („Geschlechtsverkehr" im 8. Lebensjahr) also wurde noch 1971 von einer „Erziehungsberaterin" nicht als solcher wahrgenommen, sondern anderen „Erziehungsschwierigkeiten" gleichgestellt."[287]

In Falle des siebenjährigen Mädchens hätte eine einfühlsam durchgeführte gynäkologische Untersuchung durchaus Klärung bringen können. Davon wurde – laut Gertrude Czipke – nichts berichtet.

„Kinder und Jugendliche sind immer problematische Zeugen.

Bezüglich sexueller Themen gilt, dass sie in diese viel stärker verwickelt sind oder an ihnen viel stärker affektiv teilnehmen, als es den Anschein hat," so Steinhauser. Da hat Getrude Czipke recht, wenn sie meint:

> „Bei dieser Äußerung handelt es sich um die klassische (Selbst)Täuschung von Pädophilen. Es wäre zu fragen, für wen der Autor diesen Selbstschutz bereitstellte."[288]

Noch ein Steinhauser-Zitat aus dem Jahr 1972:

> „Zigeuner, Neger, Juden oder andere Angehörige von rassischen oder nationalen Minderheiten müssen zweifelsohne zu einem anderen Selbstkonzept kommen als rassische oder nationale Majoritäten (...) und selbstverständlich hat bei gleicher Intelligenz auch der Verwahrloste ein anderes Selbstkonzept als der Nichtverwahrloste."[289]



**„Die Gemeinde Wien war vom unehelichen Kind förmlich besessen"**[290]

Diesen Ausspruch fügte Maria Dorothea Simon, Direktorin der Akademie für Sozialarbeit der Stadt Wien von 1972 bis 1982, ihren Vorträgen gelegentlich ein, was angesichts der genannten Zahlen über Heimeinweisungen von Kindern von AlleinerzieherInnen nicht sehr übertrieben war.

> „Das Wiener Jugendamt war zum Zweck der Übernahme der Vormundschaft, zur Entmündigung der nicht verheirateten Mütter und der Verdächtigung, Verachtung und Überwachung der ‚unehelichen' Kinder gegründet worden."[291]

So fasste Gertrude Czipke unzählige Beispiele aus Akten der Amtsvormundschaft, des psychologischen Dienstes der Stadt und den Dissertationen der Leiterinnen der Erziehungsberatung Marianne Estl und des psychologischen Dienstes Hermine Koller zusammen.[292] Die Sozialarbeiterinnen waren ebenfalls verpflichtet nach einer unehelichen Geburt einen Kontrollbesuch bei der unehelichen Mutter und dem Kind zu machen. Jahrzehntelang wurde so getan, als wäre die Amtsvormundschaft die einzig mögliche rechtliche Handhabe zur Eintreibung des Kindesunterhalts von den Kindesvätern und als wäre sie zum Wohl des Kindes verfügt. Eine dieser Mütter, die Präsidentin des Nationalrats Barbara Prammer, erinnerte sich in einem Vortrag:

> „Mein erstes Kind kam unehelich zur Welt und ich konnte zunächst nicht Vormund sein […] Aus heutiger Sicht ist die damalige Rechtslage unvorstellbar und wenn man mit jungen Frauen spricht – oder auch mit jungen Männern – möchten sie es gar nicht glauben, dass es noch vor vierzig Jahren diese Rechte gerade für die Frauen nicht gab."[293]



## Erziehungsziel: Hausmütterchen

> „Ambivalenz, Unsicherheit, konfligierende Leitbilder und Widersprüche zwischen sozial akzeptierten Verhaltenserwartungen, aktuellem Verhalten und neuen Aspirationen sind Charakteristika der sozialen Stellung der Frau in den modernen Industriegesellschaften."[294]



Sogar die Bundesregierung hatte schon erkannt, dass obwohl Mädchen zu braven, anpassungsfähigen Hausmütterchen erzogen wurden, die Wirklichkeit schon lange nicht mehr mitspielte. Dort, wo das Geld, das der Mann verdiente, nicht reichte, musste die Frau immer schon mitverdienen, ungeachtet, ob sie kein Kind oder zehn Kinder zu versorgen hatte.

Heute ist die Berufstätigkeit der Frau in allen gesellschaftlichen Schichten und aus den verschiedensten Motiven zur Realität geworden.[295] Vor diesem Hintergrund analysierte Rosemarie Fischer die rollenspezifische Heimerziehung, wie sie sich in der Wiener Heim-Studie 1974 und den Zusatzuntersuchungen herauskristallisierte. Grundlage und beste Garantie für rollenspezifische Erziehung, meinte Fischer, war immer noch die Trennung der Geschlechter. Sie wurde in der Heimerziehung nach wie vor praktiziert. Weniger als ein Fünftel der Heime für Schulkinder und Jugendliche, die für Wiener Gemeindepflegekinder zur Verfügung standen, wären koedukative Heime, und auch in diesen ging die Koedukation nicht sehr weit, gab es strenge „Demarkationslinien" im Speisesaal. Nur in zwei Heimen gab es echte gemischte Gruppen.



> „Diese Trennung führt später dazu, dass man das Gespräch mit dem anderen erst in einem mühsamen Prozess lernen muss (falls dies überhaupt gelingt). Dass die Illusion über den ‚Mann' oder die ‚Frau' in oft sehr schmerzhaften Prozessen richtiggestellt werden müssen. Unterstützt wird diese realitätsferne Sozialisation noch dadurch, daß in den meisten Mädchen- bzw. Bubenheimen nur Frauen, bzw. Männer als Erzieher tätig sind. Mit einer Ausnahme allerdings: In den Knabenheimen wird durch eine Heimmutter dafür gesorgt, dass das ‚weibliche Element' nicht fehlt. Sprich: dass jemand da ist, der sich um schmutzige Wäsche, Löcher in den Socken und ähnliches kümmert. Eine Frau gehört schließlich ins Haus!"[296]

In den konfessionellen Heimen dominierte die Vorstellung, die Mädchen zu guten Müttern erziehen zu wollen. Dies bestimmte das Bildungsangebot und die Freizeit. Heirat beendete die öffentliche Erziehung. Die Ehe galt fürs Leben, eine Möglichkeit des Scheiterns einer Ehe war nicht vorgesehen.

> „Ungeachtet der miserablen Berufsaussichten gerade in den frauenspezifischen Branchen bildete man die Mädchen in den Heimen immer noch zu Weißnäherinnen, Damenkleidermachern, Friseusen, Wäscherinnen und Büglerinnen oder überhaupt nur für den Haushalt aus. Die Intelligenteren konnten heimintern eine Hauswirtschaftsschule besuchen. In der Freizeit erbauten sich die Mädchen an Chorsingen, Volkstanz, Theatergruppen, aber auch Handarbeit kam keineswegs zu kurz."[297]



In manchen Heimen gab es nicht einmal diese Freizeit, sondern die Mädchen wurden angehalten, sich durch Putzen ein Taschengeld zu verdienen. Angesichts des sozialen Hintergrunds der Mädchen war sicher, dass für sie die Illusion von Hausfrau und Mutter nicht aufgehen würde.

> „Täglich erleben die Mädchen [...], nicht ihre Leistungen sind geschätzt und begehrt, niemand fragt nach ihrer Bildung. Ihr einziges, ihr wertvollstes Kapital ist ihr Aussehen, ist ihr Körper."[298]

**Das Subsidiaritätsprinzip oder**
**Warum Heime mit Internaten nicht zu vergleichen sind**

Im Gegensatz zur Unterbringung in Gruppen mit hoher gesellschaftlicher Akzeptanz, wie Elite-Internate, aber auch die kollektive Kinderbetreuung im Kibbutz, wurden und werden Heime für Kinder und Jugendliche in der europäischen Gesellschaft als Ersatz für die fehlende oder gestörte „Normalfamilie" gesehen.

Die Umwelt – weder die nähere Umgebung des Heims, noch die Verwandten des Kindes, noch das Personal selbst, hatten positive Erwartungen hinsichtlich des Erfolgs der Heimerziehung. Auch wenn sich diverse elitäre Erziehungsheime vom Aufbau her oft nicht allzu sehr von Fürsorgeerziehungsheimen unterschieden, so lag doch der Unterschied in den Erwartungen, die ihnen von der Umwelt entgegengebracht wurden. Den Kindern oder Jugendlichen, die in ein Heim eingewiesen wurden, wurde von vornherein ein defizitäres Verhalten unterstellt. Der Unterschied zeigt sich allein schon bei der gedanklichen Vorstellung in den beiden Orten: Kinder im Heim („böse") oder Waisen im Waisenhaus („arm"). Im österreichischen Fürsorgewesen wurde zwischen diesen beiden Institutionen nicht unterschieden. So kamen Waisenkinder, misshandelte Kinder, Kinder von obdachlosen Familien in dieselben Heime wie Kinder mit Verhaltensstörungen.
Der negative Labeling-Effekt hatte auch Auswirkungen auf das Personal und die Einstellung der Heimleitung zu den ihnen anvertrauten Kindern und Jugendlichen.
In ihrer Dissertation legt Rosemarie Fischer eine empirische Untermauerung vor. Den Heimleitungen der Wiener Heim-Studie 1974 wurde ein Statementkatalog, der unter anderen stereotype Behauptungen über Zöglinge enthielt, vorgelegt.

Die HeimleiterInnen vertraten demnach mehrheitlich folgende Statements: Die Kinder hätten nicht das richtige Vertrauen zum Heim; fühlten sich in das Heim abgeschoben; sie glaubten, man wollte sie nur einsperren. Bei realistischer Einschätzung der Heime sind zudem folgende Zustimmungen bedenklich: Die Kinder würden dauernd etwas vor dem Erzieher verbergen; sie wären meist nur für die Sonderschule geeignet; neigten zu Kurzschlusshandlungen; wären vernünftigen Argumenten oft nicht zugänglich; die Kinder neigten dazu, andere zu verprügeln; wären ohne Druck nicht arbeitswillig; man müsste von vornherein mit Unehrlichkeit rechnen; sie würden dauernd lügen.

Diese Einstellung der Heimleitung hat natürlich Auswirkungen auf das Erzieherpersonal. Der Satz „Ein Heim kann die Familie nicht ersetzen" ist eine oft antreffbare Entschuldigung für alle möglichen Missstände und Versäumnisse im Heim.[299]



Ideologische Abschreibungen – wie Lumpenproletariat, diagnostischer Pessimismus – wie die Label „Verwahrlosung" oder „Deprivation", sowie die konservativ katholische Zuschreibung der Rolle der Frau und der Kleinfamilie brachten es mit sich, dass die in die öffentlichen Erziehungsanstalten gebrachten Kinder und Jugendlichen wenig Chancen auf adäquate Förderung hatten. Wie mit den Verbrachten umgegangen wurde, darauf wurde nicht genau geschaut bzw. in enormem Ausmaß vertuscht.



### Exkurs: Hans Krenek

Erst war er Sozialist, nach dem Putsch 1934 Mitglied der Vaterländischen Front und ab Mai 1938 Parteimitglied der NSDAP.[300] Hans Krenek legte eine steile Karriere in der Stadt Wien hin, die er auch nach dem Zweiten Weltkrieg nahezu nahtlos fortsetzen konnte. Zuvor wurde er unter dem Regime der Nationalsozialisten zum pädagogisch-psychologischen Leiter der Wiener städtischen Jugendfürsorgeanstalt „Am Spiegelgrund" ernannt. Er unterstand zunächst dem ärztlichen Leiter der Kinderfachabteilung, in der auch die Euthanasiemorde durchgeführt wurden. 1942 wurde die Erziehungsanstalt von der Nervenklinik getrennt. Als nunmehr alleiniger Leiter der größten NS-Erziehungsanstalt in Wien soll Krenek zumindest indirekt mit der Ermordung hunderter Kinder zu tun gehabt haben. Wie Wolfgang Neugebauer und Peter Schwarz in „Der Wille zum aufrechten Gang" berichten, stellte Dr. Krenek 1942 in einem Aufsatz für eine Zeitschrift fest, dass

> „alle psychisch auffallenden Kinder und Jugendlichen vom Säuglingsalter bis zur Erreichung der Volljährigkeit nach genauester Beobachtung und Prüfung ihrer psychischen und physischen Kenntnisse und Fähigkeiten nach erfolgter Begutachtung in die für sie entsprechende Anstalt bzw. Pflegestelle einzuweisen [seien]. Außerdem sollten die hiebei gewonnenen Erfahrungen für spätere wissenschaftliche Arbeiten gesammelt werden."[301]



Sogenannte „aussichtslose Fälle" wurden der Kindereuthanasie zugeführt, jene, die „nicht hoffnungslos" waren, in Kreneks Erziehungsanstalt. Leopoldine Maier, die 1944 in dieser Anstalt war, berichtet über den Alltag:

> „Es war die menschliche Kälte, die mich dort so verrückt gemacht hat. [...] Durch kalten Schlamm marschieren, neben dem Bett nackt stehend, in der Kälte auf dem kalten Fußboden. Essen war immer so schlimm, wenn man es nicht gegessen hat, wenn man erbrochen hat, musste man das aufessen, Löffel für Löffel, bis es wieder

> weg war. […] Das war ein Alptraum. Manchmal träume ich jetzt noch davon. Ganz los kriegt man das nicht."[302]

Weitere Zeitzeugen berichteten über Schläge, Quälereien, Drohungen, Beschimpfungen und Demütigungen. Verantwortlich dafür: Krenek. Nach dem Krieg ließ er sich rasch von seiner Nazi-Vergangenheit reinwaschen. Er wurde nie gerichtlich verfolgt. Im Prozess gegen den Todes-Arzt Ernst Illing (Leiter der benachbarten Kindernervenklinik) zeigte er sich unwissend. Von Tötungen hätte er nichts gewusst. Bereits 1946 trat Krenek der SPÖ, 1951 dem Bund sozialistischer Akademiker (BSA) bei.[303] Nach dem Krieg hatte Krenek für die Stadt Wien und als Psychologe und Heilpädagoge gearbeitet, ehe er 1954 in die Magistratsabteilung 17 versetzt und somit mit der Leitung des Referates für Jugendfürsorgeanstalten betraut wurde. Der ehemalige Leiter der berüchtigten Nazi-Erziehungsanstalt, der Kinder in die benachbarte Nervenklinik in den sicheren Tod geschickt hatte, wurde oberster Chef der Wiener Jugendheime. 1966 sollte er mit dem Goldenen Ehrenzeichen für Verdienste um die Republik Österreich ausgezeichnet werden. Diese Schande ersparte er dem Land – er starb vor der Verleihung.





**Mauer des Schweigens**

Wie konnte es sein, dass die Mauern des Schweigens erst Jahrzehnte nach den Vorfällen in Kinderheimen durchbrochen werden konnten? Dass niemand – von der Verwaltung bis zur Politik – davon gewusst hat, können wir kategorisch ausschließen. Viele Vorfälle in Kinderbetreuungseinrichtungen waren den Verantwortlichen bekannt. An einigen Beispielen zeigen wir, wie diese Mauern des Schweigens, die durchaus vielfach Risse bekamen, durch eine perfekt geschmierte System-Maschinerie der Kinderfürsorge, der Politik und Verwaltung, immer wieder erfolgreich zubetoniert wurden. Daran beteiligt waren Protagonisten der Heimerziehung – ErzieherInnen, HeimleiterInnen, die Jugendämter bis hinauf zu deren obersten VertreterInnen, ÄrztInnen, Krankenschwestern, PsychologInnen und PsychiaterInnen, RichterInnen, die Kirche, die Polizei, die Gewerkschaft und die politisch Verantwortlichen. Und nicht zuletzt die Gesellschaft, die sich keinen Deut darum scherte, wie die „Verwahrlosten" in vielen Kinderheimen dahinvegetierten.

Wollte jemand aus dem System ausscheren, wurde gedroht. Nützte dies nichts, kamen härtere Bandagen, die auf ein faktisches Berufsverbot hinausliefen. Da spielte es keine Rolle, ob das im roten Wien, oder im schwarzen Tirol der Fall war. Es war auch vollkommen egal, ob es sich um eine Erziehungsanstalt der öffentlichen Hand oder eine der katholischen Kirche handelte. Die Schweigespirale erstickte jede Kritik im Keim.

# ES GAB WIDERSTAND

Die Wurzeln des Widerstands und der Kritik an den Heimen wurde verschieden gesehen. Vor allem in den Universitätsstädten Österreichs bildeten sich kritische Gruppen von HeimerzieherInnen, SozialarbeiterInnen und BewährungshelferInnen, die versuchten, manchmal sogar erfolgreich, ihre Bedenken und ihre Vorstellungen bei den Behörden durchzubringen.

**Spartakus**

*oder Wie das Kind mit dem Bade ausgeschüttet wurde*

Ende 1969/Anfang 1970 etablierte sich in Wien eine neue linke Jugendbewegung namens Spartakus. Ihr gehörten zu Beginn der Exil-Franzose Roland Perrot („Remy"), der Filmstudent Jakob Mytteis, Willi Stelzhammer und Michael Genner an. Später wurde die Gruppe noch um einige Personen erweitert. „Wir kämpften gegen die Erziehungsheime und nannten sie ‚Jugend-KZ'."[304]

„Wir haben die Interessen der Lehrlinge vertreten. Eines der Hauptprobleme waren die Erziehungsheime. Die waren ein ständiges Druckmittel am Arbeitsplatz."[305] Spartakus versteckte Anfang der 1970er-Jahre Heimkinder in ihrer Wohnung in der Theobaldgasse im sechsten Wiener Gemeindebezirk. Man versuchte, die Jugendlichen in den Heimen zu organisieren.

> „Zur Heim-Enquete 1971, die heutigen Medienberichten zufolge Reformen eingeleitet haben soll, waren wir nicht eingeladen. Aber wir haben uns mit Nachdruck den Zutritt ins Rathaus verschafft und das Wort ergriffen, einer nach dem anderen: Jakob Mytteis, Willi Stelzhammer und ich sowie einige ehemalige Heiminsassen – und wurden einer nach dem anderen von

der Rathauswache hinausgetragen. Aber bevor sie das schafften, war es uns gelungen, das Wesentliche zu sagen, Missstände aufzudecken, Schuldige anzuprangern, mit einem Wort: Öffentlichkeit herzustellen. Wir lasen Protokolle über prügelnde Erzieher vor und griffen besonders den Psychiater Dr. Walter Spiel an."[306]

Walter Spiel ist im Zusammenhang mit den Wiener Kinderheimen eine äußerst zwiespältige Person. Als Experte sollte er an der Reform mitarbeiten, als Psychiater hatte er selbst für die Einweisung von Kindern in Heime gesorgt. Und mehr noch, war er der Hauptverantwortliche für die Einweisung von Jugendlichen in die psychiatrische Abteilung der Wiener Uni-Klinik (nach ihrem Vorstand damals „Klinik Hoff" genannt). Auf Spiels Geheiß hin waren mehrere Jugendliche noch Mitte der 1960er-Jahre mit Malaria-Erregern infiziert und einer zweiwöchigen „Fieber-Kur" unterzogen worden.[307] Dieser Dr. Spiel, der in der Öffentlichkeit als Kapazunder der Kinder- und Jugendpsychiatrie galt, stand im Kreuzfeuer der Spartakus-Kritik, da er mitverantwortlich für die Einweisung von Zöglingen in die Strafgruppe nach Kirchberg war.[308] Eine Assistentin des Psychiaters soll über seine Arbeitsweise folgendes ausgesagt haben:



„Der Zögling wird dem Psychiater Spiel vorgeführt. Der hört sich den Zögling zwei Minuten an, tut freundlich. Dann diktiert er seiner Sekretärin: ‚Asozialer Psychopath, ein völliger Depp – zwei Monate Kirchberg.'"[309]

Mit spektakulären Auftritten versuchte die Spartakus-Gruppierung von 1970 bis 1972, der Problematik der Kinder- und Jugendheime Öffentlichkeit zu geben. So erinnert sich Spartakus-

Aktivist Willi Stelzhammer an die Besetzung des Turms im Stephansdom: „Es war zu Ostern 1970 oder 1971. Unter dem Motto ‚Wir suchen Asyl' haben sich Heimkinder und Aktivisten oben im Turm hingesetzt."[310] Schließlich habe die Polizei jeden einzeln über die Turmstiegen hinuntergetragen und abgeführt. Stelzhammer berichtet auch über die Besetzung des (leeren) Tigerkäfigs im Tiergarten Schönbrunn. „Es war an einem Samstag. Wir sind in den Käfig, der damals renoviert wurde, hinein und haben ihn mit einem Vorhängeschloss zugesperrt."[311] Hinter Gittern saßen wieder Aktivisten und Heimkinder, die mit Plakaten auf die Situation in den Heimen aufmerksam machen wollten.

> „Erst haben uns die Zoo-Besucher beschimpft, aber die Zöglinge waren nicht mundfaul. Einer hat gemeint: ‚Wenn's deinen Kindern so geht, wie es uns in den Heimen geht…' Da ist dann eine Diskussion mit Passanten entstanden. Zum Schluss haben sie uns schon Wurstsemmeln und Bananen gebracht."[312]



Die Protest-Kundgebung im Käfig wurde von einem Einsatzkommando der Polizei beendet, die Demonstranten wurden in Handschellen abgeführt. Mit der Polizei geriet die Gruppe um Genner und Stelzhammer auch am 29. Jänner 1971 in Konflikt, als sie gemeinsam mit Heimkindern eine spontane – und nicht angemeldete – Demonstration vor dem Lehrlingsheim „Im Werd" in der Wiener Leopoldsgasse durchführten. Im KURIER war damals nachzulesen:

> „Grund für die aufgebrachten Gemüter waren die Erziehungsmethoden, die in dem Heim angewendet werden. Die Kunde von dem Protestmarsch verbreitete sich

> in Windeseile. Nach kaum zehn Minuten war die protestierende Menge auf etwa 60 Jugendliche angewachsen. Die Leidensgenossen aus dem Heim in der Unteren Augartenstraße verhielten sich zwar eher abwartend, bildeten aber einen drohenden Hintergrund. Unglücklicherweise befindet sich das Kommissariat Leopoldstadt auch in der Leopoldsgasse, nicht einmal 100 Meter vom Lehrlingsheim entfernt. Die Beamten im Kommissariat fühlten sich zwar nicht eben bedroht, aber die randalierende Menge war doch eher unangenehm."[313]

Was folgte, war ein Großeinsatz der Polizei, bei dem mehrere Demonstranten verletzt wurden, einige wurden vorübergehend inhaftiert. Der Polizeiarzt stellte keine Verletzung durch Gummiknüppel fest, ein später privat konsultierter Arzt sehr wohl. Sogar der damalige Innenminister Otto Rösch (SPÖ) musste zu den Vorfällen Stellung beziehen:



> „Der Polizeiarzt traf eine Feststellung, die wenige Stunden später von einem anderen Arzt widerlegt wird. Deswegen machen wir die Anzeige bei der Staatsanwaltschaft. Gerichtlich ist es so erledigt. Aber nicht disziplinär. Denn das ist nicht der erste Fall."[314]

1972 floh beinahe die gesamte Spartakusgruppe in die Schweiz, nachdem sich Willi Stelzhammer nach Desertation aus der Kaserne bereits dorthin abgesetzt hatte.

> „Wenige Tage später warfen Nazis einen Sprengkörper durch ein Fenster unserer Wohngemeinschaft in der Theobaldgasse. Dazu kamen Prozesse, die wir vor uns hatten, und Urteile, die schon rechtskräftig waren. In dieser Situation fassten wir den Beschluss, die Arbeit von Spartakus in Österreich einzustellen und ins Exil zu

> gehen. Wir hielten das für die einzige Alternative zum Abdriften in den Terror und in den Untergang."[315]

Mit den Aufsehen erregenden Aktionen von Spartakus und der linken ideologischen Ausrichtung der Gruppe war für die verantwortlichen Behörden die Sache klar: übertrieben, von außen gesteuert, linksradikal. Im Linzer Tagblatt hatte Landesrat Dr. Rupert Hartl (SPÖ) die Situation nach dem Heimaufstand im Landeserziehungsheim Wegscheid analysiert:

> „Nach genauer Überprüfung der Vorfälle und nach stundenlangen Gesprächen mit allen Zöglingen und Erziehern kann ich feststellen, dass es im Heim für die Unruhen keinen besonderen Anlass gegeben hat: Die Unruhe ist ausschließlich von außen, von den sogenannten Spartakisten gestiftet worden! Nichts hätte für die im Lager herrschende sich positiv entwickelnde Atmosphäre ungeeigneter sein können, wie die Eingriffe dieser anarchistischen in ihrer Aufgabenstellung völlig undurchsichtigen Organisation. Wenn die Drahtzieher, diese obskuren Spartakisten, aus ihrem Lager abgezogen sein werden, wird ohne Zweifel wieder Ruhe im Heim einkehren."

Dr. Hartl meinte, es sei nichts Außergewöhnliches, wenn es in einem Heim, in dem vorbestrafte und schwer erziehbare junge Leute untergebracht sind, zu Reibereien käme. „Schließlich handelt es sich ja um keinen Hort von Engerln." In Wegscheid sei alles in Ordnung, fügte Landesrat Dr. Rupert Hartl hinzu.[316] Damit konnte von real existierenden Missständen in den Heimen abgelenkt werden. Mit der Kriminalisierung von Spartakus gab es eine Entlastungsmöglichkeit und der „Heimfriede" war wieder hergestellt.

## Kritik in Wien

In Wien bildete sich ausgehend von Studierenden der Akademie für Sozialarbeit ein Arbeitskreis Kritischer Sozialarbeiter, der nach längeren Vorbereitungszeiten ab 1975 die Zeitschrift *betrifft:Sozialarbeit* herausgab. Daneben gab es Versuche, im Berufsverband Einfluss zu erlangen. 1980 wurde die Erste Sozialarbeitsmesse veranstaltet, bei der sich kritische und alternative Projekte präsentierten. Schon 1976 gab es erste Zusammentreffen mit der Gewerkschaft der Gemeindebediensteten. Dabei wurde auch die Schaffung einer gewerkschaftsübergreifenden Fachgruppe der Sozialarbeiterinnen und Sozialarbeiter diskutiert. Aus dem Arbeitskreis Kritische Sozialarbeit ging die Gewerkschaftsgruppe KIV – Konsequente Interessenvertretung – hervor.



In Wien waren es die eigenen jungen SPÖler, die ab 1978 das Nest beschmutzten. „Wiener Mängel" und „Verändert die Stadt" waren zwei Broschüren, die kritisch die „Unterversorgung mit bevölkerungsnahen Einrichtungen" darstellten und Verbesserungen forderten. Im Arbeitskreis, der die beiden Broschüren ausarbeitete, waren vor allem der Stadtplaner Wilhelm Kainrat und eine Reihe von Architekten und Stadtplanern beteiligt. Hier war die Rückbesinnung auf das Rote Wien der Zwanzigerjahre eine wichtige Einflussquelle. Die bevölkerungsnahen Hilfen sollten vor allem kleinräumig, überschaubar und ambulant sein.

## Reformanstoß in Tirol

Reformanstoß nennt Heinrich Zangerle in seiner Dissertation[317] die Ereignisse, die in Tirol zum „Projekt Heimerziehung" führten. Nicht theoretische Überlegungen über die Nicht-Erfüllung der Ziele der Heimerziehung hatten diesen Reformanstoß gegeben, sondern die Konsequenzen. Diebstähle von aus Kleinvolderberg entflohenen Jugendlichen führten am 25. März 1971 zu einer Anfrage im Tiroler Landtag. Der zuständige Referent, Landeshauptmannstellvertreter Herbert Salcher, wies auf die schon lange bekannte Tatsache hin, „dass sich die gesamte Einrichtung des FE-Heimes [Fürsorgeerziehungsheims], insbesondere die Baulichkeiten, in einem trostlosen Zustand und dass die Institution in dieser Form für eine Resozialisierung nicht geeignet ist." Aber, laut Zangerle interessierte nur die Beseitigung der äußerlich bekannt gewordenen Missstände.[318] Das Amt der Tiroler Landesregierung wendete sich an das Institut für Erziehungswissenschaft der Universität Innsbruck. Das „Projekt Heimerziehung" befasste sich mit den Grundlagen der Thematik und legte dem Amt einen Arbeitsbericht vor, in dem die Beteiligten klarmachten, dass sie nicht lediglich zum besseren „Funktionieren" der Heime beitragen wollten. Damit scheiterte die Fortführung des Projektes. Zangerle selbst sollte das von der Behörde vorgeschlagene Thema „Soziale Lage und Berufszufriedenheit der FE Erzieher" bearbeiten, begnügte sich nicht damit und machte daraus seine wesentlich grundsätzlicher gefasste Dissertation.

*Arbeitsgemeinschaft kritischer Sozialarbeiter Tirol*

Diese Gruppe wurde 1976 gegründet. Der Anlass war die Einschränkung des Projektunterrichts an der Innsbrucker Sozialakademie.[319] Von anfänglich 20 Personen schrumpfte der Arbeitskreis auf die Hälfte. Diese Gruppe traf sich jedoch vierzehntäglich und nahm zu verschiedenen Problemen im Berufsfeld Stellung. Der Arbeitskreis engagierte sich auch in der

Unterstützung der Tiroler Heimkritik mit Leserbriefen, Artikeln und Stellungnahmen.

*Tiroler Arbeitskreis für Heimerziehung*

Im März 1978 begann sich der Tiroler Arbeitskreis für Heimerziehung zu bilden.

> „Es trafen sich immer wieder Pädagogen, Psychologen, Juristen, Lehrer, Sozialarbeiter, Erzieher und Priester mit der Absicht, die Situation in den Tiroler Heimen so zu verbessern, dass ohnehin schon schwer benachteiligte junge Menschen in pädagogisch, psychologisch und menschlich angemessener Weise lernen, in der Gesellschaft zu bestehen."[320]

Die Arbeit beschränkte sich vorerst auf die Situation in den Landesjugendheimen Kleinvolderberg und St. Martin. Ausgehend von konkreten Vorfällen, in denen Jugendliche nach Ansicht des Arbeitskreises falsch behandelt wurden, versuchte man mit den ErzieherInnen, mit der Heimleitung und mit BeamtInnen des Landesjugendamtes Gespräche zu führen, um gemeinsam bessere Wege zu suchen. Vom Vorstand des Landesjugendamtes ging im Gegenzug an alle ErzieherInnen die Anweisung, dem Arbeitskreis keine Informationen zu geben. Bei Nichteinhaltung wären disziplinäre Maßnahmen zu erwarten. Offizielle Gespräche konnten nur mit dem Abteilungsvorstand selbst und mit von ihm ausgewählten MitarbeiterInnen in seiner Anwesenheit geführt werden. Die Vorsicht ging so weit, dass der Abteilungsvorstand dem Arbeitskreis auch nur unter größten Bedenken und nach langem Zögern die Arbeit zugänglich machte, welche die Universität Salzburg als Grundlage für die Erziehungsarbeit in den genannten Jugendheimen erstellt hatte („Salzburger Modell").

Ein Dialog mit den Vertretern des Landesjugendamtes scheiterte, da auf Änderungsvorschläge von Seiten des Arbeitskreises jeweils geantwortet wurde, dass diese in der Praxis undurchführbar wären. Damit blieben wesentliche Grundsätze unbeachtet, die im verhaltenstherapeutischen Salzburger Modell exakt durchgeführt hätten werden müssen, um den beabsichtigten Erfolg erzielen zu können. So war die Isolierung der Jugendlichen als Strafe für Flucht nicht vorgesehen. Auch wurde gefordert, dass die Resozialisierung im Heim ein emotional warmes Klima voraussetzte, dass Erzieher beiderlei Geschlechts bei Burschen und Mädchen einzusetzen wären, und dass das Heim den Charakter einer gefängnisähnlichen Bewahranstalt verlieren müsste.[321]



Bei einem Gespräch zwischen Mitgliedern des Arbeitskreises mit dem Sozialreferenten der Tiroler Landesregierung und Vertretern des Landesjugendamtes am 3. April 1980 wurde deutlich, dass die „Therapiestation" vor allem abschreckend wirken sollte, um Fluchten aus dem Heim zu unterbinden. Damit wäre sie nur die Fortführung des bisherigen Karzers, da vom fachlichen Standpunkt aus eine Therapie unter Zwang – gegen den Willen des Zu-Behandelnden – nicht möglich ist.

Für das Mädchenheim St Martin hatte der Arbeitskreis bereits am 10. März 1980 dem Landesjugendamt Änderungsvorschläge für eine Verbesserung der Situation der Mädchen und Erzieherinnen vorgelegt. So sollte eine offene Selbstverantwortungsgruppe aufgebaut werden, die Mädchen sollten außerhalb des Heimes beschäftigt werden, die Entscheidung über die endgültige Aufnahme sollte erst nach einer „Probezeit" gefällt werden. Die Erzieherinnen und die Heimpsychologin sollten Entscheidungsfreiheit in allen pädagogisch-psychologischen Fragen haben, daneben aber auch Fortbildung durch amtsunabhängige Fachleute.

Nach Angaben des Landesjugendamtes mussten aus St. Martin ca. die Hälfte der Mädchen als unerziehbar entlassen werden, in Kleinvolderberg hätten ca. 20 % der Burschen durch immer wiederkehrende Fluchten Schwierigkeiten gemacht. Der Arbeitskreis wollte prüfen, ob Wohngemeinschaften außer ihrem finanziellen Vorteil auch erzieherisch – im Hinblick auf die spätere Integration der Jugendlichen in unsere Gesellschaft – entscheidend bessere Erfolge brächten. „Geholfen hatten derartige Vorschläge nichts."[322] Das Resümee des Arbeitskreises.

Dennoch gelang es dem Arbeitskreis Reformen zu erreichen. St Martin wurde umgestaltet. In Kleinvolderberg wurde das Qualifikaktionsniveau der Burschen gehoben. 1983 ging aus dem Arbeitskreis der „Verein für soziale Arbeit (und Pflegefamilien) in Tirol" hervor. „Der Tiroler Arbeitskreis Heimerziehung hatte lange Pionierarbeit in Tirol geleistet."[323] 

Alles in allem war der Widerstand gegen die herrschende Heimerziehung jedoch von im Sozialwesen Tätigen oder Studierenden getragen. Die Betroffenen selbst, also ehemalige Heimkinder wagten nicht, das Tabu zu brechen und ihre Geschichte – so wie heute – zu veröffentlichen. Eine der seltenen Ausnahmen war Erwin Aschenwald, der seine Jahre in der Bubenburg in *erziehung heute* beschrieben hatte.

### Der Fall Brigitte Wanker

*1980 Erziehungshelferin im St. Josefs-Institut in Mils, Tirol*

Am 16. September 1980 wurde in der ORF-Sendung *Teleobjektiv* die Situation in den Tiroler Heimen, St. Martin, Kleinvolderberg, Mils und in der Kinderpsychiatrie am Landeskrankenhaus Innsbruck dargestellt. Auch über Wimmersdorf wurde berichtet. Danach setzte ein Sturm der Entrüstung ein. Vor allem traf es die junge Erziehungshelferin Brigitte Wanker. Die damals 22-Jährige begann im Jänner 1980, in der von den Barmherzigen Schwestern geführten „Pflegeanstalt für Geistesschwache" zu arbeiten. Die gelernte Weberin freute sich damals darauf, „mit den Kindern zu spielen und zu basteln, ihnen eine sinnvolle Freizeitmöglichkeit zu bieten." Doch schon am ersten Tag fühlte sie das sprichwörtliche Grauen, das dieses Institut für 210 Behinderte – ein Drittel davon Kinder, die zum Teil vom Jugendamt eingewiesen wurden, zum anderen Teil von der Familie gebracht wurden – nach innen wie außen ausstrahlte.



> „Einer der zuständigen Verantwortlichen sollte sich einmal die Zeit nehmen und einige Tage im Heim verbringen, um zu sehen, wie vergitterte Balkone und Zwangsjacken, als notwendige Hilfsmittel gedacht, zu Foltern werden, weil die Zuwendung für Einzelne, ja oft auch für eine ganze Gruppe, nicht erbracht werden kann. Kinder, die oft stundenlang am Balkon verbringen, ein Kind, das, weil es sich sonst mit Kot beschmiert, in der Zwangsjacke auf dem Klo sitzen muss, stundenlang, das sind Zustände, für die nicht die Schwestern allein verantwortlich gemacht werden können."[324]

Brigitte Wanker führte Tagebuch. Anders hätte sie die Arbeit wohl nicht ertragen:

„Die Behinderten im St. Josefs-Institut werden alle unter dem Titel ‚geistig Schwerstbehinderte' geführt. Nach meinen Erfahrungen ist eine derartige Allgemeinaussage falsch und sehr stigmatisierend. Bei vielen Kindern und Jugendlichen bestand die Behinderung darin, dass sie aus schwierigen oder unvollständigen Familien kamen oder körperlich behindert waren, wobei so gut wie alle Behinderten lange Heimkarrieren hinter sich hatten. Mir scheint es zu einfach, sie als ‚geistig behindert' zu bezeichnen."[325]

In einem den Autoren vorliegenden E-Mail erinnert sich eine Physiotherapeutin, die ab 1974 für rund zwei Jahre Kinder im St. Josefs-Institut betreute:

„Kinder wurden oft und heftig geschlagen (‚die einzige Sprache, die sie verstehen'), an Tischbeine angebunden, in Kammern oder Toiletten oder auf den Balkon gesperrt..."



Die Therapeutin hatte nach zwei Jahren nicht mehr die Kraft, in Mils zu arbeiten. Heute ist sie betroffen, nicht den Mut aufgebracht zu haben, das System zu ändern:

„Während ich mich einfach hinausgeschlichen habe, hat Brigitte Wanker gekämpft dafür, dass man die Not dieser Kinder wahrnahm, und für eine Verbesserung der Zustände in Mils. Ich habe sie dafür bewundert. Umso mehr bin ich betroffen vom Umgang mit ihrer Geschichte als Opfer von kirchlicher und öffentlicher Missachtung und Misshandlung."

Brigitte Wanker wollte etwas ändern. Zuerst konfrontierte sie nach ungefähr einem Monat ihrer Arbeit im Institut ihren Vater mit Tagebuchaufzeichnungen. 2010, im Alter von 80 Jahren, hat Max Wanker ein Gedächtnisprotokoll[326] angelegt, das dem Autor vorliegt. Der empörte Vater suchte 1980 das St. Josefs-Institut auf. Das Gespräch mit den Ordensfrauen blieb ohne Konsequenz, die „harte Liebe" hatte sich durchgesetzt.

Brigitte Wanker entschloss sich daher einige Wochen später, dem Leiter des Innsbrucker Jugendamtes, Herrn Schweizer, von den Misshandlungen im St. Josefs-Institut, das ja vom Land Tirol mit Kindern beschickt und auch bezahlt wurde, zu erzählen. Sie überreichte ihm ihr Tagebuch.[327] Herr Schweizer, der Amtsleiter, wusste offenbar von den Missständen, wollte aber nicht darüber diskutieren. „Er hat mich aufgefordert, das Tagebuch zu verbrennen." Sie sei zu sensibel für den Beruf und solle kündigen, waren die Ratschläge, die ihr der Amtsleiter mit auf den Weg gab. „Er hat meine Aufzeichnungen nicht einmal angeschaut oder kopiert", erinnert sich Brigitte Wanker. „Ich solle doch froh sein, dass es so billige Arbeitskräfte [die Nonnen] gibt, die sich um die Kinder kümmern. Ich bin da aus und hab die Welt nicht mehr verstanden. Ich hatte mir wirklich Hilfe erwartet. Ich war ja so naiv." Dass die Verantwortlichen damals, 1980, nicht gewusst hätten, wie die Lage in einigen Kinderheimen war, lässt Wanker heute nicht gelten: „Der Jugendamtsleiter hat von den furchtbaren Zuständen in dem Heim gewusst. Dem war klar, was los ist."

Niemand konnte oder wollte helfen. Niemand fühlte sich für das Schicksal der mehr oder weniger gefangenen Kinder von Mils verantwortlich. Schließlich kam Brigitte Wanker zum Innsbrucker Wissenschaftler Dr. Volker Schönwiese, der sich damals bereits für Menschen mit Behinderung einsetzte. Er stellte die

Verbindung der Frau zu den beiden ORF-Journalisten Claus Gatterer und Kurt Langbein her, die damals für die Fernsehreihe *Teleobjektiv* eine kritische Sendung über Behinderten-Einrichtungen vorbereiteten. Sie interviewten Brigitte Wanker und eine Kollegin zum Thema St. Josefs-Institut. Vater Max Wanker in seinem Gedächtnisprotokoll:

> „Mit dem Bewusstsein, dass Brigitte und mit ihr die ganze Familie nach dieser Sendung von manchen Bekannten, Freunden und Verwandten unverstanden bleiben würde, sahen wird dem Tag der Sendung im Fernsehen mit Spannung und gemischten Gefühlen entgegen."

Im September 1980 erfolgte die Ausstrahlung der Reportage. „Mit meinem Wissen über das Leben der Kinder im St. Josefs Institut schien mir die Reportage in *Teleobjektiv* geradezu zurückhaltend, aber doch deutlich genug, um die Kirche und die zuständigen Behörden zu alarmieren und zum Eingreifen zu bewegen. Ein naiver Glaube, wie sich bald herausstellte", schreibt Max Wanker weiter.



Kirche, Behörden und Politik schritten ein, jedoch nicht, wie es sich die Beteiligten erhofft hatten. Nicht die prügelnden Klosterschwestern oder deren Vorgesetzte wurden ins Visier der Verantwortlichen genommen, auch nicht die Psychiaterin Maria Nowak-Vogl, die in derselben Sendung in aller Kälte die menschenverachtenden Behandlungen von Kindern in ihrer „Kinderbeobachtungsstation" rechtfertigte. Ins Schussfeld der Mächtigen waren Brigitte Wanker und eine ihrer ehemaligen Kolleginnen gekommen, die sich in der ORF-Reportage ebenfalls zu den Zuständen in Mils geäußert hatte. Das Schicksal traf

Wanker am härtesten. „Nach der Sendung war ich das Feindbild Nummer 1." In Zeitungen und Leserbriefen wurde sie als „Nestbeschmutzerin" und „Lügnerin" denunziert. Der Tiroler Sozialhistoriker Horst Schreiber analysiert:

> „Durch die damals äußerst enge Verbindung zwischen Landespolitik und katholischer Kirchenführung war es möglich, einen derart großen Druck aufzubauen, dem sich schlussendlich auch die Medien weitgehend beugten. Die „Tiroler Tageszeitung" stand Ende der 1970er-, Anfang der 1980er-Jahre noch in einem Naheverhältnis zur ÖVP, die als dominante Partei auch einen wesentlichen Einfluss auf den Tiroler Rundfunk ausübte."[328]

Der hochdekorierte Landeshauptmann-Stellvertreter Fritz Prior (ÖVP) hat die Skandal-Aufdeckerin in sein Büro zitiert. „Das war das Ärgste", sagt Wanker heute. „Der hat mir erklärt, dass er dafür sorgen wird, dass ich in Tirol nie wieder eine Stelle kriege." Der mächtige Landespolitiker sollte recht behalten. Wankers Ansuchen um einen Ausbildungsplatz in der Erzieherschule Pfaffenhofen wurde mit dem Satz quittiert, dass sie sich erst gar nicht zu bewerben brauche. Das gerichtliche Vorverfahren gegen die Prügelschwester lief in Wankers Erinnerung wie ein Tribunal ab. „Ich wurde vier, fünf Stunden befragt wie eine Verbrecherin. Ich wurde regelrecht angebrüllt." Nach der Befragung erlitt sie einen Nervenzusammenbruch. Die prügelnde Klosterschwester wurde nicht verurteilt, durfte weiter Kinder betreuen.

Die Kirche stand der Politik in ihrer Gangart gegen Kritiker um nichts nach. Max Wanker in seinem Protokoll aus dem Jahr 2010:

„Von Freunden wurde mir berichtet, der Dekan der Stadtpfarre Hall, Herr Bernhard Praxmarer, habe im Rahmen seiner Predigt die Reportage über das St. Josefs-Institut verurteilt. Die beiden jungen Frauen seien von Kommunisten zu diesen falschen Aussagen über die geistlichen Schwestern verführt worden. Er hat die Aussagen als Lügen hingestellt und die Gläubigen zum Mitgefühl für die in böser Weise verleumdeten, sich selbstlos aufopfernden Barmherzigen Schwestern aufgefordert."

Brigitte Wanker: „Mir wurde von allen Seiten klargemacht, dass ich in diesem Land nichts mehr verloren habe." Sie verließ Tirol und ging nach Wien, wo sie die Erzieherschule absolvierte. Ihre Beziehung ging in die Brüche und auch in ihrer eigenen Familie wusste man nicht, wie man mit der als Landesverräterin Abgestempelten umgehen sollte. Erst zehn Jahre später, 1990, kehrte Brigitte Wanker wieder in ihre Heimat zurück. „Aufs Land, wo mich keiner gekannt hat." Mit der Kirche hat sich Wanker im Jahr 2012 nach einem langen Gespräch mit Bischof Manfred Scheuer ausgesöhnt. „Von der Politik gab's noch nichts in die Richtung", erklärt Wanker. Das könnte sich ändern. Auf Initiative ehemaliger Heimkinder soll Wanker für das Sozialehrenzeichen des Landes Tirol vorgeschlagen werden.

# ES GAB ÖFFENTLICHKEIT

**Mediale Kritik**

Bereits 1970 hat Kurt Tozzer in der Sendereihe *Horizonte*[329] die triste Lage in diversen Erziehungsanstalten thematisiert. Im Jahr darauf wurde im ORF eine ausführliche Reportage unter dem Titel „Die Betroffenen"[330] ausgestrahlt. Nach einer Stellungnahme des Direktors der Erziehungsanstalt Kaiserebersdorf, in der er „Erziehungsmaßnahmen, nicht Strafe" predigte, sieht man die Burschen in ihrer grauen Häftlingskleidung zum Morgenappell in Reih und Glied antreten. Ein Erzieher des Heimes Hohe Warte wiederum erklärte zu seinem Erziehungsziel: „Dass der Gruppenbetrieb klaglos von statten geht." Befragt zu einem Erzieher, der im Heim Eggenburg sogar herzkranke Buben geprügelt habe, meint der damalige Heimleiter: „Ich bin über solche Aussagen eines ehemaligen Buben von uns zumindest erstaunt, möchte aber glauben, dass es sich doch um eine gewaltige Übertreibung handelt." Der Leiter der Anstalt Kirchberg am Wagram spricht von „pädagogischer, psychologischer und psychischer" Betreuung seiner Zöglinge, die dort in Einzelhaft Strafarbeiten durchführen mussten. Auf Prügel angesprochen, meinte er: „Dieser Fall ist mir nicht bekannt." Als Erziehungsmittel stünden ihm und seinen Kollegen bloß „Entziehung der Freiheit – ähm Freizeit" zur Verfügung. Den Argumenten der Heim-Verantwortlichen standen zahlreiche Aussagen von ehemaligen Zöglingen gegenüber, die über die brutalen Erziehungsmaßnahmen berichteten. Auch das Mädchenheim am Wilhelminenberg wurde damals thematisiert. Heimleiterin Hildegard Müller über die sexuellen Bedürfnisse ihrer Schützlinge: „Die werden sie schon haben, aber sie werden vielleicht durch eine gelenkte Freizeitgestaltung [...] davon abgehalten, über das Ziel zu schießen." Eine Erzieherin schildert daraufhin, dass „die Kinder sich Burschen ins Haus holen [...] um ihren sexuellen Wünschen nachzukommen. Da hat sich allerhand abgespielt. Das hätte mehr beachtet werden müssen."[331]

„Politische Gefangene haben wenigstens die Organisation ‚Amnesty International', die sich oft mit großem Aufwand der Sache der Verfolgten annimmt – Kinder in Österreich haben nahezu niemanden, der sich ernsthaft um ihr Leid kümmert. Kinder werden – sobald sie in Heimen sind – von einer Mauer des Schweigens umgeben und vergessen."[332] So stieg die Wiener Illustrierte Stern im Jahr 1975 in eine Reportage über Wiener Kinderheime ein. Autor Günther Schweitzer analysierte, dass nur selten an die Öffentlichkeit dringe, was „mit den gegen Übergriffe der Erzieher an wehrlosen Kindern tatsächlich gemacht wird." Der Druck der Behörden sei groß, da „Missstände nicht in das ‚fortschrittliche' Konzept passen". Den ErzieherInnen warf er „mangelnde Zivilcourage" vor. „Idealisten, die aufmucken, werden eliminiert." Die Änderungen der Kinderheime nach der medial hoch gelobten Wiener Heimenquete im Jahr 1972, bezeichnete Schweitzer als „kosmetische Operationen". Wirklich geändert habe sich in den Heimen nichts. So seien etwa im Kinderheim Hohe Warte einige Umbauten gemacht worden, aber „vor allem blieben dieselben Erzieher, die in ihrer langjährigen Praxis erstarrt sind. Sieben Junge wurden von den Alten innerhalb von vier Monaten aus dem ‚Betrieb' geekelt. Damit wurde auch der Fortschritt ausgesperrt." Junge Erzieher hätten in den Heimen nur zwei Möglichkeiten gehabt: „Entweder sie resignieren und passen sich an – was in der Regel geschieht – oder sie gehen." Die dritte Möglichkeit, sich bei Vorgesetzten zu beschweren, sei zwecks Aussichtslosigkeit so gut wie nie gewählt worden.

Es werden bereits im Jahr 1974 Zustände, beschrieben, die dem eines Gefängnisses nicht nachstehen. „Mit dem Unterschied allerdings, dass es sich ein Strafvollzugsbeamter in Stein kaum leisten könnte, einen Häftling zu schlagen." Der Stern-Journalist nannte Namen von prügelnden Erziehern und die ihnen vorgeworfenen Taten. Konsequenzen aus der Aufdeckung sind keine bekannt. Schweitzer führt ein Parade-Beispiel an: Vier junge Erzieher hätten sich beim Leiter des Wiener Jugendhilfswerkes, Oberamtsrat Lehner beschwert. Über einen Dr. Grünhaus, der im August 1973, als Turnusleiter des von Wiener Heimkindern besuchten Ferienheimes in Riccione (Italien) wiederholt Kinder geprügelt haben soll. Die Beschwerde verlief im Sand. „Bis heute ohne Erfolg."

Ein Jahr später thematisierte das Jugendmagazin *Ohne Maulkorb*[333] die Heimerziehung in Wien. Es wurden triste Familienverhältnisse, aus denen Heimkinder stammten ebenso gezeigt, wie die Zustände in den Einrichtungen der Fürsorge. Ein Vater, dessen Kinder ebenfalls in Heimen gelandet waren, wusste um die Aussichtslosigkeit, die sich ihnen dort geboten hatte: „Was soll aus den Madln werden? Die haben keine Zukunft." Berührender Moment – ein junges Mädchen, vielleicht elf oder zwölf Jahre alt, selbst Heimkind, sagt: „Wenn ich einmal Kinder haben will, hol' ich sie mir aus dem Heim."
Eine nicht näher benannte Ärztin, vermutlich Psychiaterin, erzählte dem Ohne-Maulkorb-Team, als sie glaubte, das Mikrofon wäre nicht eingeschaltet, eine Schilderung eines Heim-Mädchens: „Frau Doktor, tuans mi net in die Maschin' [ins Heim]." Die Ärztin über die Erziehungsanstalten: „Das ist wie eine Mühle, wo man dann ausgemahlen (...), wohlverschrotet und in Stücken herauskommt."

## Politischer Druck

In die Mühlen der Politik gerieten hingegen die ORF-Journalisten Claus Gatterer und Kurt Langbein wegen ihrer Kinderheim-Reportage in der Sendung *Teleobjektiv*[334]. Der Sendungsteil über den Erziehungsnotstand im St. Josefs-Institut in Tirol sorgte im „Heiligen Land" für helle Empörung. „Die Tiroler Landesregierung hat damals beim ORF protestiert", erinnert sich Kurt Langbein heute an die „interessante Zeit" zurück.[335] „Das war leicht möglich, weil der Tiroler Landeshauptmann-Stellvertreter Prior ja auch für die ÖVP im ORF-Kuratorium saß." Prior habe die Absetzung der gesamten Sendereihe *Teleobjektiv* gefordert. „Es war knapp an der Kippe", sagt Langbein. „Ich wurde damals als freier Mitarbeiter in den ORF-Betriebsrat aufgenommen und bin nur so dem Rauswurf entgangen." Der mittlerweile verstorbene Claus Gatterer sei „unglaublich loyal" gewesen und habe sich vor seinen Mitarbeiter gestellt. Gemeinsam mussten sie auch bei eilig einberufenen Beschwerdeausschüssen in Tirol aussagen. „Für mich war das ein spannender Konflikt, der ja auch viel bewegt hat." Wenig später ging im ORF ein Loblied auf das St. Josefs-Institut auf Sendung. Kurt Langbein: „Die ist vom Landesstudio Tirol produziert worden."



Am 18. September 1980, zwei Tage nach der Ausstrahlung der Sendung *Teleobjektiv*, schickte die Heimleitung vom St. Josefs-Institut in Mils Briefe an die Eltern der Heimkinder, in denen sie aufgefordert wurden, „wenn sie der Meinung sind, dass es Ihr Kind gut bei uns hat, schreiben Sie bitte diese Ihre Meinung auf beigelegter Postkarte an den ORF „teleobjektiv", 1136 Wien."[336]

Die Presse in Tirol schoss sich auf den Moloch Wien und einen bösen Emporkömmling aus Südtirol (Gatterer) ein. Die *Tiroler Tageszeitung* berichtete:

„Die Sendung ‚Teleobjektiv', gestaltet von Prof. Claus Gatterer, am Dienstag, den 16. d. M. hat in weiten Bereichen Tirols einen Entrüstungssturm ausgelöst. Die Art und Weise, wie man die Arbeit der in Mils tätigen Schwestern dargestellt hat, veranlasste LHStv. Dr. Prior als Mitglied des ORF-Kuratoriums, bei Generalintendant Bacher im Namen des Landes Tirol einen geharnischten Protest einzulegen. Über die Sendung wird nunmehr in den zuständigen Gremien diskutiert. Wie Prior in einem Telefonat mit der ‚TT' erklärte, hoffe er, dass man daraus entsprechende Schlüsse ziehen wird. [...] Eigentlich traurig, dass ein gebürtiger, viele Jahre in Innsbruck arbeitender Südtiroler, der die Karriereleiter hochgeklettert ist, eine derartige Manipulierung (so Prior) und Verunglimpfung der sozialen Einrichtungen Tirols in die Welt setzt."



Nachdem Erwin Aschenwalds Bericht in *erziehung heute* erschienen war, veröffentlichte die *Tiroler Tageszeitung* am 25. Mai 1981[337] ein Interview mit Pater M., Pater Magnus Kerner, das unter dem Titel „Bubenburg in Fügen hilft, wenn Kindern das Nest fehlt" ein Lobeslied auf die Bubenburg enthielt:

„Wenn Eltern zerrüttet oder zerbrochen sind, Jugendliche an der Luxusverwahrlosung scheitern oder Erziehung mit bloßer finanzieller Zuwendung erledigt wird, stehen für Buben zwischen sieben und 15 Jahren aus ganz Westösterreich Kapuzinerpatres im Seraphischen Liebeswerk („Bubenburg in Fügen") hilfreich zur Seite. Wettzumachen gilt es das Defizit seitens des Elternhauses und der Schule sowie die Diffamierung in der Öffentlichkeit für diejenigen, die ‚aus dem Nest gefallen sind.' Dir. P. Magnus Kerner, der Leiter der Bubenburg zur TT: ‚Die Behinderung dieser Art halte ich für gravierender als eine körperliche Behinderung."

Und weiter ging es :

> „Um Überforderungen zu vermeiden, steht mit Rat und Tat die Kinderklinik zur Seite. [...] Abgänger der Bubenburg kletterten bereits in ‚Akademikerkreise' hoch. Groß ist aber besonders die Anzahl tüchtiger Handwerker, was den Einsatz der Erzieher in Schule und Heim besonders beflügelt. Integriert sind eine Volksschule und Hauptschule (zweiter Klassenzug). Lehrer und Mitarbeiter der Bubenburg können auf das bisher Erreichte zu Recht stolz sein."

Erwin Aschenwald kommentierte dies:

> „1970 vertuschte Pater Direktor Magnus Kerner mehrere Fälle sexuellen Missbrauchs, 1979 vertuschte Pater Direktor Magnus Kerner erneut mehrere Fälle sexuellen Missbrauchs, nebenher verantwortete er ein System von Gewalt und Willkür, teilte auch selbst sehr großzügig seine ‚schlagenden Argumente' mit den ihm anvertrauten Kindern. 1982 erhielt Pater Magnus das Sozialehrenzeichen der Stadt Innsbruck und 1984 trat in den 1979 vertuschten Fällen sexueller Übergriffe Verjährung ein. Danke Magnus! Mit Tirols auflagenstärkster Zeitung im Rücken war es dann ein Kinderspiel, der Öffentlichkeit den Schein der Heiligkeit zu vermitteln und hinter Klostermauern Kinder zu quälen, zu bestehlen und zu betrügen sowie die Gutmütigkeit wohlmeinender Spender auszunutzen."[338]

## Fachzeitschriften

*betrifft:Sozialarbeit*

Diese Zeitschrift wurde von der Arbeitsgemeinschaft kritischer Sozialarbeiter herausgegeben. Neben Alfred Bastecky arbeiteten in der Redaktion Herta Sekardi, Renate Benzing, Margit Scherl, Georg Dimitz, Hansjörg Schlechter und viele andere mit. Redaktionsteams gab es in Tirol, Oberösterreich und Salzburg. Dem Beirat gehörten Marina Fischer-Kowalski, Martin Hoffmann, Ingo Grumiller, Heinrich Keller, Anne Kohn-Feuermann, Irmtraut Leirer, Fritz Leitner, Elfriede Montag, Lotte Schäfer, Heinrich Schmidt, Fritz Spannring, Heinz Steinert und Hannes Swoboda an.

Josef Grestenberger, Dezernatsleiter für die Kinder- und Jugendheime im Jugendamt der Stadt Wien, schied bald aus dem Beirat aus. Was nicht verwundert, wurden die Artikel doch zunehmend kritischer.



Jedes Heft von *betrifft:Sozialarbeit* hatte ein Schwerpunktthema. So befasste sich die Nummer 3 und 4 im Jahr 1975 unter dem Titel „Verwaltete Kinder" mit dem Schwerpunkt Heimerziehung. Die Zeitschrift erschien erstmals 1975 und kam in unregelmäßigen Abständen bis 1982 heraus. Anfangs war noch alles Wonne und Zusammenarbeit mit den Wiener Jugendwohlfahrtsbehörden. Josef Grestenberger gab sogar ein Interview, in welchem er meinte, dass Modellversuche eine Rückwirkung auf die traditionelle Heimerziehung hätten. Er erwähnte auch die Wiener Heim-Studie 1974 und stellte fest, dass im Privatheimbereich kaum Veränderungen stattgefunden hätten. „Allerdings sind auch die Einflussmöglichkeiten hier äußerst gering."[339] Eine Einschätzung, die angesichts der Tatsache, dass viele Privatheime nur von jenen Kindern lebten, die vom Jugendamt der Stadt Wien eingewiesen wurden, eigenartig anmutet. 1978 war die Gangart schon härter. Die Mitglieder des Beirats bekamen einen Brief von der Dienstbehörde:

> „Ich ersuche Sie daher, als Beiratsmitglied auf die Redaktion einzuwirken, dass alle Artikel, die von Mitarbeitern der Magistratsabteilung 11 verfasst werden, vor deren Abdruck mir vorgelegt werden, damit ich beurteilen kann, ob eine Genehmigungspflicht gemäß § 45 der Geschäftsordnung vorliegt oder nicht. Wenn dieser Empfehlung nicht Rechnung getragen wird, dann müssen die Verfasser der betreffenden Artikel und jene Bediensteten der Stadt Wien, die allenfalls die Verletzung der dienstlichen Verschwiegenheit begünstigt haben, das volle Risiko tragen."
> (Unterzeichnet von Dr. Prohaska, Obersenatsrat, diese Briefe gab es noch mehrmals.)



*e.h. erziehung heute*

Auch *erziehung heute* erschien erstmals im September 1975 als Fortsetzung der Zeitschrift *Freier Tiroler Erzieher*. Im Redaktionsteam waren Peter Gstettner, später Professor für Erziehungswissenschaften in Klagenfurt, Lothar Müller und Erwin Niederwieser, später SPÖ Politiker, sowie Bernhard Rathmayr, später oa Professor Erziehungswissenschaft in Innsbruck. Neben kritischen Beiträgen zu Schule und Bildung, veröffentlichete *erziehung heute* immer wieder ausführliche Beitrage zur Heimerziehung, nicht nur in Tirol. So gab es zum Beispiel ein sehr ausführliches Interview mit Monika Tinkl über ihre Tätigkeit als Erzieherin am Wilhelminenberg und in den Reformgruppen Wilhelminenberg und „Im Werd". Die Artikel über Heimerziehung betreute Helene Sturm, Psychotherapeutin in Innsbruck.

**Wissenschaftliche Aufarbeitung ohne Konsequenzen**

Auch die Wilhelminenbergkommission bestätigt, dass es mediale Reaktionen auf die Wiener Heim-Studie 1974 gab: Die organisationssoziologische Analyse der Autorinnen Irmtraut Goessler-Leirer, Rosemarie Fischer und Claudia Hallatz über die Situation in den Wiener Erziehungsheimen sorgte 1975 für große mediale Aufmerksamkeit. Die Studie wurde von nationalen und internationalen Medien beachtet. Stellvertretend sei hier das „profil" angeführt. Im Sommer 1976 berichtete das Nachrichtenmagazin unter dem Titel „Total verwaltete Kinder" über die Zustände in den Erziehungsheimen in Wien: „Die Zustände in den Heimen sind großteils unter jeder Kritik." Politische Konsequenzen aus den Erkenntnissen der Studie wurden in den Medien nicht bekannt.[340]

# ES GAB ALTERNATIVEN

Modelle und Projekte gab es immer wieder in der Zeit zwischen 1970 und 1980. Mit wechselnder Trägerschaft und wechselndem Erfolg. Das größte und auch offizielle Modellprojekt war die Stadt des Kindes in Wien. Die Spattstraße in Linz, die Jugendwohngemeinschaft in St. Johann im Pongau waren private Initiativen.

**Die Stadt des Kindes oder „Mizzi, des kriagst ah"**

Ein hartnäckiges Gerücht behauptete, dass der Ursprung des Modellprojektes „Stadt des Kindes" in einer Reise der Stadträtin Maria Jacobi lag, der, wo verlor sich im Dunkel der Geschichte, eine Kinderstadt gezeigt wurde. Nach ihrer Rückkehr versprach der mächtige Finanzstadtrat Felix Slawik mit den Worten: „Mizzi, des kriagst ah" auch in Wien eine Stadt des Kindes zu errichten. So schenkte die Stadt Wien ausgewählten Heimkindern dieses Modell 1968, zum 50. Jahrestag der Errichtung der Republik Österreich, nach einem Architektenwettbewerb, den Anton Schweighofer gewann. Mit der Errichtung der Stadt des Kindes wurde der Versuch unternommen, die abgeschlossene Situation des Heimes zu durchbrechen. Um das zu erreichen, sollten die Kinder nicht nur öffentliche Schulen, Lehren etc. besuchen, sondern die Bevölkerung sollte durch verschiedene Einrichtungen in die Anlage der Stadt des Kindes einbezogen werden, so beschrieben Ingrid Breser und Joachim Hinsch das Konzept.[341]



> „Natürlich erlebten die ‚Heimkinder' eine gewisse Abstempelung, zumal sie ja meist zu der Gruppe der leistungsschwächeren Kinder gehören, andererseits

> haben wir aber in keinem Fall erlebt, dass Kinder aus der Stadt des Kindes leichtfertig in die Sonderschule überstellt wurden. Es hat sich auch gezeigt, dass immer mehr Kinder mit Klassenkollegen Freundschaften schließen."[342]

„Ausgang" (Heimjargon) war in dieser Situation nicht mehr zeitgemäß, sondern die Betreuer vereinbarten – ähnlich wie es Eltern tun – Zeiten, zu denen sie das Kind wieder sehen wollten.

> „Wenn das 15-jährige Mädchen mit ihrem Freund spazieren ging, hatte ich immer das Gefühl, dass die Erzieherin in großer und Beunruhigung wartete, bis es wiederkam. Das ‚hoffentlich passiert nichts' lag in der Luft." (Aus dem Protokoll eines Beobachters).[343]



Diese Beobachtungen stammen teils vom Sommer 1974 teils vom Jänner 1975, während des „normalen" Heimbetriebs. Der Heimleiter gab als Ziel der Erziehung in der Stadt des Kindes „normale Integration" an. Er bezeichnete die Kinder als „leicht verwahrlost", gab ihnen jedoch keine ausgesprochen negative Charakterisierung. Die Lage am Stadtrand war für einen Teil der Kinder und Jugendlichen nicht sehr glücklich, da sie beim Besuch von höheren Schulen oder bei Lehren weite Anfahrtswege in Kauf nehmen mussten. Einige bewusst geplante Interaktionsmöglichkeiten mit der Umgebung klappten nicht ganz. So konnte im Erhebungszeitraum weder ein Friseur, noch ein Arzt gefunden werden, der sich auf dem Gelände der Stadt des Kindes niederlassen wollte, und auch für BewohnerInnen der Umgebung hätte es zugänglich sein sollen. Andererseits war das Hallenbad, das auf dem Gelände der Stadt des Kindes errichtet wurde, ein Erfolg. Es wurde auch von Kindern der Umgebung besucht. Die Stadt des Kindes verfügte über 260 systemisierte Plätze. Vorgesehen waren 20 Gruppen, die auf vier „Vierfamilienhäuser", sowie ein Mädchen- und ein Burschenhaus (zwei bis 17 Jahre) aufgeteilt waren. 57 ErzieherInnen und sechs SportlehrerInnen betreuten die Kinder und Jugendlichen. Es gab Tennis, Judo oder Ballettstunden. „Es war das Paradies für mich", so schilderte ein ehemaliges Heimkind im *Falter* im Jahr 2008 seinen Aufenthalt.[344]

In den beobachteten Gruppen fand zwischen Erzieher und Kindern Per-Du-Kommunikation auf freundschaftlicher Basis statt. Gruppen-Erzieher wurden von den Kindern mit dem Vornamen angesprochen. Die Gruppenerzieherin betonte, dass die Erziehungs- und Integrationsmethoden in den einzelnen Gruppen sehr verschieden sind, da in pädagogischen Fragen den ErzieherInnen viel selbst überlassen würde. Zwischen den Erziehern der beiden beobachteten Gruppen bestand ein sehr freundschaftliches Verhältnis, auch über berufliche Tätigkeit hinaus. Auch zwischen den ErzieherInnen verschiedener Gruppen bestanden teilweise recht enge Kontakte (einige ErzieherInnen waren miteinander verheiratet), jedoch gab es einige „schwarze Schafe", die gleichmäßig unbeliebt waren. Die Kommunikation zwischen Heimleiter und Erziehern basierte in erster Linie auf den regelmäßig stattfindenden Konferenzen. 1977 wurde nach Schließung des Heims am Wilhelminenberg Frau Direktor Müller dritte Erziehungsleiterin in der Stadt des Kindes.[345]

Der Tagesablauf in der Stadt des Kindes war wenig reglementiert. Lediglich Fixzeiten – wie etwa das Abendessen sollten eingehalten werden. Von den baulichen Gegebenheiten hatten die Kinder viele Möglichkeiten. Sie konnten sich in ihre Zimmer zurückziehen, aber auch im Gruppenraum spielen.

Die unterschiedlichen Altersgruppen behinderten sich nicht gegenseitig wegen unterschiedlich langer Lernzeiten, da Platz für alle Aktivitäten war. Die Kinder konnten jederzeit spazieren oder einkaufen oder ins Schwimmbad gehen. Es gab hier auch die Möglichkeit, in der Teeküche eine kleine Mahlzeit zuzubereiten, von der auch ausgiebig Gebrauch gemacht wurde. Rosemarie Fischer abschließend: Die Stadt des Kindes dürfte den Forderungen der Wiener Heimkommission entsprechen.[346]
Kritik erntete die Stadt des Kindes jedoch bereits 1974 von medialer Seite: „Der architektonisch gelungene [...] Bau entspricht jedoch nicht modernen Anforderungen. Heime sollten, wenn überhaupt, nur für etwa 40 bis 60 Kinder gebaut werden."[347]
Ausgelegt war das neue Heim, das Vorzeigeprojekt der Stadt Wien am Stadtrand, für 260 Kinder. 2002 wurde die Stadt des Kindes geschlossen.



**Spattstraße Linz**
Dieses ursprünglich von der Methodistenkirche geführte Mädchenheim wurde in einigen Dissertationen ausgiebig untersucht. Neben zwei Dissertationen, die sich mit der soziometrischen Analyse der Mädchen im Heim befassten, erstellte Agnes Hochgerner-Bittner in ihrer Dissertation 1976 eine Heimanalyse des Jugendheims Spattstraße, wobei sie ebenso, wie die Wiener Heimstudie 1974 die konkreten Empfehlungen der Wiener Heimkommission 1971 zur Überprüfung der Tätigkeit im Heim Spattstraße machte. Das Heim hatte fünf Gruppen von sechs bis neun Mädchen, 1977 kamen im Neubau zwei weitere Gruppen dazu. Im Neubau wurde auch ein Kindergarten eingerichtet. Darüber hinaus gab es zwei Wohngemeinschaften und zwei Garconnieren mit 13 bis 15 Mädchen.
1961 übernahmen Emma und Rudolf Siegrist den Aufbau des

Heimes. 1963 war die offizielle Gründung. Die Webepage des heutigen Diakoniezentrums Spattstraße gibt zahlreiche geschichtliche Informationen.[348] Die Einrichtung wuchs und 1976 wurde eine geschlossene Gruppe eingeführt. In seinem Buch „Praxisbericht: Erziehung im Mädchenheim"[349] verteidigt Rudolf Siegrist diese Maßnahme, was große Enttäuschung bei kritischen HeimerzieherInnen auslöste.[350] Rudolf Siegrist leitete die Spattstraße bis 1987. Das Diakoniezentrum Spattstraße existiert bis heute.

**Jugendwohngemeinschaft St. Johann im Pongau**

Im Frühjahr 1974 wurde der Verein „Pongauer Jugendhilfe" gegründet. Die Initiative dazu ging vom Jugendamtsleiter in St. Johann und vom damaligen Leiter der Außenstelle der Bewährungshilfe in Bischofshofen aus. Bei der Gründung des Vereins stand jedoch schon das Engagement von Bewohnern der Gemeinde St. Johann und umliegender Orte im Mittelpunkt, die den ungewöhnlichen Schritt unternahmen soziale Probleme und deren Lösung nicht an öffentliche Stellen abzuschieben. Das Ziel waren Einrichtungen der Ersatzerziehung Jugendlicher, das vom Anfang an in Richtung Wohngemeinschaften oder ähnlicher offener Institutionen ging. Es wurde geplant, mehrere dafür geeignete Einrichtungen zu schaffen.

Nachdem es Anfangsschwierigkeiten bei der Suche nach einem geeigneten Objekt für eine erste Wohngemeinschaft für Burschen gab, da aus der Bevölkerung Widerstände kamen, konnten am 1. September 1974 die ersten Jugendlichen in die Wohngemeinschaft einziehen. Aus finanziellen Gründen konnte vorerst nur ein Betreuer angestellt werden, was jedoch diesen verständlicherweise erheblich überforderte. Nachdem die Entwicklung dieses Projektes zwei Erzieher „verbrauchte", hatte sich das Projekt stabilisiert und diente als Vorbild. Sieben Jahre bestand das Projekt. Immer wieder wurde betont, dass die räumlichen und finanziellen Vorraussetzungen ungenügend waren. Eine Umsiedlung nach Bischofshofen wurde erwogen, nicht zuletzt, weil die Wohngemeinschaft „als Schandfleck in dem schönen Fremdenverkehrsort" gesehen wurde.[351] Es gab auch Schwierigkeiten zwischen dem Vereinsvorstand und den Betreuerinnen. „Als ich aber auch das Ansinnen stellte, mir jede Räumlichkeiten zu zeigen, in denen die Jugendlichen untergebracht sind, erklärte Frl. B. (die diensthabende Erzieherin), dass sie darüber nicht entscheiden könne, da dies in die Intimsphäre des Jugendlichen gehöre" so ein Protokoll eines konsternierten Vereinsvorstandsmitglieds.[352] Über die letzten Tage der Wohngemeinschaft St Johann berichtete das Betreuungsteam:



> „Bei einem Gespräch mit dem zuständigen Landesrat, Herrn Oberkirchner, wollten wir die von uns angestrebte Verlegung der Wohngemeinschaft nach Hallein oder Salzburg erörtern. Dabei erfuhren wir, dass für 1982 vom Land her keine Unterstützungen für St. Johann mehr vorgesehen sind und ein diesbezügliches Schreiben dem Pongauer Jugendhilfeverein Ende Juli zugeführt wurde. Am selben Abend wurde unser Betriebsrat zu einer kurzfristig angesetzten· Vorstandssitzung eingeladen. Nach kurzer Absprache der Vorstandsmitglieder wurde die Auflösung der Wohngemeinschaft beschlossen, die Kündigungen der Erzieher(innen) mit 31.12.1981 ausgesprochen. Die Jugendlichen wurden in der zweieinhalbstündigen Sitzung mit zwei Sätzen behandelt: Frage eines Vorstandsmitgliedes: Was ist dann eigentlich mit den Jugendlichen? Antwort eines anderen Vorstandsmitgliedes: Die werden der Fürsorge zur Verfügung gestellt. Bei dem oben genannten Gespräch mit dem Landesrat wurden wir mit einem

anderen Anliegen konfrontiert. Landesrat Oberkirchner forderte uns auf, uns mit der Schaffung eines Auffanglagers für aufgegriffene Jugendliche, die vorläufig gesetzeswidrig im Polizeigefängnis festgehalten wurden, auseinanderzusetzen. Bei einer Koppelung Wohngemeinschaft – Auffanglager wären gleich mehrere Fliegen auf einen Schlag geschlagen. Der Polizeidirektor, Herr Biringer, hätte seine Sorge los. Das Land eine Notschlafstelle ins Leben gerufen (bei Koppelung Personaleinsparung), die Bewohner der Wohngemeinschaft und wir Betreuer würden nicht auf der Straße stehen. So sollen wir unter sanftem Druck dazu gebracht werden, dem Land dic Organisation und den Aufbau eines Auffanglagers abzunehmen. Als Belohnung dürften wir unsere Arbeitsplätze behalten und die Wohngemeinschaft weiterführen."[353]

Dennoch, Ingrid Bauer et.al., schließen, dass das St. Johanner Projekt ein Wegbereiter war und auch Katalysator, dass das Land Salzburg vom Bau eines Salzburger Fürsorgeerziehungsheims Ende 1976 definitiv Abstand nahm.[354]

beantragt am 18.4.1974

...ericht, EH, JGH (BG) vom Wien XV, Gasgasse 8-10

...ziehung JGH (BG) vom 8.5.1974 GZ 21 P 64/74

...eantragt am

Geburtsurkunde d. Mj.
Taufschein d. Mj.
Staatsbürgerschaftsnachweis des-r
Heiratsurkunde
Scheidungsurteil
Sterbeurkunde

...berstellendes Amt: Spr. 6

...ien, 19.4.1974 19 BJA 15/...

eingesehen: Unterschrift

An die Kinderübernahmsstelle der Stadt Wien, 9 Lustkandlgasse 50, 1090 Wien

...suchen des BJA 15 27. MAI 1974 /3/ Je

um Übernahme in Gemeindepflege des/d...

| Name des Kindes | Geburtsdaten | Geburtsort | Standesamt | Religion | Taufpfar... |
|---|---|---|---|---|---|
| C. Gerald<br>legitimiert ... v. 1.4.74, Zl. 1 P 132/66 | 27.1.1965 | Wien | Währing 761/65 | r.k. | |

# X.
# FAZIT

...tzter Wohnort des Kindes: 115o Wien, Graumanng. 33/1/12

...atsbürgerschaft: Österreich laut: MA 61 v. 25.2.65

...ulaufbahn: Beginn der Schulpflicht: 1971 ev. Rückstellung:

...zt besuchte Schule (V, ...): Volksschule 115o., Ortnergasse

73/74 2. Klasse (Klassenzug): rep.

...rstelle:

...rzeit: als

...ter: C. Karl

...geboren am 24.12.1913

...und Matrik: Ungarn

...raut am 11.6.1976

...und Matrik: StA Penzing 4P3176

...torben am 20.8.1976

...und Matrik: StA Penzing 7085176

...nort: 115o., Grimmgasse 22/2/19

...f: Hilfsarbeiter, dzt. Krankenstand

...tgeber:

Mutter: St. Ottilie

geborene ----

sonstige Namen:

e-ue geboren am 12.1o.1929

Ort und Matrik: Wien-Zivilmatrik

Gestorben am Band XII Bz 441 Hz 971

Ort und Matrik:

Wohnort: 115o., Graumanng. 33/1/12

Beruf: Bedienerin

Arbeitgeber: Gem. Wien (Berufsschule Moll...

...er. gesch. am Gericht:

...roßvater: gestorben

...ren am in

...nort:

...:

...geber:

M. Großvater: gestorben

Geboren am in

Wohnort:

Beruf:

Arbeitgeber:

...roßmutter: gestorben

...ren am in

...nort:

...:

...geber:

M. Großmutter: gestorben

Geboren am in

Wohnort:

Beruf:

Arbeitgeber:

...mt ...): Bezirksjugendamt f.d.15.Bezirk

...ort:

...Pflegschaftsger.: BG 15 Dekret vom 3.7.74 GZ 1 P 132/66

GD 28 – 4 – 7211 – 44320 – 77

# Internationaler Überblick

**Irland**

Der Inselstaat war eines der ersten Länder in Europa, das systematischen Missbrauch und Misshandlung tausender Kinder in Erziehungsheimen aufgearbeitet hat. Bereits im Jahr 2000 wurde eine Kommission gegründet, die schließlich im Jahr 2009 ihren fünfbändigen Endbericht vorlegte.[355] Darin wird konstatiert, dass „ein Klima der Angst, geschaffen durch umfassende, überzogene und willkürliche Strafmaßnahmen, [...] die meisten dieser Institutionen" durchdrungen hat. Mädchen wurden routinemäßig sexuell missbraucht, bei Buben war dies ebenfalls durchgängig üblich.



Den Opfern wurden Entschädigungen in der Höhe von insgesamt 1,28 Milliarden Euro zugesprochen, die Kosten tragen Staat und katholische Kirche gemeinsam. Der damalige irische Premierminister Bertie Ahern und Kardinal Sean Brady haben sich bei den Opfern mehrmals öffentlich entschuldigt.

Im Jahr 2013 wurden weitere Vorfälle in den von Nonnen geführten „Magdalenenheimen" bekannt.

> „In den katholischen Heimen lebten zwischen 1922 und 1996 mehr als 10.000 Frauen, viele von ihnen Prostituierte und damals sogenannte ‚gefallene Mädchen' – ungewollt oder unehelich schwanger gewordene Frauen, die im streng katholischen Irland geächtet waren. Etwa ein Viertel von ihnen wurde unter Mitwirkung staatlicher Stellen in die Heime vermittelt, wo sie unentgeltlich in den Wäschereien schuften mussten."[356]

SPIEGELonline berichtete weiters über die Entschuldigung durch den irischen Premier Enda Kenny:

> „„Wir bedauern zutiefst, was Ihnen zugefügt wurde. Was ihnen als Kind oder Erwachsene angetan wurde, hätte nicht passieren dürfen', wandte sich Kenny an die Opfer und betonte: ‚Irland hat schlecht gehandelt, nicht Sie.'"[357]

Irland stellte weitere 58 Millionen Euro zur Entschädigung der ehemaligen Zwangsarbeiterinnen der Magdalenenheime zur Verfügung. Die vier Orden, die diese Heime einst betrieben haben, weigerten sich, einen finanziellen Beitrag zur Wiedergutmachung zu leisten.[358]

## USA

In den Vereinigten Staaten ist der sexuelle Missbrauch durch katholische Geistliche seit dem Jahr 2002 ein Thema. Enorm unter Beschuss geraten ist dabei auch Kardinal Roger Mahony[359], wie SPIEGELonline berichtete:



> „Ein Problem hängt Mahony, 73, bis heute nach und wird ihn wohl noch bis in den Ruhestand verfolgen, den er im kommenden Jahr aus Altersgründen antreten soll – die mehr als 500 Missbrauchsfälle, zu denen es während seiner Amtszeit, unter seiner Obhut, innerhalb der katholischen Kirche Kaliforniens kam."[360]

Der Kardinal wurde Anfang 2010 sogar von der Staatsanwaltschaft einvernommen, weil er sexuellen Missbrauch in seinem Einflussbereich über Jahrzehnte gedeckt haben soll.

> „Bereits 2007 hatte das Bistum Los Angeles eingewilligt, insgesamt 508 Missbrauchsopfern 660 Millionen Dollar [rund 500 Millionen Euro] Wiedergutmachung zu zahlen – rund 1,3 Millionen Dollar [etwa eine Million Euro] pro Kopf."[361]

Ein Report der US-Bischofskonferenz zog ein erschütterndes Fazit:

> „Von 1950 bis 2004 bestätigten sich 6700 Missbrauchsvorwürfe gegen 4392 US-Priester. Die Opfer waren zwischen 11 und 17 Jahre alt. 3300 Priester waren bereits verstorben, von den restlichen wurde gegen 384 ermittelt, 252 wurden verurteilt, 100 kamen ins Gefängnis – nur zwei Prozent der insgesamt Beschuldigten."[362]

Die katholische Kirche wurde scharf kritisiert, dass sie die beschuldigten Priester nicht angezeigt, sondern versetzt habe. In einem Interview erklärte der US-Missbrauchsaufdecker David Clohessy, selbst Opfer eines Priesters:

> „Zwei Kirchenexperten sagten im Vorjahr, dass es in den USA 100.000 Opfer von pädophilen Priestern gibt. Wenn das Kirchenexperten sagen, muss man davon ausgehen, dass die Zahl viel, viel höher ist. Die meisten Opfer wurden von der Kirche kaum oder gar nicht entschädigt. Die Kirchenoberen haben Angst, dass sie ihre Schuld vor einem öffentlichen Gericht bezeugen müssen. Bevor es zu einem Urteil kommt, bieten sie einen Vergleich an. Niemand wird schuldig gesprochen."[363]

Aufdecker Clohessy arbeitet seit 25 Jahren für die Missbrauchsopfer-Organisation SNAP.[364] Auf die Frage, ob sich seither im Umgang der Kirche mit Missbrauchsopfern etwas verändert habe, meint er:

> „Auch wenn es schwierig zu glauben ist: In der Kirchen-Hierarchie hat sich wenig verändert. Aber sehr verändert hat sich, dass die Bischöfe viel klüger und gewitzter geworden sind, um den Missbrauch zu vertuschen. Vor zwanzig Jahren war es für sie noch leichter: Die Opfer hatten Angst und waren voller Scham,

die Polizei eingeschüchtert, die Eltern waren naiv. Jetzt haben die Opfer manchmal mehr Courage. Manchmal agieren heute auch Gesetzgeber, Regierung und Journalisten. Es hat in den letzten 25 Jahren viel Fortschritt gegeben, aber nicht wegen, sondern trotz der Bischöfe."[365]

## Schweden

*Geraubte Kindheit*

Im November 2005 wurde unter dem Titel „Geraubte Kindheit" im schwedischen Fernsehen eine Dokumentation über Gewalt und sexuellem Missbrauch in einem schwedischen Kinderheim gesendet. Infolgedessen wurde eine Kommission zur Aufklärung von Missbrauch und Vernachlässigung eingesetzt. Der Bericht weist auf ähnliche Untersuchungen in folgenden Ländern hin: Norwegen, Island, Dänemark, Irland, UK (Wales), Australien, Kanada. In der Definition von Missbrauch und Vernachlässigung ging die Kommission von der UN-Kinderrechtskonvention aus. Die Kommission war mit 2000 Personen in ganz Schweden in Kontakt und wertete schlussendlich 866 Interviews aus. Die Gruppe bestand aus 509 Frauen (59%) und 357 Männern (41%). 155 Personen gehörten Minderheiten an oder hatten einen Migrationshintergrund. Es gab einen weiten Altersunterschied, vom Geburtsjahr 1920 bis 1980. Die Gruppe kam aus 196 verschiedenen schwedischen Gemeinden. Die Personen waren sowohl bei Pflegeeltern als auch in Institutionen untergebracht. Nur 12% (102 Personen) erlitten keine Gewalt oder sexuellen Missbrauch. Von diesen 102 Personen wurden 57 in der Arbeit so ausgebeutet, dass sie Schäden erlitten. 53 Personen erlitten Strafen in Zusammenhang mit dem Essen. 50 Personen wurden beschimpft oder ihre Verwandten herabgewürdigt. 49 Personen wurden mit Gewalt bedroht. 29 Personen beklagten mangelnden Unterricht oder fehlende Hilfe bei Bildung. 22 Personen beklagten mangelnde Gesundheitsfürsorge. Es wurde versucht, alle Inhalte der Interviews durch Dokumente verschiedenster Art zu belegen. Wenn mindestens zwei Personen unabhängig voneinander vom Missbrauch in einer Institution oder Pflegestelle berichteten, wurde dem nachgegangen.

Bei den Pflegestellen ergab sich folgendes Bild: Die Pflegestellen waren auf dem Land, Pflegeltern waren verheiratete Paare, die selber Kinder geboren hatten, aber auch viele Pflegekinder aufnahmen. Ein Teil war aktiv in Frei-Kirchen oder in der schwedischen Staatskirche.

Obwohl der Untersuchungsansatz von den einzelnen Interviews ausging und nicht von Institutionen, kristallisierten sich drei Heime mit massivem Missbrauch und Vernachlässigung heraus, das Kinderheim Vidkärr in Göteborg, das Nyboda-Heim in Stockholm und das Skärsbo Knabenheim in Alingsaas. In immerhin 30% der Fälle wurde der Missbrauch auch in den dazugehörigen Dokumenten erwähnt und bestätigt. Die Formulierungen dieser Akten waren jedoch sehr vorsichtig, stellte die Kommission fest. Die Kommission stellt auch anerkennend fest, dass trotz Missbrauch und Vernachlässigung ein großer Teil der Interviewten ihr Leben bewältigt habe, weist jedoch daraufhin, dass nur zwei Personen behaupteten, dass es ihr Leben überhaupt nicht beeinflusst hatte. Viele berichteten, dass sie zwar einen starken Überlebenswillen entwickelt hatten, aber auch Selbstzweifel, Drogenabhängigkeit oder Minderwertigkeitsgefühle. Finanzielle Probleme oder physische Krankheiten, wie permanente Rückenschmerzen durch harte physische Arbeit als Kinder waren ebenfalls Folgeschäden. Kriminalität, Alkoholprobleme, Abhängigkeit von Psychopharmaka wurden als Folgen angegeben.

Ein Teil gab an, dass sie nie wagten, eine eigene Familie zu gründen, dass sie den Kontakt zu ihrer Ursprungsfamilie verloren hatten. Prostitution und Obdachlosigkeit waren weitere Folgeschäden. Angstzustände und Phobien, sowie Selbstmordgedanken und Selbstmordversuche wurden berichtet. 19% der Interviewten hatten entweder während des Heimaufenthalts oder danach einen Selbstmordversuch unternommen. Dennoch hatten über 400 der Befragten ihr Leben lang Vollzeit gearbeitet, 396 teilweise und nur zwölf nie. Beanstandet wurden jedoch die vorenthaltenen Bildungschancen. Im Bericht wird auch großer Wert darauf gelegt, welchen Einfluss das Interview hatte und wie es von den Befragten empfunden wurde. Viele erklärten, dass sie zum ersten Mal über ihre Erlebnisse gesprochen hätten. Trotz Schmerzen empfanden sie Genugtuung, ernst genommen zu werden und dass eine Regierungsstelle ihre Darstellung dokumentiert hatte.



Kapitel 9 des Berichts befasst sich mit der mangelnden Kontrolle. Die Kommission machte ganz klar, dass die Behörden, die in loco parentis treten, auch die volle Verantwortung tragen. An diesen Untersuchungsbericht schloss sich eine Kommissionsarbeit über die verschiedenen Möglichkeiten der Entschädigung an. Auf jeden Fall wurden allen Befragten acht Sitzungen mit Psychotherapeuten angeboten, um mit den Gedanken und Gefühlen, die durch das Interview wieder hochgekommen waren, zurecht zu kommen.

Am 21. November 2011 fand unter Anwesenheit von Königin Sylvia in derselben Halle, in der auch die Nobelpreise vergeben werden, eine Versöhnungs- und Entschuldigungszeremonie statt. Der Parlamentspräsident hielt die Entschuldigungsrede. Nach Zeitungsberichten waren über 1300 Personen gekommen.

**Deutschland**

Die Besonderheit am nördlichen Nachbarland: Es war lange zweigeteilt. Auf die unterschiedliche Herangehensweise an die Heimerziehung in BRD und DDR kann hier nicht im Detail eingegangen werden. Aufgearbeitet wurde bislang vor allem die Geschichte der Fürsorge der Bundesrepublik. 2006 brachten ehemalige Heimkinder eine Petition im Bundestag ein, 2009 gründete der Bundestag einen Runden Tisch zur Heimerziehung, dem auch Betroffene angehörten [sic!]. Seit Dezember 2010 liegt der Abschlussbericht vor, in dem die Zustände der 1950er- und 1960er-Jahre beleuchtet wurden. Der Runde Tisch geht von 700.000 bis 800.000 Kindern und Jugendlichen aus, die zwischen 1949 und 1975 in Fürsorge-Einrichtungen der Bundesrepublik untergebracht waren.



> „Vor allem Säuglinge und Kleinkinder wuchsen in den 50er und 60er Jahren in den Einrichtungen emotional absolut unterversorgt auf. Sie erfuhren in der Regel kaum persönlichen Zuspruch. Die Zahl der Kinder, für die eine Betreuungsperson zuständig war, ließ intensive Zuwendung meistens nicht zu. Diese Form der Unterbringung traf viele elternlose Kinder, die gerade wegen des frühen Verlusts ihrer Bezugspersonen besondere Pflege und Hilfe gebraucht hätten. Die Folgen waren Hospitalismus und Deprivation. Viele Säuglinge und Heimkinder waren in den Heimen der 50er und 60er Jahre in ihrer emotionalen Existenz bedroht.“[366]



Im Bericht wird detailliert auf physische, psychische und sexuelle Gewalterfahrungen ehemaliger Zöglinge eingegangen. Parallelen zu Heimen in Österreich tun sich auf.

> „Die dargestellten Problemschwerpunkte zeigen, dass es in der Heimerziehung vielfaches Unrecht und Leid gab. Dabei wird deutlich, dass es in der Heimerziehung der frühen Bundesrepublik zu zahlreichen Rechtsverstößen gekommen ist, die auch nach damaliger Rechtslage und deren Auslegung nicht mit dem Gesetz und auch nicht mit pädagogischen Überzeugungen vereinbar waren. Elementare Grundsätze der Verfassung wie das Rechtsstaatsprinzip, die Unantastbarkeit der Menschenwürde und das Recht auf persönliche Freiheit und körperliche Integrität fanden bei weitem zu wenig Beachtung und Anwendung."[367]

Der Runde Tisch nennt auch die seiner Ansicht nach für das Leid der Heimkinder Verantwortlichen: Eltern, Vormünder/ Pfleger, Jugendämter, Vormundschaftsgerichte, Heimbetreiber (öffentlich, privat, kirchlich), Heimleiter/ Personal, Verantwortliche für Rechtssetzung und -anwendung.[368]



Schließlich wurden in dem Abschlussbericht auch Lösungsvorschläge[369] angedacht. Etwa die Anerkenntnis von Unrecht, Bitte um Verzeihung, Einrichtung von Anlauf- und Beratungsstellen, finanzielle Maßnahmen zugunsten Betroffener (wie etwa Übernahme von Therapiekosten, Rentennachzahlungen, Qualifizierungsmaßnahmen), wissenschaftliche Aufarbeitung und Einrichtung eines Fonds für ehemalige Heimkinder in Höhe von 120 Millionen Euro. Mittlerweile gründete der Bundestag einen „Fonds Heimerziehung in der Bundesrepublik Deutschland in den Jahren 1949 bis 1975" und einen „Fonds Heimerziehung DDR in den Jahren 1949 bis 1990". Eine eigene Anlaufstelle für ehemalige Heimkinder wurde gegründet.[370]

Kritik an der Lösung kommt vom ehemaligen Heimkind Peter Bringmann-Henselder:

> „In Deutschland bekommen die ehemaligen Heimkinder, die Schlimmes erlebt haben, 10.000 Euro Sachleistungen. Sie bekommen für 10.000 Euro Therapien genehmigt und das war's dann. Einige kriegen eine Rentennachzahlung, weil die Heime keine Renten eingezahlt haben. Aber nur ab dem 14. Lebensjahr. Alle die auch davor gearbeitet haben, gehen für diese Zeit leer aus. Es gibt Leute, die überhaupt keine Sachleistungen bekommen, weil man nicht nachweisen kann, dass sie in einem der schlimmen Heime waren." [371]

Kritik übt der 61-Jährige auch an der Kirche:



> „Die katholische Kirche zahlt nur 5000 Euro für sexuellen Missbrauch plus Therapiekosten. Ich hab meinen Antrag bei der katholischen Kirche noch nicht gemacht, weil ich vorhabe, einen Musterprozess zu führen, weil ich der katholischen Kirche drei Mal mitgeteilt habe, dass hier Missbrauch vorliegt. Beim dritten Mal hat der Jurist des Erzbistums Köln gesagt, dass müsse der Pfarrer mit seinem Gewissen und dem lieben Gott ausmachen."

**Schweiz**

Die Staatskanzlei St. Gallen stellte in einer Presseaussendung im Jahr 1999 zu Vorfällen im Kinderheim „Bild" in Ebersol fest:

> „Harte körperliche Arbeit, Ausnützung, regelmäßige Schläge mit allen möglichen Gegenständen, Kontaktsperren gegenüber den nächsten Angehörigen, Missbrauch des Vertrauens, Erniedrigung, Vernachläs-

> sigung, in mehreren Fällen auch massivste sexuelle Gewalt. Die Liste der Grausamkeiten, die den Verantwortlichen vor Augen geführt wurde, war lang. Hinter der sachlichen Schilderung des Erlebten wurden die seelischen Verletzungen spürbar, unter denen die Opfer noch immer leiden. Die Angst, wieder ausgenützt zu werden, Misstrauen gegenüber den Mitmenschen, Angst vor Körperkontakten, Beziehungsprobleme, immer wieder Alpträume, bleibende körperliche Schäden."[372]

Diese Erfahrungen flossen aber nur langsam in einen Aufarbeitungsprozess ein. Betroffene gründeten den Verein „netzwerk verdingt"[373], der Historiker Thomas Huonker arbeitet seit Jahren die Geschichte der Fürsorgeerziehung in der Schweiz auf.[374] Er berichtet auf seiner Homepage über die bislang spärlichen Bemühungen der Politik, Opfer zu entschädigen. So sei Betroffenen aus der Volksgruppe der Jenischen[375], „die von Kindswegnahmen, Fremdplatzierung in Heimen und Anstalten, als Verdingkinder[376] oder als Adoptierte systematisch aus ihrer Herkunftskultur gerissen wurden und von denen einige auch einer Zwangssterilisation unterzogen wurden", bereits in den Jahren 1988 bis 1993 eine Wiedergutmachung in der Höhe von je 2000 bis 20.000 Franken ausbezahlt worden. Im Jahr 2000 richtete der Kanton St. Gallen einen Entschädigungsfonds in der Höhe von 500.000 Franken ein, die an einige wenige Heimkinder ausbezahlt wurden. Einige Städte und Kantone (Zürich, Winterthur, Kanton Waadt) zahlten als Geste kleinere Beträge für spezifische Nothilfen wie Zahnprothesen, Pflegebetten, Kuraufenthalte. Huonker analysiert:

> „Das wirft Fragen der Rechtsgleichheit auf, da auch zahlreiche weitere Menschen in der Schweiz als Ver-

ding- und Heimkinder, als administrativ Eingewiesene und als Zwangssterilisierte schwer geschädigt wurden. Die bisherigen ‚Wiedergutmachungen' entsprachen nicht den Entschädigungen, wie sie nach Unfällen oder Verbrechen anderen Opfern unter reeller Berechnung ihrer Schädigungen zugesprochen werden. Opfergruppen, an denen unter dem Zeichen von Ausgrenzung und Diskriminierung Unrecht begangen wurde, werden so auch weiterhin rechtlich diskriminiert."[377]

Seit Dezember 2012 existiert eine Anlaufstelle für Opfer fürsorgerischer Zwangsmaßnahmen, zu denen auch Zwangssterilisierte und Zwangsadoptierte gehören. Erst am 13. Juni 2013 wurde in der Schweiz ein paritätischer Runder Tisch konstituiert, der die Frage der finanziellen Hilfe für Fürsorge-Opfer klären soll. Die Schweizer Webseite *news.ch* berichtete:



> „Der Runde Tisch diene der Aufarbeitung ‚eines dunklen Kapitels der Schweizer Sozialgeschichte', sagte alt Ständerat Hansruedi Stadler (CVP) bei der ersten Sitzung gemäß einer Mitteilung. Stadler war vom Bundesrat zum Delegierten für Opfer fürsorgerischer Zwangsmaßnahmen ernannt worden. [...] Die Opferorganisationen hatten im Vorfeld des ersten Runden Tisches konkrete finanzielle Forderungen gestellt. So sollen die Opfer in einem ersten Schritt Nothilfebeiträge von je 10.000 Franken [rund 8000 Euro] erhalten. Ab 2014 sollen dann Entschädigungen von je 120.000 Franken [rund 100.000 Euro] in Form einer Zusatzrente ausbezahlt werden."[378]

Die Anträge wurden vom Runden Tisch, dem auch ehemalige Heim- und Verding-Kinder angehören, übernommen. Bis Oktober 2013 soll ein Modell für finanzielle Hilfe ausgearbeitet werden. Das Gremium will seine Arbeit bis Mitte 2015 abschließen.

# ÖSTERREICH – Resümee und Ausblick

Die Aufarbeitung des Geschehenen und Entschädigung sind für ehemalige Heimkinder immens wichtig. Ebenso ist es dringend notwendig, jene Kinder, die sich heute in Heimen befinden, im Auge zu behalten. Gerade die Analyse der Vergangenheit zeigt, die Kontrolle hat massiv versagt. Eine unabhängige österreichweite, nach Menschenrechtsstandard ausgerichtete Kontrolle hat überhaupt gefehlt.

Hier gibt es Hoffnung: Seit 1. Juli 2012 ist die Volksanwaltschaft für die Kontrolle, den Schutz und die Förderung von Menschenrechten zuständig. Und, wer hätte das gedacht: Sofort meldeten einige Bundesländer Zweifel an der Zuständigkeit der Volksanwaltschaft für den Bereich der sozialpädagogischen Einrichtungen der Jugendwohlfahrt an. Aber über den Ländern steht immer noch das Parlament und so hat der Verfassungsausschuss des Nationalrats festgestellt, „dass auch sozialpädagogische Einrichtungen, in welchen jugendwohlfahrtsrechtliche Maßnahmen vollzogen werden, der Kontrollzuständigkeit der Volksanwaltschaft in diesem Zusammenhang unterliegen." In ihrer Stellungnahme verwies die Volksanwaltschaft überdies darauf hin, dass freiheitsentziehende Maßnahmen eines staatlichen Jugendwohlfahrtsträgers an Art. 5 der Europäischen Menschenrechtskonvention bzw. Art. 2 des Bundesverfassungsgesetzes über den Schutz der persönlichen Freiheit zu messen sind. Dies stünde auch im Einklang mit einschlägigen internationalen Kommentaren zur UN-Anti-Folterkonvention, die auch „care homes", „children homes", „foster homes", „homes for the young" „and other family residences" vom Mandat des Fakultativprotokolls zum Übereinkommen gegen Folter und andere grausame, unmenschliche oder erniedrigende Behandlung oder Strafe[379] umfasst sehen.[380]

Die Volksanwaltschaft und die von ihr eingesetzten Kommissionen sollen präventiv tätig werden und unangemeldet kontrollieren. Bei ihren Kontrollbesuchen sollen die Kommissionen uneingeschränkten Zutritt haben. Sie müssen auch alle Unterlagen und Informationen prüfen können. Die Prüfprotokolle sind Grundlage für die Entscheidungen der Volksanwaltschaft. Sie sollen auch Anregungen, die zur Verhütung von Menschenrechtsverletzungen führen, enthalten. Die Prüfstandards legt der Menschenrechtsbeirat vor. So soll ein einheitliches Vorgehen der Kommissionen gewährleistet werden.

Im Rahmen des Nationalen Präventionsmechanismus (NPM) berichten die Volksanwaltschaft und die Kommissionen regelmäßig dem Parlament über ihre Tätigkeit. Damit folgt Österreich anderen europäischen Staaten wie Dänemark, Schweden, der Tschechischen Republik, Slowenien, Zypern und Polen, die diese Aufgabe ebenfalls unabhängigen Prüfeinrichtungen übertragen haben. Soweit der neue Rahmen der österreichweiten unabhängigen Kontrollmöglichkeit.[381]

Erste Prüfungen brachten beunruhigende Resultate. Gewalt wird noch immer als Erziehungsmittel in den Heimen eingesetzt, so ein Bericht vom 19. August 2013 im KURIER:

> „Der Heimleiter einer Einrichtung für 10- bis 18-Jährige hat zugegeben, Gewalt auszuüben. Das Haus funktioniere nur gut, weil körperliche Angriffe durch die Betreuer kein Tabu seien. Der Heimleiter wörtlich: „Die Alphastellung der Betreuer kann nur durch körperliche Machtdemonstration behauptet werden."[382]

Er gab zu, dass er auch schon Jugendliche in den Schwitzkasten genommen habe, „die ihn blöd angeredet hätten." Immerhin dieser Heimleiter musste gehen.

**Appell zur Anerkennung, Verantwortung und Respekt**

Die katholische Kirche war punkto Entschädigungszahlungen für ehemalige Heimkinder Vorreiter in Österreich. Unter dem Vorsitz der ehemaligen steirischen Landeshauptfrau Waltraud Klasnic wurde im Frühjahr 2010 die „Unabhängige Opferschutzanwaltschaft" (vulgo Klasnic-Kommission) gegründet. Das Prozedere ist relativ rasch erklärt: Ein Opfer psychischer, physischer oder sexueller Gewalt in einer Einrichtung der römisch-katholischen Kirche wendet sich an die Opferschutzanwaltschaft. Ein Psychologe nimmt daraufhin ein Clearinggespräch vor aufgrund dessen die Klasnic-Kommission die Höhe der so genannten Gestezahlungen bemisst.



Die Unabhängige Opferschutzkommission hat in ihrer Sitzung vom 25. Juni 2010 ein Modell für Höhe und Abstufungen von Entschädigungszahlungen erarbeitet. Basis der Bemessungen sei die österreichische Judikatur der letzten Jahre. Die vorgeschlagenen Beträge verstehen sich als Richtwerte für reine Schmerzensgeldzahlungen. Außerdem wird den Betroffenen Psychotherapie bei Abgeltung der Therapiekosten gewährt. Das Modell sieht vier Zahlungskategorien vor, die Schwere, Dauer und Folgen der Übergriffe berücksichtigen sollen: 1) 5000,- Euro, 2) 15000,- Euro, 3) 25000,- Euro, 4) Darüber hinaus gehende Entschädigung in besonders extremen (nicht näher definierten) Einzelfällen.[383] Gesetzliche Verjährungsfristen spielen bei der Entscheidungsfindung des Gremiums keine Rolle, ebenso wenig ein förmliches Beweisverfahren. Die Auszahlung der Entschädigungen ist auch nicht mehr mit einem

Klagsverzicht verbunden. Die Stadt Wien schloss sich 2010 diesem Modell an. Abgewickelt werden Entschädigungen und Therapien für ehemalige Heimkinder der Wiener Fürsorgeerziehung über die Verbrechensopfer-Organisation „Weisser Ring". Andere Bundesländer trafen ähnliche Regelungen; die Höhe der tatsächlichen Zahlungen differiert allerdings beträchtlich. Dieses „vorbildliche Modell", das ehemaligen Heimkindern unbürokratisch Hilfe und Geld zukommen lassen soll, ist aus der Nähe und rückblickend betrachtet eine Fehlkonstruktion. Der Staat Österreich hält sich aus der gesamten Heimkinder-Causa bislang heraus. Weder Bundespräsident noch Bundeskanzler haben bis dato öffentlich zu dieser „nationalen Katastrophe"[384] Stellung bezogen. Salbungsvolle Worte allein wären ohnehin zu wenig. Die Republik Österreich stiehlt sich seit Jahren aus der Verantwortung. Dabei fanden einst hohe politische Repräsentanten durchaus Worte: „Die Gemeinde Wien konnte den Geburtstag unserer Republik nicht würdiger begehen, als durch die Eröffnung dieser Anstalt, die wahrscheinlich auf der Welt nicht ihresgleichen hat", lobte Bundespräsident Michael Hainisch das neu eröffnete Kinderheim im Schloss Wilhelminenberg im Jahr 1927.[385] Wiens Bürgermeister Karl Seitz ergänzte damals: „Diesen elternlosen Kindern, den unglücklichsten, das Schönste zu bieten, ist unsere Pflicht."[386]



Die katholische Kirche hat sich selbst ein Untersuchungsgremium verordnet, das seit drei Jahren die Opfer von Priestern, Nonnen und Mönchen entschädigt. Es steht zwar im Vordergrund, dass den Betroffenen rasch geholfen wird, aber die mutmaßlichen Täter, von denen manche vielleicht immer noch mit Kindern arbeiten, werden nicht belangt. Eigentlich eine Farce. Nicht anders läuft es in Wien, wo die Stadt mit dem „Weissen Ring" ihre Abwicklungskommission für ehemalige Heimkinder gefunden hat. Die Verantwortung wird ausgelagert. Was aber noch prekärer anmutet, ist die Sache mit dem lieben Geld. Zwischen 5000,- und 25000,- Euro betragen die Gestezahlungen an ehemalige Heimkinder. Naturgemäß kommt es zu Ungerechtigkeiten. Warum erhält ein Ex-Zögling rund fünf Euro Entschädigung pro Tag im Heim, sein Ex-Kollege, der zur selben Zeit dort war jedoch rund 20 Euro pro Tag bei den gleichen gewaltsamen Übergriffen? Das kann niemand schlüssig erklären. Auch wenn ausdrücklich kein Klagsverbot mehr mit dem Gestebetrag einhergeht, empfinden es viele als „Schweigegeld", mit denen ihnen das Leid der Vergangenheit abgekauft werden soll. Immer wieder werden Stimmen laut, die kritisieren, ehemaligen Zöglingen ginge es nur ums Geld. Dazu der Wiener Rechtsanwalt Johannes Öhlböck: „Allen Kritikern, die bemängeln, dass es immer nur ums Geld ginge, sei eines gesagt: Es ist das Gesetz, das einzig Geld als Wiedergutmachung vorsieht."[387] Bei vielen ehemaligen Zöglingen bricht nun im höheren Alter das Trauma aus. Nachdem sie Jahrzehnte lang harte Arbeit verrichtet haben, leben viele von Mindest- bzw. Berufsunfähigkeitspension oder Notstandshilfe (weil sie aufgrund von Folgeschäden am Arbeitsmarkt nicht mehr vermittelbar sind, jedoch nicht die Pension antreten können).



Es geht um mehr als um den Versuch eines Anerkennungsbeitrages für Qualen in psychischer, physischer und sexueller Hinsicht. Die Gestezahlungen sind unserer Ansicht nach kein probates Mittel, um das erlittene Leid abzugelten. Abgesehen von der Traumatisierung der Opfer kommt nämlich hinzu, dass Tausenden von diesen Kindern in österreichischen Heimen eine fundierte Schuldbildung, sowie eine Berufsausbildung verwehrt worden ist. Für Arbeiten, die in Heimen geleistet werden mussten, gab es keinen oder kaum Lohn, die Jugendlichen waren auch nicht sozialversichert, was sich bis auf die Pension auswirkt.

Es gibt eine Alternative zusätzlich zum (geringen) Anerkennungsbeitrag: Eine Art Zusatzpension in Anlehnung an die Verbrechensopfer-Pension. Monatliche Zahlungen an die Betroffenen haben den Vorteil, dass regelmäßig Geld aufs Konto kommt, dass Essen, Miete, Heizung leistbarer werden. Das Vorbild hat der Staat Österreich selbst geliefert: Mit dem Nationalfonds, der die laufenden Entschädigungen von ZwangsarbeiterInnen des NS-Regimes abwickelt. Einer ähnlichen Einrichtung bedarf es auch für die ehemaligen Heim- und Pflegekinder. In diesen Fonds einzahlen müssen jene, unter deren Verantwortung die Verbrechen an den Kindern verübt wurden: Die Republik Österreich, die Länder und natürlich die katholische Kirche. In Betracht zu ziehen wäre auch die Gewerkschaft – es ist nach wie vor noch nicht geklärt, welche gewalttätigen ErzieherInnen möglicherweise durch Einflussnahme der Gewerkschaft weiterhin ihrer Tätigkeit nachgehen und ihre Taten fortsetzen konnten. Ein Schärflein dazu beitragen, könnten die Täterinnen und Täter selbst.

Weiters sollte sich der Staat verpflichten, den Betroffenen alle Möglichkeiten zu nennen, wie sie sich weitere Unterstützung holen können. So gelang es dem deutschen Anwalt Christian Sailer für ein ehemaliges Heimkind beim österreichischen Bundessozialamt eine Verbrechensopfer-Pension zu erwirken.[388] Einzelne ehemalige Heimkinder konnten auch rückwirkend erhöhte Familienbeihilfe erstreiten. Einzelnen ehemaligen Heimkindern aus Wien wurde mittlerweile vom Gericht Verfahrenshilfe gewährt, um einen Schadensersatz-Prozess gegen die Stadt Wien überhaupt in Angriff nehmen zu können. Bemerkenswert ist auch, dass der Oberste Gerichtshof am 18. Juli 2013 den Beschluss gefasst hat, in der Causa Kloster Mehrerau (Vorarlberg) den Verjährungseinspruch in einem Missbrauchsfall für ungültig zu erklären. Das Opfer des sexuellen Missbrauchs durch den Internatsleiter und Priester wurde daraufhin in einem außergerichtlichen Vergleich von der Zisterzienser-Abtei Mehrerau mit 250.000,- Euro abgefunden.[389]

Eine andere Frage, die offen bleibt, ist der Umgang mit den betroffenen Menschen. Wenn sich Betroffene an eine Zeitung, ans Radio oder Fernsehen wenden, oder ein Buch über ihr Schicksal veröffentlichen, ist diesem Schritt eine Menge von Überlegungsarbeit vorausgegangen. Ganz anders sieht es aus, wenn man von der Entschädigung auszahlenden Stelle an eine Forschungskommission verwiesen wird. Hier und in ähnlichen stundenlangen Interviewsituationen müsste ein genauer Prozess der therapeutischen Nachbehandlung bereits vor dem Interview festgelegt sein. Diese Therapiemöglichkeit muss auch einfach erreichbar und von den interviewenden oder entschädigenden Stellen unabhängig sein. Die skandinavischen Entschädigungsstellen bieten auch finanzielle Beratung, falls gewünscht, über die Verwendung der Entschädigungssumme an. Die schwedische Entschädigungskommission setzte sich nicht nur mit den finanziellen Fragen auseinander, sondern auch mit einer angemessenen Versöhnungszeremonie.[390] Das zeigt noch eine Dimension, welche die österreichischen Behörden bislang vermissen ließen: den Respekt vor den Geschädigten. Das sind keine geldgierigen Bittsteller, oder, wie man in Wien sagt, „Gschichterldrucker", die man irgendwohin zu einer gemeinsamen Aussprache einlädt, um sie abzuwimmeln, sondern Menschen, denen Unrecht geschehen ist. Die ehemaligen und jetzigen Heimkinder haben diesen Respekt verdient. Respekt vor ihrer Menschenwürde und damit auch einen menschenwürdigen Umgang.

beantragt am 18.4.1974

Gerichtl. EH, JGH (BG) vom Wien XV, Gasgasse 8-10

Übergangserziehung JGH (BG) 3246 I vom 3.5.1974 GZ 21 P 64/74

beantragt am

Zahl: Nr. 12

Geburtsurkunde d. Mj.
Taufschein d. Mj.
Staatsbürgerschaftsnachweis des-r
Heiratsurkunde
Scheidungsurteil
Sterbeurkunde

Überstellendes Amt: Spr. E

Termin:

eingesehen Sriatl el
Unterschrift

Wien, 19.4.1974 19

BJA 15/E

An die **Kinderübernahmsstelle der Stadt Wien, 9 Lustkandlgasse 50, 1090 Wien**

Ansuchen des BJA 15 27. MAI 1974 3/Je

um Übernahme in Gemeindepflege des/d

| Name des Kindes | Geburtsdaten | Geburtsort | Standesamt | Religion | Taufpfarre |
|---|---|---|---|---|---|
| C. Gerald<br>legitimiert d. Beschl. BG Fünfhaus v. 1.7.74, Zl. 1 P 132/66 | 27.1.1965 | Wien | Währing 761/65 | r.k. | |

ANHANG

Letzter Wohnort des Kindes: 115o Wien, ... 33/1/12

Staatsbürgerschaft: Österreich laut: MA 61 v. 25.2.65

Schullaufbahn: Beginn der Schulpflicht: 1971 ev. Rückstellung:

Letztbesuchte Schule (V, ...): Volksschule 115o.,Ortnergasse

73/74 2. Klasse (Klassenzug): rep.

Lehrstelle:

Lehrzeit: als

| | |
|---|---|
| Vater: C. Karl | Mutter: St. Ottilie |
| e-ue geboren am 24.12.1913 | geborene ---- |
| Ort und Matrik: Ungarn | sonstige Namen: |
| Getraut am 11.6.1976 | e-ue geboren am 12.1o.1929 |
| Ort und Matrik: StA Penzing 483/76 | Ort und Matrik: Wien-Zivilmatrik |
| Gestorben am 20.8.1976 | Gestorben am Band XII Bz 441 Rz 971 |
| Ort und Matrik: StA Penzing 7085/76 | Ort und Matrik: |
| Wohnort: 115o.,Grimmgasse 22/2/19 | Wohnort: 115o.,Graumanng.33/1/12 |
| Beruf: Hilfsarbeiter, dzt. Krankenstand | Beruf: Bedienerin |
| Arbeitgeber: | Arbeitgeber: Gem.Wien(Berufsschule Mol. |

gesch. am Gericht:

| | |
|---|---|
| V. Großvater: gestorben | M. Großvater: gestorben |
| Geboren am in | Geboren am in |
| Wohnort: | Wohnort: |
| Beruf: | Beruf: |
| Arbeitgeber: | Arbeitgeber: |
| V. Großmutter: gestorben | M. Großmutter: gestorben |
| Geboren am in | Geboren am in |
| Wohnort: | Wohnort: |
| Beruf: | Beruf: |
| Arbeitgeber: | Arbeitgeber: |

Vormund (...): Bezirksjugendamt f.d.15.Bezirk

Wohnort:

Vorm.-Pflegschaftsger.: BG 15 Dekret vom 3.7.74 GZ 1 P 132/66

SD 98 – 4 – 7211 – 44320 – 77

# Anmerkungen

1 Georg Hönigsberger, Julia Schrenk: „Das Kinderheim des Grauens."
In: KURIER, 16. Oktober 2011. S. 11ff. – Georg Hönigsberger, Julia Schrenk: „Kinder mit KZ-Filmen eingeschüchtert." In: KURIER, 17. Oktober 2011. S. 17f.
2 Die Kommission Wilhelminenberg setzte sich aus der Richterin Barbara Helige, der Psychiaterin Gabriele Wörgötter, der Juristin Helge Schmucker und dem Historiker Michael John zusammen.
3 Verein „Ehemalige Heimkinder"; www.oesterreichische-heimkinder.at
4 Demonstration ehemaliger Heimkinder in Wien, 18. Dezember 2012.
5 An dieser Stelle seien vor allem die KollegInnen Christine Grabner (ORF – Am Schauplatz), Bernt Koschuh (ORF - Radio Oe1), Brigitte Warenski (Tiroler Tageszeitung) und Gernot Zimmermann (Nachrichtenmagazin ECHO, Tirol) hervorgehoben.
6 Offizielle Aufzeichnungen darüber gibt es nicht, aber zahlreiche ehemalige Zöglinge berichten über ein oder mehrere Mit-Zöglinge, die im und nach dem Heim den Freitod gewählt haben.
7 Renate Graber: „Der größte Skandal." In: derStandard, Glosse, 18. Juni 2013. S. 1.
8 Das Zitat stammt vom Wiener Sozialhistoriker Reinhard Sieder. Aus: Julia Schrenk: „Es ist eine historische Katastrophe." In: KURIER, 21. Juni 2012. S. 21.
9 In den Archiven der MA11 müsste das gesamte Untersuchungsmaterial schlummern, da die Autorin außer ihrer persönlichen Sachen nichts aus ihrem Büro mitnehmen durfte.
10 Im Anhang sind alle Heime, die mit der Stadt Wien unter Vertrag standen, namentlich und mit Adresse angeführt, insbesondere um ehemaligen Heimkindern eine Zuordnung zu erleichtern, falls sie sich noch melden möchten.
11 Die Zitate von Waltraud R. sind Auszüge aus einem Gespräch mit dem Autor vom 23. August 2012.
12 Die Zitate von Robert R. sind Auszüge aus einem Gespräch mit dem Autor vom 28. November 2011.
13 Die Zitate von Michaela B. sind Auszüge aus einem Gespräch mit dem Autor vom 24. September 2012.
14 Die Zitate von Eva L. sind Auszüge aus einem Gespräch mit dem Autor vom 13. August 2011.
15 Die Zitate von Josef R. sind Auszüge aus einem Gespräch mit dem Autor vom 16. Dezember 2011.
16 Die Zitate von Leopold R. sind Auszüge aus einem Gespräch mit dem Autor vom 24. Oktober 2011.
17 Aus: Wiener Jugendwohlfahrtsgesetz 1956.
18 Jugendwohlfahrtspflege 1973, S. 11.
19 Ausgenommen wurden jedoch Heime, in denen sich Kinder mit speziellen Behinderungen befanden, wie zum Beispiel das Blindeninstitut, das Taubstummeninstitut, das Dr. Adolf-Lorenz-Heim und das Clara-Fey-Heim. Ebenso wurden das Mutter-Kind-Heim und das Julius-Tandler-Heim, das im Wesentlichen ein Aufnahme- und Beobachtungsheim war, ausgeschieden.
20 Vgl. Republik Österreich: Frauenbericht 1975. Bericht betreffend die Situation von Frauen in Österreich. 1975 (Heft 4).
21 Der Mikrozensus-Sondererhebung zur Familie vom Juni 1973 war zu entnehmen,

dass Vorschulkinder grundsätzlich nicht ohne Beaufsichtigung waren und dass selbst Schulkinder berufstätiger Mütter äußerst selten, nämlich in nur zwei Prozent der Familien berufstätiger Frauen, in Internaten untergebracht wurden, wobei es sich überdies auch um Tagesinternate handeln konnte; diese Kinder waren meist über 10 Jahre alt. Als Gründe für eine mangelhafte Beaufsichtigung der Schulkinder dürften einerseits die immer noch unzureichende Zahl öffentlicher Einrichtungen und auch die Kosten einer Unterbringung, anderseits die geringe Verfügbarkeit und Bereitwilligkeit der Großeltern ausschlaggebend gewesen sein.

22 In Wien schwankte der Anteil der unehelich Lebendgeborenen um 9 Prozent pro Jahrgang, in der Stichprobe hingegen schwankte der Anteil der unehelich Geborenen um 30 Prozent pro Jahrgang. Diese Prozentsätze verändern sich jedoch mit dem Alter des Kindes. So ist der Anteil der unehelich Geborenen in den Altersstufen bis zu 6 Jahren am höchsten, nämlich 43,7 Prozent.

23 Vgl. Maria Dorothea Simon: „10 Jahre später ... Das Lebensschicksal unverheirateter junger Mütter." In: Soziale Berufe, 1972 (Nr. 5).

24 Frauenbericht 1975 (Heft 4). S. 67.

25 Ebd.

26 Ebd.

27 Goessler-Leirer u.a.: Verwaltete Kinder, 1975. S. 42f.

28 Vgl. Österreichisches Institut für Raumplanung 1973.

29 „Primärgruppe" ist ein Begriff aus der Soziologie; gemeint ist eine Gruppe, deren Mitglieder enge, vorwiegend emotionell bestimmte Beziehungen untereinander pflegen und sich deshalb gegenseitig stark beeinflussen.

30 Vgl. Jürgen Roth, Gertrud Zovkic: Heimkinder. Ein Untersuchungsbericht über Säuglings- und Kinderheime in der Bundesrepublik. Köln: Kiepenheuer und Witsch, 1973.



31 Zahlen aus dem Statistischen Jahrbuch der Stadt Wien 1974. S. 26.

32 Ebd.

33 Anmerkung der Autorin: „Da ich selbst in so einer Wohnung aufgewachsen bin, weiß ich, zu welchen Konflikten eine geteilte Gangtoilette führen kann, vor allem zwischen Kindern und älteren Nachbarn."

34 Vgl. Hans und Heidrun Feigelfeld; Timo Huber; Kurt Smetana: „Wo die schlimmen Kinder wohnen…" In: betrifft:Sozialarbeit, 1978 (Heft 3).

35 Goessler-Leirer u.a.: Verwaltete Kinder, 1975. S. 48.

36 Vgl. Heinrich Zangerle: Zur Berufssituation des Erziehers in österreichischen Fürsorgeerziehungsheimen. Dissertation. Innsbruck: 1974.

37 Weitere 2% verweigerten die Angabe. Bezüglich der Selbsteinschätzung, ob die Befragten diplomierte Erzieher waren oder nicht, gab es bei den Befragten keine klare Definition, was eigentlich ein diplomierter Erzieher sei. Es wurden alle möglichen Ausbildungswege benannt. Heinrich Zangerle kam bei seiner Befragung zur Ausbildung auf ähnliche Ergebnisse.

38 Heinrich Zangerle: Zur Berufssituation des Erziehers in österreichischen Fürsorgeerziehungsheimen. Dissertation. Innsbruck: 1974. Bei Zangerle gaben 31% sachfremde Motive für den Berufswechsel an. 18 Prozent waren mit ihrem Vorberuf unzufrieden und 22 Prozent gaben pädagogisch-soziale Motive für den Berufswechsel an.

39 Ebd. S. 51.

40 Zangerle hatte bei seiner Befragung einen höheren Anteil an Arbeitervätern, nämlich 49%, bei unserer Befragung lag dieser Teil bei 27%. Ob dies ein Effekt der Fürsor-

geheime versus andere Heime oder ein Stadt-Land-Gefälle war, konnten wir nicht festmachen.
41 Vgl. Claudia Halletz–Weithofer: Berufliche Motivation von Sozialarbeitern – eine empirische Untersuchung über Erzieher in Fürsorgeheimen. Dissertation. Wien: 1977.
42 Horst Schreiber: Im Namen der Ordnung – Heimerziehung in Tirol. Innsbruck, Wien, Bozen: Studienverlag, 1961. S. 320.
43 Goessler-Leirer u.a.: Verwaltete Kinder, 1975. S. 86.
44 Vgl. Heinrich Zangerle, 1974.
45 Ebd. S. 168.
46 Heinrich Zangerle, 1974. Seite 176ff.
47 Reinhard Sieder: Der Kindheit beraubt. Gewalt in den Erziehungsheimen der Stadt Wien (1950er-1980er-Jahre). Innsbruck: Studienverlag, 2012. S. 82f.
48 Gesprächsprotokoll vom 17. Oktober 2011. Liegt beim Autor auf.
49 Endbericht Kommission Wilhelminenberg, 2013. S. 117f.
50 Georg Hönigsberger, Julia Schrenk: „Die Mädchen hatten Talent zur Prostitution." In: KURIER, 18. Oktober 2011. S. 18.
51 Endbericht Kommission Wilhelminenberg, 2013. S. 99f.
52 Ebd. S. 100.
53 Ebd. S. 100.
54 Schreiben von Walter Prohaska, MA11, an MA2 (Personalamt) vom 22. Dezember 1987. Zitiert aus: Endbericht Kommission Wilhelminenberg, 2013. S. 100.
55 Die Zitate von Gerhard H. sind Auszüge aus einem Gespräch mit dem Autor vom 28. September 2011.
56 Die Zitate von Hans Peter Außerstorfer sind Auszüge aus einem Gespräch mit dem Autor vom 26. September 2012.
57 Die Zitate von Ludwig Brantner sind Auszüge aus einem Gespräch mit dem Autor vom 27. September 2012.
58 Die Zitate von Philipp S.* sind Auszüge aus Gesprächen mit dem Autor vom 29. Mai 2012 und vom 12. Februar 2013.
59 Die Zitate von Jutta H. sind Auszüge aus einem Gespräch mit dem Autor vom 27. Oktober 2012
60 Neues Forum. Ausgabe Februar/März 1971. S. 39.
61 Die Zitate von Josef S. sind Auszüge aus einem Gespräch mit dem Autor vom 25. November 2011.
62 Die Zitate von Silvia J. sind Auszüge aus einem Gespräch mit dem Autor vom 16. Dezember 2011.
63 Spartakus Archiv (Willi Stelzhammer): „Dokumentation über die Zustände in den österreichischen Erziehungsheimen." Wien: 1970. S. 19f.
64 Die Zitate der beiden stammen aus einem Gespräch mit dem Autor vom 4. August 2012.
65 Vgl. Rosemarie Fischer: Ziel und Strukturanalyse an Gemeindepflegeheimen der Stadt Wien. Dissertation. Wien: 1975.
66 Erving Goffman: Asyle – Über die soziale Situation psychiatrischer Patienten und anderer Insassen. Frankfurt am Main: Suhrkamp, 1971. S. 31ff.
67 Ebd.
68 Goessler-Leirer u.a.: Verwaltete Kinder, 1975. S. 93f.
69 Ebd. S. 93.

70 Vgl. Erving Goffman, 1971.
71 Goessler-Leirer u.a.: Verwaltete Kinder, 1975. S. 93.
72 In einem Fernsehbericht aus 2012 wurden den ins Kinderdorf in OÖ eingeladenen Journalisten auch heute noch sämtliche Schränke geöffnet. Die Kinder waren zwar nicht anwesend, aber konnten den Bericht über den Einbruch in ihre Privatsphäre mit allen anderen Fernsehzuschauern im TV sehen.
73 Arbeitsgemeinschaft Kritischer Sozialarbeiter (Hg.): „Kasernendrill und Klostersuppe – Fürsorgeerziehung in Gleink." In: betrifft:Sozialarbeit. 1976 (Heft 8/9). S. 21.
74 Vgl. Rosemarie Fischer: Ziel und Strukturanalyse an Gemeindepflegeheimen der Stadt Wien. Dissertation. Wien: 1975.
75 Arbeitsgemeinschaft Kritischer Sozialarbeiter (Hg.): „Kasernendrill und Klostersuppe – Fürsorgeerziehung in Gleink." In: betrifft:Sozialarbeit. 1976 (Heft 8/9). S. 21.
76 Brigitte Wanker: „St. Josefsinstitut: Anstellen in Zweierreihen." In: betrifft:Sozialarbeit, 1980 (Heft 5). S. 87f.
77 Arbeitsgemeinschaft Kritischer Sozialarbeiter (Hg.): „Kasernendrill und Klostersuppe – Fürsorgeerziehung in Gleink." In: betrifft:Sozialarbeit. 1976 (Heft 8/9). S. 21.
78 Vgl. Karl Ourednik: Das Wiener Jugendwohlfahrtsrecht. Wien: Magistrat d. Stadt Wien, 1954. Anmerkung der Autorin: Daher hatte auch jeder Paragraph verschiedene Klauseln: „Die Landesregierung kann unter Bedachtnahme auf das Wohl der Pflegekinder und dem Zweck des Heimes von den Bestimmungen des Abs. 1, letzter Satz, und des Abs. 2 ganz oder teilweise Nachsicht erteilen", oder: „Die Landesregierung kann von der Vorschrift des Abs. 1 Nachsicht erteilen, wenn die Lokalverhältnisse die Einhaltung dieser Vorschrift nicht ermöglichen und das Wohl der Pflegekinder durch die Abweichungen keine Gefahr läuft."
79 Ebd.
80 Ebd.
81 Ergebnisse der Wiener Heimkommission. In: Aktuelle Probleme der Heimerziehung, Herausgeber Institut für Stadtforschung. Wien, 1971. S. 39.
82 In der Gruppe der bis Sechsjährigen waren 60,9 Prozent zum ersten Mal im Heim, 30,3 Prozent hatten schon einmal das Heim gewechselt, 6,4 Prozent befanden sich bereits im dritten Heim, 1,5 Prozent im vierten und immerhin noch drei Fälle bereits im fünften Heim. Bei den über Fünfzehnjährigen verschob sich die Anzahl der Heimaufenthalte weiterhin nach oben. Dabei wurden Verlegungen innerhalb der Gruppen im selben Heim nicht dokumentiert, doch dürften auch diese relativ hoch sein. Ebenso konnte das Ausmaß der administrativ verursachten Heimwechsel nicht genau erfasst werden. Diese sind jedoch bei der geringen Anzahl von „Familienheimen", bei denen Kinder und Jugendliche ohne Alterseinschränkung bleiben können, als ziemlich hoch zu veranschlagen.
83 Laut der Internet-Enzyklopädie Wikipedia wurde das heutige Schloss in den Jahren 1903 bis 1908 errichtet. Bauherr soll Erzherzog Rainer gewesen sein. Erst nach seinem Tod im Jahr 1913 gelangte es in den Besitz von Erzherzog Leopold Salvator.
84 Arbeiter-Zeitung. Morgenblatt. 1927 (Nr. 233). 27. August 1927. S. 9.
85 Georg Hönigsberger, Julia Schrenk: „Das Kinderheim des Grauens."
In: KURIER, 16. Oktober 2011. S. 11f. Sowie dies.: „Kinder mit KZ-Filmen eingeschüchtert." In: KURIER, 17. Oktober 2011. S. 17f.
86 Siehe Anmerkung 2
87 Inklusive der Begleitstudie des Instituts für Rechts- und Kriminalsoziologie, Wien 2013. In: Endbericht der Kommission Wilhelminenberg, Wien 2013, S. 293ff.

88 Georg Hönigsberger, Julia Schrenk: „Das Kinderheim des Grauens." In: KURIER, 16. Oktober 2011. S. 11f.
89 Endbericht der Kommission Wilhelminenberg, Wien, 2013, S. 143.
90 Die Zitate von Taxifahrer F. sind Auszüge aus einem Gespräch mit dem Autor vom 1. August 2013.
91 Presseaussendung der Stadt Wien. „Wilhelminenberg-Bericht: Die nächsten Schritte." 14. Juni 2013.
92 ORF Fernseharchiv. Horizonte. Gestaltung: Kurt Tozzer. 27. Mai 1970.
93 Ebd.
94 Ebd.
95 Ebd.
96 Die Zitate von Herbert Sirny sind Auszüge aus einem Gespräch mit dem Autor vom 29. Juli 2013.
97 Nach dem Aufenthalt in Kaiserebersdorf verschlug es Herbert Sirny erneut auf die schiefe Bahn. Er hatte sich mit Nebenjobs durchgeschlagen und schließlich auf einer Tankstelle mehrere Hunderttausend Schilling unterschlagen, mit denen er sich nach Deutschland abgesetzt hat. „Als ich zurückkam, wurde ich erwischt." Zweieinhalb Jahre verbrachte er in der Justizanstalt Göllersdorf. Auch später kam er öfter mit dem Gesetz in Konflikt. Sirny war in den 1970er- und 80er-Jahren mit so gut wie allen Rotlicht-Größen Wiens bekannt. „Ich hab gesoffen und gekokst und ein Puff betrieben." Seit mehr als acht Jahren ist Sirny nun abstinent. Er hat am Wiener Stadtrand ein Hundeasyl aufgebaut, das er noch immer betreibt.
98 „Jugend-KZ in Österreich." In: Neues Forum, Ausgabe Februar/März 1971, S. 39.
99 Bewährungshilfe Geschäftsstelle Wien, Aktenzahl BwH 218/69, Bericht 7062.
100 Die Zitate von Karl M. sind Auszüge aus einem Gespräch mit dem Autor vom 10. Juli 2013.
101 ORF Fernseharchiv. Horizonte. Gestaltung: Kurt Tozzer, 27. Mai 1970.
102 Ebd.
103 Michael Genner: Verleitung zum Aufstand. Wien: Mandelbaum, 2012. S. 49.
104 Georg Hönigsberger: „Erzieher und Arzt ließen Heimkind beinahe sterben." In: KURIER, 23. Oktober 2012. S. 17.
105 Josef Dvorak: „Zu viele Strafen, wenig Therapie!" In: KURIER, 17. Jänner 1970. S. 3f.
106 Die Zitate von Herbert Sirny sind Auszüge aus einem Gespräch mit dem Autor vom 29. Juli 2013.
107 Josef Dvorak: „Zu viele Strafen, wenig Therapie!" In: KURIER, 17. Jänner 1970. S. 3f.
108 „Jugend-KZ in Österreich." In: Neues Forum, Ausgabe Februar/März 1971, S. 40.
109 Hans Weiss: Tatort Kinderheim. Wien: Deuticke, 2012. S. 41ff.
110 Edith Meinhart: „Die Gezeichneten: Auch in staatlichen Heimen wurden Zöglinge missbraucht." In: profil, 18. März 2010.
111 Ebd.
112 Edith Meinhart: „Tarzan war die Schlimmste." In: profil, 12. Juli 2010.
113 Ebd.
114 Aus: betrifft:Sozialarbeit. 1975 (Nr. 3/4). S. 24.
115 Ebd.
116 Ebd.
117 Ebd.
118 So schloss die Autorin 1973 einen Artikel zur Weiterbildung von Sozialarbeitern

der Stadt Wien, in: Österreichische Zeitschrift für Politikwissenschaft, Heft 4,1973, S. 373. Sie bezieht sich hierbei auf den Leitsatz von Julius Tandler „Wer Kindern Paläste baut, reißt Kerkermauern nieder."
119 Walter Spiel; Gerhard Fischer; Joseph Grestenberger: Aktuelle Probleme der Heimerziehung. Mit Ergebnissen der Wiener Heimkommission. Institut für Stadtforschung Wien (Hg.). Wien: Jugend und Volk, 1971.
120 Säuglingsheime, bei denen die Kinder nicht alleine das Heim verlassen konnten, wurden in dieser Studie zwar untersucht, schieden aber aus der Typisierung aus.
121 Walter Spiel, 1971.
122 Ebd. S. 56.
123 In sieben Heimen wurde versucht, auch andere Kriterien mit zu berücksichtigen, und nur in vier Heimen wurden die Gruppen systematisch nach anderen Merkmalen zusammengesetzt.
124 Sämtliche Zitate von Franz Pulkert stammen von folgender Website: http://gedenkstaettesteinhof.at/de/interviews/transscript/Franz-Pulkert
125 Interview mit Franz Z., 2013, siehe kurier.at/niederoesterreich
126 Bundesanstalt für Lebensmitteluntersuchung und –forschung, Aktenzahl: U.Zl. 25091/76 Abt. 3/2082.
127 „Nach dem vorliegenden Befund weist das Wasser große Mengen von coliformen Keimen und eine überhöhte Keimzahl auf und ist in der vorliegenden Beschaffenheit als Trinkwasser n i c h t geeignet." (Hervorhebung durch die Behörde, Anm.).
128 Amt der NÖ Landesregierung, Aktenzahl: Zl. VIII/2-946/39-1977
129 Die Zitate von Helmut Nigg sind Auszüge aus einem Gespräch mit dem Autor vom 26. Juli 2013.
130 Die Zitate von Horst Stangl sind Auszüge aus einem Gespräch mit dem Autor vom 26. Juli 2013.
131 Die Zitate von Michael K. sind Auszüge aus einem Gespräch mit dem Autor vom 19. Juli 2013.
132 Die Zitate von Franz F. sind Auszüge aus einem Gespräch mit dem Autor vom 22. Juli 2013.
133 Die Zitate von Rudolf P. sind Auszüge aus einem Gespräch mit dem Autor vom 19. Juli 2013.
134 Interview mit Franz Z., 2013, kurier.at/niederoesterreich
135 Landesgendarmeriekommando für Niederösterreich, Kriminalabteilung, Außenstelle St. Pölten, Aktenzahl P127/81, Beilage 7.
136 Prüfbericht der niederösterreichischen Landesregierung vom 9. Oktober 1979, Aktenzahl VIII/2-H-946/45-1979.
137 Prüfbericht der niederösterreichischen Landesregierung, Aktenzahl VIII/2-H-946/ 1980, 23. September 1980.
138 ORF Fernseharchiv, Am Schauplatz, Gestaltung: Christine Grabner, 17. August 2012.
139 ORF Fernseharchiv. Teleobjektiv. Gestaltung: Claus Gatterer und Kurt Langbein, 1980.
140 Die Zitate von Stephan P. sind Auszüge aus einem Gespräch mit dem Autor vom 12. August 2013.
141 Die Zitate von Michael K. sind Auszüge aus einem Gespräch mit dem Autor vom 19. Juli 2013.

142 Interview mit Franz Z., 2013, kurier.at/niederoesterreich
143 Amt der niederösterreichischen Landesregierung, Aktenzahl VIII/2-H-946/ -1980.
144 „Der K. hat am meisten geschlagen, der hatte richtige Pranken", erklärt F. Auch Lehrer Karl H., von der Stadt Wien später belobigt, habe öfter zugeschlagen – „Schlapfen, Schlüssel, Watschen", sagt Franz F.
145 Magistrat der Stadt Wien, Magistratsabteilung 11, zu Aktenzahl: VIII/2-A-48/43-1981, 31. März 1981.
146 Rosemarie Fischer: Ziel und Strukturanalyse an Gemeindepflegeheimen der Stadt Wien. Dissertation. Wien: 1975. S. 159.
147 Ebd. Von einem Praktikanten im Jahr 1973 durchgeführt.
148 Ebd. S. 213.
149 Ebd. S. 216.
150 Ebd. S. 220.
151 Ebd. S. 221.
152 Reinhard Sieder, u. a.: Der Kindheit beraubt – Gewalt in den Erziehungsheimen der Stadt Wien (1950er bis 1980er Jahre). Innsbruck: Studienverlag, 2012. S. 549.
153 Rosemarie Fischer, 1975. S. 143.
154 Die Zitate von Gabriele B. sind Auszüge aus einem Gespräch mit dem Autor vom 4. Februar 2013.
155 Ingrid Bauer; Robert Hoffmann; Christina Kubek: Abgestempelt und ausgeliefert. Fürsorgeerziehung und Fremdunterbringung in Salzburg. Mit einem Ausblick auf die Wende hin zur sozialen Kinder- und Jugendarbeit von heute. Innsbruck: Studienverlag, 2013. S. 185.
156 Ebd. S. 186.

157 Offizielle Überstellungsgründe der Mädchen aus den Lehrmädchenheimen Nussdorf und Klosterneuburg!
158 Ingrid Bauer, u. a.: Abgestempelt und ausgeliefert – Fürsorgeerziehung und Fremdunterbringung in Salzburg – Mit einem Ausblick auf die Wende hin zur Sozialen Kinder- und Jugendarbeit von heute. Innsbruck: Studienverlag, 2013. S. 187ff.
159 Vgl. 9-131 Hi 4/1-46 im März 1946/K 4633; StLA K4634. Zitiert nach Nicole Kössler: Eine Auseinandersetzung mit der Jugendwohlfahrt in der Nachkriegssteiermark (1945-1954). Diplomarbeit. Graz: 2007.
160 Ebd. S. 75. Vgl. 31 Hi 4/38-46 am 4. 11. 1946/K 4633.
161 Ebd. S. 75. Vgl. 131 Hi 4/59-48 am 26. 8. 1948/K 4633.
162 Ebd. S. 76. Vgl. 131 Hi 4/7148 am 6. 12. 1948/K 4633.
163 Ebd. S. 76.
164 Erich Grolig: „Der Fall Eggenburg." In: Die Presse, 24. März 1970.
165 (o. A.): „Lindenhof bleibt offenes Heim". In: Arbeiterzeitung, 25. März 1970.
166 Richard Nimmerrichter: „Der Beatkeller." In: Kronen Zeitung, 26. März 1970.
167 Spartakus Archiv (Willi Stelzhammer): „Dokumentation über die Zustände in den österreichischen Erziehungsheimen." Wien: 1970. S. 7.
168 Ebd.
169 Ebd. S.7.
170 Ebd. S. 6.
171 Das Jahr geht aus der Dokumentation nicht eindeutig hervor. Aufgrund der Einordnung im Privatarchiv von Willi Stelzhammer kann aber von 1970 ausgegangen werden.
172 Forderungsprogramm der Lehrlinge des Augartenheims, Wien, 6. Dezember 1970, für den Inhalt verantwortlich: Jakob Mytteis.

173 Spartakus Archiv (Willi Stelzhammer): „Dokumentation über die Zustände in den österreichischen Erziehungsheimen." Wien: 1970. S. 8.
174 Ebd. S. 5.
175 Brigitte Lueger-Schuster: „Psychotraumatologische Fragestellungen zu sexuellem Missbrauch und Gewalt in Einrichtungen des Landes Niederösterreich." Abschlussbericht zum Forschungsprojekt am Institut für Angewandte Psychologie: Gesundheit, Entwicklung und Förderung. Universität Wien, Mai 2013.
176 Arbeitsgemeinschaft Kritischer Sozialarbeiter (Hg.): „Kasernendrill und Klostersuppe – Fürsorgeerziehung in Gleink." In: betrifft:Sozialarbeit. 1976. (Heft 8/9). S. 21f.
177 Franz Josef Stangl: Klosterzögling. Die Jugend eines Bastards. Weitra: Publication PN°1 - Bibliothek der Provinz, 2010. S. 20f.
178 Ebd. S. 21.
179 Ebd. S. 22.
180 Susanne Backes: Funktionieren musst du wie eine Maschine – Leben und Überleben in deutschen und österreichischen Kinderheimen der 1950er- und 1960er-Jahre. Weinheim und Basel: Belz Juventa, 2012. S. 36.
181 Genau und penibel dokumentiert in Michael John und Wolfgang Reder (Hg): Wegscheid - Von der Korrektionsbaracke zur sozialpädagogischen Institution, Linz 2006.
182 Diese und folgende Zitate stammen aus dem Buch: Michael John, Wolfgang Reder (Hg.): Wegscheid – Von der Korrektionsbaracke zur sozialpädagogischen Institution. Linz 2006.
183 Ebd. S. 90.
184 Ebd. S. 88ff.
185 Ebd. S. 96. Dieser Bericht entstammt einem Interview aus dem Jahr 2006.
186 Ausführliches Material über diese Zeit muss es im „Archiv Wegscheid" in Linz geben. 
187 Ingrid Bauer, u. a.: Abgestempelt und ausgeliefert – Fürsorgeerziehung und Fremdunterbringung in Salzburg – Mit einem Ausblick auf die Wende hin zur Sozialen Kinder- und Jugendarbeit von heute. Innsbruck: Studienverlag, 2013. S. 161f.
188 Ebd. S. 224.
189 Ebd. S. 225.
190 Edith Heidi Kaslatter: Ein Vergleich zweier Säuglingsgruppen zwischen 3 und 5 Monaten mit unterschiedlicher Betreuung. Innsbruck 1979. S. 183f.
191 Ebd. S. 10.
192 Ebd. S. 10.
193 Erwin Aschenwald: „Erziehung gestern - Geschichten aus der Bubenburg." In: erziehung heute. Innsbruck, 1981 (Heft 34). S. 8f.
194 Dirk Rupnow, Horst Schreiber, Sabine Pitscheider: Studie zu den Sozialehrenzeichenträgern der Stadt Innsbruck P. Magnus Kerner OFMCap. und Hermann Pepeunig. Innsbruck, 2013. S. 9.
195 Ingrid Bauer, u. a.: Abgestempelt und ausgeliefert – Fürsorgeerziehung und Fremdunterbringung in Salzburg – Mit einem Ausblick auf die Wende hin zur Sozialen Kinder- und Jugendarbeit von heute. Innsbruck: Studienverlag, 2013. S. 173.
196 Siehe erziehung heute. 1980 (Heft 6). S. 10.
197 Ebd.
198 Vgl. 131 J 2/4 am 18.3.1947/K 7232. Zitiert nach Nicole Kössler, 2007.
199 Vgl. 131 12/ 41-48 im September 1948/K 7232. Zitiert nach Nicole Kössler, 2007. S. 48.

200 Ebd. S. 73.
201 Ebd. S. 73.
202 Ebd. S. 74.
203 Ebd. S. 74.
204 Vgl. Le Sch 26/45-46 am 8.10.1946/K 4631. Zitiert nach Nicole Kössler, 2007.
205 Nicole Kössler, 2007. S. 77.
206 Ebd. S. 78.
207 Ebd. S. 79. Vgl. 9-131 B 6/10-58 am 3.4.1958/K 8298.
208 Michaela Ralser, Anneliese Bechter, Flavia Guerrini, Geschichte der Tiroler und Vorarlberger Erziehungsheime und Fürsorgeerziehungsregime der 2. Republik – Eine Vorstudie. Innsbruck. 2012.
209 Ebd. S. 43.
210 Ebd.
211 Ludwig Brantner: Einmal talwärts und zurück. Innsbruck: Skarabaeus Verlag, 2009. S. 71f.
212 Die Präsentation fand am 19. Juni 2013 in der FH Campus Wien statt.
213 Elisabeth Raab-Steiner, Gudrun Wolfgruber: Zur Lebenswelt der Pflegekinder in der Wiener Nachkriegszeit von 1955-1970 - Kurzfassung der Ergebnisse. FH Campus Wien, 2013.
214 Georg Hönigsberger: „Bauern beuteten Pflegekinder aus."
In: KURIER, 20. Juni 2013. S. 18.
215 Claudia Beer-Odebrecht: „Ich wurde wie ein Tier angekettet."
In: Kleine Zeitung, 10. Februar 2012. www.kleinezeitung.at/kaernten/klagenfurt-land/2943693/ich-wurde-ein-tier-angekettet.story

216 Ebd.
217 Ebd.
218 Staatsanwaltschaft Klagenfurt, Verständigung gemäß § 9 Abs. 3 VOG,
Aktenzeichen 16 St 142/11i – 5, 31. Oktober 2012.
219 Ebd.
220 Edith Heidi Kaslatter: Ein Vergleich zweier Säuglingsgruppen zwischen 3 und 5 Monaten mit unterschiedlicher Betreuung. Dissertation. Innsbruck: 1979.
221 Alois Guger, Markus Marterbauer: Einkommensverteilung in Österreich ,Österreichisches Institut für Wirtschaftsforschung, www.bmask.gv.at sowie Statistik Austria, www.statistik.at, letzter Zugriff 23.8.2013.
222 Horst Schreiber: Im Namen der Ordnung – Heimerziehung in Tirol. Innsbruck, Wien, Bozen: Studienverlag, 1961. S.183.
223 Georg Hönigsberger, Jürgen Pachner: „Mädchen wuschen für das Heer."
In: KURIER, 18. August 2012. S. 20.
224 Michaela Ralser, Anneliese Bechter, Flavia Guerrini: Geschichte der Tiroler und Vorarlberger Erziehungsheime und Fürsorgeerziehungsregime der 2. Republik – Eine Vorstudie. Universität Innsbruck, 2012. S. 139.
225 TJWG §27 Abs. 4.
226 Georg Hönigsberger: „Pädagogisch geltende Standards?"
In: KURIER, 15. August 2012. S. 15.
227 Georg Hönigsberger: „Heimkinder schufteten für Swarovski."
In: KURIER, 15. August 2012. S. 15.
228 Georg Hönigsberger: „Auch Darbo ließ Heimkinder arbeiten."
In: KURIER, 16. August 2012. S. 15.

229 Georg Hönigsberger: „Dann war das eine richtige kleine Mafia."
In: KURIER, 16. August 2012. S. 15.
230 Georg Hönigsberger: „Firma beweist Zahlungen ans Heim."
In: KURIER, 22. August 2012. S. 18.
231 Aus dem Büro von Frau Landesrätin Christine Baur (Tirol):
E-Mail vom 19. August 2013 an den Autor.
232 Michael John, Wolfgang Reder (Hg.): Wegscheid - Von der Korrektionsbaracke zum sozialpädagogischen Jugendwohnheim. Katalog im Auftrag des Sozialpädagogischen Jugendwohnheimes Wegscheid. Linz: 2006. S. 45.
233 Ebd. S. 45.
234 Ebd. S. 46.
235 www.jwh-wegscheid.at, mehrfache Zugriffe, letzter am 23.8.2013.
236 Josef Dvorak: „Zu viele Strafen, wenig Therapie!" In: KURIER, 17. Jänner 1970. S. 3f.
237 Aus dem Spartakus-Archiv 1970. Zitiert aus: Michael Genner: Verleitung zum Aufstand. Wien: Mandelbaum, 2012. S. 50.
238 Die Zitate von Herbert Sirny sind Auszüge aus einem Gespräch mit dem Autor vom 29. Juli 2013.
239 Die Zitate von Karl M. sind Auszüge aus einem Gespräch mit dem Autor vom 10. Juli 2013.
240 Aus dem Spartakus-Archiv 1970, in: Michael Genner: Verleitung zum Aufstand. Wien: Mandelbaum, 2012. S. 42f.
241 Elisabeth Raab-Steiner, Gudrun Wolfgruber: Zur Lebenswelt der Pflegekinder in der Wiener Nachkriegszeit von 1955-1970 - Kurzfassung der Ergebnisse. FH Campus Wien, 2013. http://www.wien.gv.at/menschen-gesellschaft/pdf/pflegekinder-nachkriegszeit.pdf
242 Brigitte Lueger-Schuster u. a.: „Psychotraumatologische Fragestellungen zu Gewalt und Missbrauch in der Katholischen Kirche." Abschlussbericht zum Forschungsprojekt am Institut für Angewandte Psychologie: Gesundheit, Entwicklung und Förderung. Universität Wien, 2012. http://ppcms.univie.ac.at/fileadmin/usermounts/luegerb8/Abschlussbericht_20121207.pdf
243 Aus der Zusammenfassung der Studie von Brigitte Lueger-Schuster anlässlich des am 26.2.2013 von der Unabhängigen Opferschutzanwaltschaft – Initiative gegen Missbrauch und Gewalt veranstalteten Symposiums „Prävention von Missbrauch und Gewalt – ein gesamtgesellschaftliches Anliegen." S. 9.
244 Ebd. S. 10.
245 Die Zitate von Herbert D. sind Auszüge aus einem Gespräch mit dem Autor vom 21. Juli 2012.
246 Die Zitate von Marina Schennach sind Auszüge aus einem handschriftlichen Erinnerungsprotokoll, das sie dem Autor am 13. August 2012 zugesandt hat.
247 Die Zitate von Ludwig Brantner sind Auszüge aus einem Gespräch mit dem Autor vom 27. September 2012.
248 Ludwig Brantner: Einmal talwärts und zurück. Innsbruck: Skarabaeus Verlag, 2008.
249 Die Zitate von Melitta V. sind Auszüge aus einem Gespräch mit dem Autor vom 17. Oktober 2011.
250 Die Zitate von Rudolf B. sind Auszüge aus einem Gespräch mit dem Autor vom 22. November 2012.
251 Die Zitate von Edith B. sind Auszüge aus einem Gespräch mit dem Autor vom 20. Juli 2012.

252 Anmerkung des Autors: Die Kleinanzeige konnte bislang im KURIER-Archiv nicht gefunden werden.
253 Die Zitate von Helene L. sind Auszüge aus einem Gespräch mit dem Autor vom 13. Juli 2012.
254 Die Zitate von Rudolf S. sind Auszüge aus einem Gespräch mit dem Autor vom 14. Juni 2013.
255 Vgl. Ernst Berger, Gertrude Czipke, Ingrid Bauer, Horst Schreiber, Reinhard Sieder.
256 Handbuch des Reichsgaus 1941. Zitiert nach: Gertrude Czipke: Die SchreibtischtäterInnen - Die Wiener Jugendfürsorge in den Jahren 1945 bis 1970 und ihr Beitrag zur Durchsetzung einer gegen Mädchen, Frauen, „uneheliche" Mütter und deren Kinder gerichteten Geschlechterordnung. Diplomarbeit. Wien: 2012. S. 90.
257 Robert Krasser: Ständestaat und Schule. Wien: Jugend und Volk, 1936. S. 14ff.
258 Czipke, 2012. S. 165.
259 Eva Kreisky: „Marie Jahoda. Eine Laudatio." In: L'Homme. 10.2.1999. S. 295.
260 So wurde in ihrer Studie „Die Arbeitslosen von Marienthal" auch konkrete Hilfe, Kleidersammlungen, kostenlose ärztliche Versorgung, u. ä. organisiert.
261 Horst Schreiber im Gespräch mit Georg Hönigsberger, siehe „Hilflosigkeit der Politik, oder pures Kalkül?" In: KURIER, 1.7.2013. S. 15.
262 Rosa Luxemburg: Einführung in die Nationalökonomie. In: dies.: Gesammelte Werke. Berlin: Dietz, 1975. S. 753.
263 Julius Tandler: „Ehe und Bevölkerungspolitik." In: Wiener Medizinische Wochenschrift, Nr. 5 und 6 (1924). S. 305f. Bemerkenswert ist in diesem Zusammenhang die Haltung Tandlers und der sozialdemokratischen Ärzte zum Schwangerschaftsabbruch. Im Gegensatz zur Frauenorganisation, welche die Entscheidung der Frau überlassen wollte, forderte Tandler umfangreiche Kommissionen das Gesetz müsse den Forderungen seiner Bevölkerungspolitik Rechnung tragen. Siehe S. 389.
264 Gertrude Czipke, 2012. S. 16.
265 Markus Hug: Zur sogenannten Verwahrlosung dissozialer Jugendlicher in Österreich. Dissertation. Innsbruck: 1971.
266 Gertrude Czipke, 2012. S. 19.
267 Markus Hug, 1971. S. 54.
268 Zitiert nach Gertrude Czipke, 2012. S. 244.
269 Hermine Koller hat sich weiters wissenschaftlich betätigt: Hermine Koller: Oblatinnen des heiligen Benedikt in der Barockzeit: Wenn die „Drittgeborenen Kinder des heiligen Benedikt" den Himmel offen sehen. Diplomarbeit. Wien, 2001. Sowie: Hermine Koller: Benediktinisches Mönchtum und seine Oblaten: „Sie schließen sich im Geist dem Mönchschor ihres Klosters an, von Herzen glücklich, daß der Gnadenreichtum auch auf sie wie auf den „Saum des Gewandes" der ganzen klösterlichen Familie herabfließt."Basilius Senger, Beuroner Oblatenbuch 1964. Dissertation. Wien, 2008.
270 Vgl. Gertrude Czipke, 2012.
271 Ebd. S. 143f.
272 Zitiert nach Gertrude Czipke, 2012. Siehe S. 147.
273 Ebd. S. 148.
274 Zitiert nach Gertrude Czipke, 2012. S. 169.
275 Zitiert nach Gertrude Czipke, 2012. S. 184.
276 Zitiert nach Gertrude Czipke S. 185.
277 Ebd.

278 Ebd. S. 152.
279 Zitiert nach Gertrude Czipke, 2012. S. 205.
280 Ebd. S. 122.
281 Ebd. S. 210.
282 Ebd. S. 210.
283 Ebd. S. 204.
284 Ebd. S. 210.
285 Ebd. S. 210.
286 Ebd. S. 225.
287 Ebd. S. 123.
288 Ebd. S. 121.
289 Ebd. S. 123.
290 Maria Dorothea Simon: „Von der Fürsorge zur Sozialarbeit." Vortrag in der Wiener Psychoanalytischen Vereinigung am 2. Oktober 2004 (Dr. Maria Dorothea Simon, em. Direktorin für Sozialarbeit der Stadt Wien). Siehe http://www.sozialearbeit.at/veranstaltung.php?documentation=true&event=true&getDoc=...&detail=1 [3.6.2012]
291 Vgl. Gertrude Czipke, 2012. S. 25f.
292 Ebd. S. 25.
293 SPÖ-PARLAMENTSKLUB (Hg.): Christian Broda. Gedenken und Ausblick. Festveranstaltung anlässlich des 25. Todestages des großen Justizreformers. Wien 2012. S. 48.
294 Republik Österreich: Frauenbericht 1975. Bericht betreffend die Situation von Frauen in Österreich. 1975 (Heft 4). S. 43.
295 Rosemarie Fischer: „Erziehungsziel Hausmütterchen."
In: betrifft:Sozialarbeit,1975 (Nr. 3/4). S. 21.
296 Ebd.
297 Ebd.
298 Horst Schreiber: Im Namen der Ordnung – Heimerziehung in Tirol. Innsbruck, Wien, Bozen: Studienverlag, 2010. S. 81f.
299 Rosemarie Fischer: Ziel und Strukturanalyse an Gemeindepflegeheimen der Stadt Wien. Dissertation. Wien: 1975. S. 36ff.
300 Vgl. Wolfgang Neugebauer, Peter Schwarz. Der Wille zum aufrechten Gang. Wien: Czernin, 2005, S. 295ff.
301 Hans Krenek: „Beitrag zur Methode der Erfassung von psychisch auffälligen Kindern und Jugendlichen." In: Archiv für Kinderheilkunde, 1942 (126). S. 72.
302 gedenkstaettesteinhof.at/de/interviews/transscript/Leopoldine-Maier
303 Vgl. Wolfgang Neugebauer, Peter Schwarz. Der Wille zum aufrechten Gang. Wien: Czernin, 2005, S. 303f.
304 Michael Genner: Verleitung zum Aufstand. Wien: Mandelbaum, 2012. S. 47.
305 Michael Genner im Gespräch mit dem Autor, 9. Jänner 2013.
306 Michael Genner: Verleitung zum Aufstand. Wien: Mandelbaum, 2012. S. 48.
307 ORF. OE1-Morgenjournal. „Heimkinder mit Malaria infiziert." Gestaltung: Bernt Koschuh. 6. Februar 2012.
308 Michael Genner: Verleitung zum Aufstand. Wien: Mandelbaum, 2012. S. 48.
309 In: Spartakus: „Nachrichten für Unzufriedene." 1971 (Nr. 3/4). Zitiert nach: Michael Genner: Verleitung zum Aufstand. Wien: Mandelbaum, 2012.
310 Willi Stelzhammer im Gespräch mit dem Autor am 29. Jänner 2013
311 Ebd.

312 Ebd.
313 In: KURIER, 30. Jänner 1971. S. 13.
314 Spartakus-Archiv (Willi Stelzhammer), Zitat von Otto Rösch aus dem Gesprächsprotokoll einer Krisensitzung von Spartakus-Mitgliedern und dem Innenminister vom 10. Februar 1971, S. 5.
315 Michael Genner: Verleitung zum Aufstand. S. 78f. Wien: Mandelbaum, 2012.
316 Tagblatt, aus Wegscheid.
317 Heinrich Zangerle: Zur Berufssituation des Erziehers in österreichischen Fürsorgeerziehungsheimen. Dissertation. Innsbruck: 1974. S. 2.
318 Ebd. S. 3.
319 betrifft:Sozialarbeit. 1979 (Heft 6). S. 10.
320 erziehung heute. 1980 (Heft 6). S. 10.
321 Ebd.
322 Ebd.
323 Horst Schreiber, 2010. S. 87.
324 Brigitte Wanker: „St. Josefinstitut: Anstellen in Zweierreihen." In: betrifft:Sozialarbeit. 1980 (Heft 5). Seite 2ff.
325 In: Rudolf Forster, Volker Schönwiese (Hg.): „Behindertenalltag - wie man behindert wird." Wien: Jugend und Volk, 1982. S. 21-34.
326 Sämtliche Zitate von Max Wanker stammen aus seinem Gedächtnisprotokoll. Salzburg, April 2010.
327 Dieses und die folgenden wörtlichen Zitate von Brigitte Wanker stammen aus einem Gespräch mit dem Autor vom 4. Juli 2013. Auszüge davon sind im KURIER erschienen: „Die Landesverräterin", 13. Juli 2013, S. 20.

328 Siehe Horst Schreiber, 2010. S. 324.
329 ORF Fernseharchiv. Horizonte. Gestaltung: Kurt Tozzer. 27. Mai 1970.
330 ORF-Fernseharchiv. Kontakt - Die Betroffenen. 10. Jänner 1971.
331 Die Erzieherin Dorothea H. erklärte in einem Gespräch mit dem Autor vom 17. Mai 2012, dass sie nach dieser Sendung von der Heimleitung „extrem unter Druck" gesetzt worden sei. „Mir wurde erklärt, ich sei als Erzieherin nicht geeignet." H. sei zu einem psychologischen Test geschickt und dann in ein anderes Heim versetzt worden. Wenig später gab sie den Beruf der Erzieherin auf.
332 Günther Schweitzer: „Vom Heim nach Stein?" In: Stern, 25. Jänner 1974, S. 26ff.
333 ORF Fernseharchiv. Ohne Maulkorb – Verstaatlichte Kinder. Gestaltung: Andreas Friesz. 1975.
334 ORF Fernseharchiv. Teleobjektiv. Gestaltung: Claus Gatterer und Kurt Langbein. 16. September 1981.
335 Die Zitate von Kurt Langbein stammen aus einem Gespräch mit dem Autor vom 30. August 2013.
336 Siehe betrifft:Sozialarbeit. 1980 (Heft 5). S. 4.
337 Tiroler Tageszeitung. 25.5.1981 (Nr. 120).
338 bubenburg.blogspot.co.uk
339 betrifft:Sozialarbeit. 1975 (Heft 3,4).
340 Vgl. Endbericht Kommission Wilhelminenberg. Wien, 2013.
341 Ingrid Breser, Joachim Hinsch: „Die ‚Stadt des Kindes.'" In: betrifft:Sozialarbeit. 1975 (Heft 3/4). S. 22f.
342 Ebd.

343 Rosemarie Fischer, 1975. Diss. S. 195.
344 Stefan Apfl: „Ein Kind aus Familie 9." In: Falter 2008 (Nr. 30). S. 22f.
345 betrifft:.Sozialarbeit. 1977 (Heft 4). S. 18.
346 Rosemarie Fischer, 1975. Diss. S. 202.
347 Günther Schweitzer: „Vom Heim nach Stein?" In: Stern, 25. Jänner 1974, S. 51.
348 www.spattstraße.at, (7.9.2013)
349 Rudolf Siegrist: Praxisbericht: Erziehung im Mädchenheim. Tübingen: Katzmann, 1980. S. 92ff.
350 Siehe z. B. erziehung heute, 1981 (Heft 3). S. 10f.
351 betrifft:Sozialarbeit, 1981 (Heft 3). S. 37.
352 Zitiert nach Ingrid Bauer et.al.: Abgestempelt und ausgeliefert – Fürsorgeerziehung und Fremdunterbringung in Salzburg – Mit einem Ausblick auf die Wende hin zur Sozialen Kinder- und Jugendarbeit von heute. Innsbruck: Studienverlag, 2013. S. 315. Die damalige Haltung der Betreuerin ist heute Menschenrechtsstatus.
353 betrifft:Sozialarbeit, 1981 (Heft 3) S 38.
354 Ingrid Bauer et.al., 2013: Abgestempelt und ausgeliefert. S. 317.
355 www.childabusecommission.ie/
356 (ala/AFP): „Sklavenarbeit: Irische Regierung entschuldigt sich bei Opfern der Magdalenenheime." In: SPIEGELonline, 20.2.2013.
357 Ebd.
358 (KAP): „Irland: Frauenorden: keine Entschädigung für Heim-Opfer." In: ORFonline, 16.7.2013.
359 Roger Mahony, von 1985 bis 2011 Kardinal der größten US-Diözese in Los Angeles.
360 Marc Pitzke: „Missbrauchsskandal in US-Kirchen: Schuldig, reuig, pleite." In: SPIEGELonline, 10.2.2010.
361 Zum Vergleich: In Österreich zahlt die von der katholischen Kirche mit der Entschädigung für Opfer von Geistlichen beauftragte Opferschutz-Anwaltschaft (Klasnic-Kommission) zwischen 5000 und 25.000 Euro pro Kopf.
362 Marc Pitzke: „Missbrauchsskandal in US-Kirchen: Schuldig, reuig, pleite." In: SPIEGELonline, 10.2.2010.
363 Georg Hönigsberger: „Nichts kann den Horror auslöschen." In: KURIER, 23. Juni 2013. S. 14.
364 Die Organisation SNAP (Survivors Network of those abused by Priests – Netzwerk der Überlebenden von Missbrauch durch Priester) wurde 1989 in den USA gegründet, um den Opfern von sexuellem Missbrauch in der Kirche zu helfen. Mittlerweile sind weltweit – unter anderem auch in Österreich - mehr als 13.000 Mitglieder gemeldet.
365 Georg Hönigsberger: „Nichts kann den Horror auslöschen." In: KURIER, 23. Juni 2013. S. 14.
366 Abschlussbericht Runder Tisch: „Heimerziehung in den 50er- und 60er- Jahren." Berlin, 2010. S. 27.
367 Ebd. S. 29.
368 Ebd. S. 29f. „Verantwortlich waren
• Eltern, die oftmals die Heimunterbringung angeregt haben • Vormünder und Pfleger, denen die rechtliche Vertretung ihrer Mündel oblag und die für das individuelle Wohlergehen mitverantwortlich waren • Jugendämter, die die Heimunterbringung in kommunaler Verantwortung durchführten und die Freiwillige Erziehungshilfe und die Fürsorgeerziehung fachlich begleiteten. Ihnen kam auch eine Aufsichtsfunktion im Einzelfall zu • Landesjugendämter, die als unterbringende Behörde die Maßnahmen der Freiwilligen

Erziehungshilfe und der Fürsorgeerziehung verantworteten. Zugleich kam ihnen die Aufsicht im Einzelfall und ab 1962 die strukturelle Aufsicht über alle Heime in öffentlicher und freier Trägerschaft zu • Vormundschaftsgerichte, die Unterbringungen nach § 1666 BGB und der Fürsorgeerziehung veranlassten und ggf. zu überprüfen hatten • Träger der Einrichtungen, die als öffentliche (Länder und Kommunen) oder freie – insbesondere kirchliche – Träger die Heime betrieben und die Heimpraxis verantworteten • Heimleitung und Heimpersonal, die im persönlichen Umgang mit den Kindern und Jugendlichen für deren konkrete Erziehung verantwortlich waren • Verantwortliche für Rechtsetzung und -anwendung, die die rechtlichen Rahmenbedingungen und Richtlinien vorgaben. Hierzu zählen der Bund, die Länder, die Landesjugendämter, die Jugendämter und die Gerichte."

369 Ebd. S. 36ff.

370 Siehe auch: www.fonds-heimerziehung.de

371 Die Zitate von Peter Bringmann-Henselder stammen aus einem Gespräch mit dem Autor vom 8. Jänner 2013.

372 Staatskanzlei des Kantons St. Gallen, Departement für Inneres und Militär/ IG Mogelsberg, Medienmitteilung, 15. Dezember 1999.

373 Der Verein hat eine eigene Homepage: www.netzwerk-verdingt.ch

374 Thomas Huonker betreibt eine eigene Webseite: www.kinderheime-schweiz.ch

375 Die Jenischen sind eine Volksgruppe, deren Herkunft noch nicht genau geklärt ist. Sie waren vor allem in Tirol, Südtirol, Vorarlberg und der Schweiz als „fahrendes Volk" unterwegs. Auch in Tirol sind Jenische (im Volksmund als „Karner" - die mit den Karren - verunglimpft) von Fürsorgemaßnahmen besonders betroffen gewesen.

376 Als Verdingkinder werden in der Schweiz jene Kinder bezeichnet, die an sogenannte „Pflegeeltern", meist mit bäuerlichen Hintergrund, vergeben wurden und auf deren Gütern arbeiten (sich verdingen) mussten.

377 www.kinderheime-schweiz.ch/de/kinderheime_schweiz_hintergrund.php

378 bg/sda: „Entschädigung für Verdingkinder noch offen." In: news.ch, 13.6.2013.

379 Auf Englisch: Optional Protocol to the Convention against Torture and other Cruel, Inhuman or Degrading Treatment or Punishment, OPCAT. Damit wurde ein internationales System zur Inspektion von Internierungsorten etabliert.

380 Bericht 2012 der NCP Volksanwaltschaft.

381 Ausführliche Informationen gibt es auf der Homepage der Volksanwaltschaft.

382 Patricia Haller: „Volksanwälte gehen Heimmisere an." In: KURIER, 19. August 2013.

383 Aus dem Kapitel „Aufgaben und Ziele" der offiziellen Homepage der Opferschutzanwaltschaft: www.opfer-schutz.at, die genannten „Einzelfälle" werden nicht näher definiert.

384 Aus: Julia Schrenk: „Es ist eine historische Katastrophe." In: KURIER, 21. Juni 2012. S. 21.

385 Arbeiterzeitung. 14. November 1927. S. 5.

386 Ebd. S. 5.

387 Georg Hönigsberger: „Hoffnungsschimmer für Heimkinder."
In: KURIER, 1. Juli 2013. S. 15.

388 Georg Hönigsberger: „Heimkind erkämpft erste Opferrente."
In: KURIER, 15. Juli 2012. S. 9.

389 Georg Hönigsberger: „250.000 Euro für ein Missbrauchsopfer."
In: KURIER, 21. August 2013. S. 18.

390 Barnen som samhället svek- åtgärder med anledning av övergrepp och allvarliga försummelser i samhällsvården Betänkande av Upprättelseutredningen. SOU 2011:9, Stockholm 2011, Kapitel 4.

# BIBLIOGRAFIE

(ala/AFP): „Sklavenarbeit: Irische Regierung entschuldigt sich bei Opfern der Magdalenenheime." In: SPIEGELonline, 20.2.2013. www.spiegel.de/panorama/gesellschaft/irische-regierung-entschuldigt-sich-bei-opfern-der-magdalenenheime-a-884530.html

(KAP): „Irland: Frauenorden: keine Entschädigung für Heim-Opfer." In: ORFonline, 16.7.2013. Siehe religion.orf.at/stories/2593356

(o.A.): „‚Bubenburg' in Fügen hilft, wenn Kindern das ‚Nest' fehlt." In: Tiroler Tageszeitung, 1981 (Nr. 120). 25.5.1981. S. 5.

(o.A.): „Jugend-KZ in Österreich." In: Neues Forum, Ausgabe Februar/März 1971, S. 39.

(o.A.): „Prior protestierte." In: Tiroler Tageszeitung, 25.September 1980. S. 5.

(o.A.): „Über die Geschichte der Kinderwelt Stiefern." www.kinderwelt-stiefern.at/fileadmin/Dokumente/Geschichte_der_Kinderwelt_Stiefern.pdf (21.8.2013).

Apfl, Stefan: „Ein Kind aus Familie 9." In: Falter 2008 (Nr. 30). S. 22f.

Arbeiter-Zeitung. Morgenblatt. 1927 (Nr. 233). 27. August 1927. S. 9.

Aschenwald, Erwin: „Erziehung gestern. Geschichten aus der Bubenburg." In: erziehung heute. Innsbruck: Studienverlag, 1980 (Heft 6).

betrifft:Sozialarbeit, Redaktion:
- „Geburt und versuchte Ermordung eines sogenannten ‚alternativen Projektes' – Die letzten Tage der Wohngemeinschaft St. Johann." In: betrifft:Sozialarbeit, 1981 (Heft 3).
- „Heimerziehung + Heimerziehung in Zahlen." In: betrifft:Sozialarbeit, 1975 (Heft 3/4).
- „Kasernendrill und Klostersuppe. Fürsorgeerziehung in Gleink." In: betrifft:Sozialarbeit, 1976 (Heft 8/9).
- betrifft:Sozialarbeit, 1977 (Heft 4). S. 18.
- betrifft:Sozialarbeit, 1980 (Heft 35). S. 2.

Backes, Susanne: Funktionieren musst du wie eine Maschine – Leben und Überleben in deutschen und österreichischen Kinderheimen der 1950er und 1960er Jahre. Weinheim und Basel: Belz Juventa, 2012.

Bauer, Ingrid; Hoffmann, Robert; Kubek, Christina: Abgestempelt und ausgeliefert – Fürsorgeerziehung und Fremdunterbringung in Salzburg – Mit einem Ausblick auf die Wende hin zur Sozialen Kinder- und Jugendarbeit von heute. Innsbruck: Studienverlag, 2013.

Beer-Odebrecht, Claudia: „Ich wurde wie ein Tier angekettet." In: Kleine Zeitung, 10. Februar 2012. www.kleinezeitung.at/kaernten/klagenfurtland/2943693/ich-wurde-ein-tier-angekettet.story

bg/sda: „Entschädigung für Verdingkinder noch offen." In: news.ch, 13.6.2013. www.news.ch/Entschaedigung+fuer+Verdingkinder+noch+offen/589798/detail.htm

Brantner, Ludwig: Einmal talwärts und zurück. Innsbruck: Skarabaeus Verlag, 2009.

Breser, Ingrid; Hinsch, Joachim: „Die ‚Stadt des Kindes'." In: betrifft:Sozialarbeit. 1975 (Heft 3/4). S. 22f.

Czipke, Gertrude: Die SchreibtischtäterInnen - Die Wiener Jugendfürsorge in den Jahren 1945 bis 1970 und ihr Beitrag zur Durchsetzung einer gegen Mädchen, Frauen, „uneheliche" Mütter und deren Kinder gerichteten Geschlechterordnung. Diplomarbeit. Wien: 2012.

Dvorak, Josef: „Zu viele Strafen, wenig Therapie!" In: KURIER, 17. Jänner 1970. S. 3f.

Feigelfeld, Hans: „Aus Alt macht Neu? Reformtendenzen in der Heimerziehung." In: betrifft:Sozialarbeit, 1979 (Heft 6).

Feigelfeld, Hans; Feigelfeld, Heidrun; Huber, Timo; Smetana, Kurt: Wo die schlimmen Kinder wohnen. Integration sozialer Infrastruktur am Beispiel von Einrichtungen der Ersatzerziehung – Planerische Konsequenzen für den Wohnbau in Stadterneuerungs- und Stadterweiterungsgebieten. Wien: Bundesministerium für Bauten und Technik, 1977.

Fischer, Rosemarie:
- „Erziehungsziel Hausmütterchen." In: betrifft:Sozialarbeit, 1975 (Nr. 3/4). S. 21.
- Ziel und Strukturanalyse an Gemeindepflegeheimen der Stadt Wien. Dissertation. Wien: 1975.

Forster, Rudolf; Schönwiese, Volker (Hg.): „Behindertenalltag - wie man behindert wird." Wien: Jugend und Volk, 1982. S. 21-34. Neu veröffentlicht im Internet: bidok.uibk.ac.at/library/wanker-mauern.html

Gedenkstätte Steinhof: „Spiegelgrund-Überlebende erzählen. Interview mit Leopoldine Maier." gedenkstaettesteinhof.at/de/interviews/transscript/Leopoldine-Maier

Genner, Michael: Verleitung zum Aufstand. Wien: Mandelbaum, 2012.

Goessler-Leirer, Irmtraut: „Sozialstaat konkret: Am Beispiel der Heimkinder." In: Österreichische Zeitschrift für Politikwissenschaft, 1973 (Heft 4). S.373.

Goessler-Leirer, Irmtraut; Fischer, Rosemarie; Halletz Claudia: Verwaltete Kinder – Eine soziologische Analyse von Kinder- und Jugendlichenheimen im Bereich der Stadt Wien. Endbericht. Wien: Institut für Stadtforschung, 1975.

Goessler-Leirer, Irmtraut; Halletz, Claudia: „Spezielle Berufsproblematik bei Sozialberufen, dargestellt am Beispiel der Heimerzieher." Typoskript. Wien, 1974.

Goffman, Erving: Asyle – Über die soziale Situation psychiatrischer Patienten und anderer Insassen. Frankfurt am Main: Suhrkamp, 1971.

Gstettner, Peter: „Heimunterbringung und Menschenrechte." In: erziehung heute. Innsbruck: Studienverlag, 1980. (Heft 6).

Guger, Alois; Marterbauer, Markus: Einkommensverteilung in Österreich. Wien: Österreichisches Institut für Wirtschaftsforschung, 2004.

Haller, Patricia: „Volksanwälte gehen Heimmisere an." In: KURIER, 19. August 2013.

Halletz–Weithofer, Claudia: Berufliche Motivation von Sozialarbeitern – eine empirische Untersuchung über Erzieher in Fürsorgeheimen. Dissertation. Wien: 1977.

Haselbacher, Helmut: „Sind wir weitergekommen?" In: betrifft:Sozialarbeit, 1975 (Heft 3/4).

Helige, Barbara; John, Michael; Schmucker, Helge; Wörgötter, Gabriele: Endbericht Kommission Wilhelminenberg. Wissenschaftliche Koordination Marion Wisinger. Wien: Institut für Rechts- und Kriminalsoziologie, Juni 2013. www.kommission-wilhelminenberg.at/presse/jun2013/Bericht-Wilhelminenberg-web_code.pdf

Hochgerner-Bittner, Agnes: Über die Konzeption und die Bedingungen öffentlicher Erziehung im Jugendheim Spattstraße – Versuch einer Heimanalyse. Dissertation. Wien: 1976.

Hoffmann, Wolfgang: Internatsgeschichten. Erinnerungen an eine Schulzeit. Linz: Freya, 2011.

Holzknecht, Veronika; Hitsch, Monika: „Trotz vehementer Intervention: Tabu ‚Heime' durchbrochen - Eltern für Protestaktion mißbraucht." In: betrifft:Sozialarbeit, 1980 (Heft 5).

Holzknecht, Veronika: (Ohne Titel). In: betrifft:Sozialarbeit, 1980 (Heft 35). S.3.

Hönigsberger, Georg:
- „Die Landesverräterin." In: KURIER, 13. Juli 2013. S. 20.
- „250.000 Euro für ein Missbrauchsopfer." In: KURIER, 21. August 2013. S. 18.
- „Auch Darbo ließ Heimkinder arbeiten." In: KURIER, 16. August 2012. S. 15.
- „Bauern beuteten Pflegekinder aus." In: KURIER, 20. Juni 2013. S. 18.
- „Dann war das eine richtige kleine Mafia." In: KURIER, 16. August 2012. S. 15.
- „Erzieher und Arzt ließen Heimkind beinahe sterben." In: KURIER, 23. Oktober 2012. S. 17.
- „Firma beweist Zahlungen ans Heim." In: KURIER, 22. August 2012. S. 18.
- „Heimkind erkämpft erste Opferrente." In: KURIER, 15. Juli 2012. S. 9.
- „Heimkinder schufteten für Swarovski." In: KURIER, 15. August 2012. S. 15.
- „Hilflosigkeit der Politik, oder pures Kalkül?" In: KURIER, 1. Juli 2013. S. 15.
- „Hoffnungsschimmer für Heimkinder." In: KURIER, 1. Juli 2013. S. 15.
- „Nichts kann den Horror auslöschen." In: KURIER, 23. Juni 2013. S. 14.
- „Pädagogisch geltende Standards?" In: KURIER, 15. August 2012. S. 15.

Hönigsberger, Georg; Pachner Jürgen: „Mädchen wuschen für das Heer." In: KURIER, 18. August 2012. S. 20.

Hönigsberger, Georg; Schrenk, Julia:
- „Das Kinderheim des Grauens." In: KURIER, 16. Oktober 2011. S. 11f.
- „Kinder mit KZ-Filmen eingeschüchtert." In: KURIER, 17. Oktober 2011. S. 17f.
- „Die Mädchen hatten Talent zur Prostitution." In: KURIER, 18. Oktober 2011. S. 18.

Hug, Markus: Zur sogenannten Verwahrlosung dissozialer Jugendlicher in Österreich. Dissertation. Innsbruck: 1971.

Institut für Raumplanung: „Sozialräumliche Gliederung Wiens 1961." In: Der Aufbau. 1972 (Nr. 7, 8).

Jahoda, Marie; Lazarsfeld, Paul Felix; Zeisel, Hans: Die Arbeitslosen von Marienthal. Ein soziographischer Versuch über die Wirkungen langandauernder Arbeitslosigkeit. Leipzig: Hirzel, 1933.

John, Michael; Reder, Wolfgang (Hg.): Wegscheid - Von der Korrektionsbaracke zum sozialpädagogischen Jugendwohnheim. Katalog im Auftrag des Sozialpädagogischen Jugendwohnheimes Wegscheid. Linz: 2006.

Kaslatter, Edith Heidi: Ein Vergleich zweier Säuglingsgruppen zwischen 3 und 5 Monaten mit unterschiedlicher Betreuung. Dissertation. Innsbruck: 1979.

Katschnig, Heinz; Steinert Heinz: Ökologie des Selbstmordversuches in Wien. Unveröffentlichtes Manuskript. Wien: 1972.

Kössler, Nicole: Eine Auseinandersetzung mit der Jugendwohlfahrt in der Nachkriegssteiermark (1945-1954). Diplomarbeit. Graz: 2007.

Krasser, Robert: Ständestaat und Schule. Wien: Jugend und Volk, 1936.

Kreisky, Eva: „Marie Jahoda. Eine Laudatio." In: L'Homme, Europäische Zeitschrift für feministische Geschichtswissenschaft, 10.2.1999. S. 295.

Krenek, Hans: „Beitrag zur Methode der Erfassung von psychisch auffälligen Kindern und Jugendlichen." In: Archiv für Kinderheilkunde, 1942 (126). S. 72.

Kurzeja, Dietmar: Jugendkriminalität und Verwahrlosung – zu den Ursachen der Dissozialität Jugendlicher. Giessen: Edition 2000, 1972.

Lehmann, Brigitte (Hg.): Dass die Frau zu Frau erzogen wird – Frauenpolitik und Ständestaat. Wien: Erhard Löcker, 2008.

Leitner, Fritz: „Kaiserebersdorf –Vorletzte Stufe einer kriminellen Karriere." In: betrifft:Sozialarbeit, 1975 (Heft 3/4).

Lueger-Schuster, Brigitte u. a.:
- „Psychotraumatologische Fragestellungen zu Gewalt und Missbrauch in der Katholischen Kirche." Abschlussbericht zum Forschungsprojekt am Institut für Angewandte Psychologie: Gesundheit, Entwicklung und Förderung. Universität Wien, 2012. http://ppcms.univie.ac.at/fileadmin/usermounts/luegerb8/Abschlussbericht_20121207.pdf
- „Psychotraumatologische Fragestellungen zu sexuellem Missbrauch und Gewalt in Einrichtungen des Landes Niederösterreich." Abschlussbericht zum Forschungsprojekt am Institut für Angewandte Psychologie: Gesundheit, Entwicklung und Förderung. Universität Wien, Mai 2013. http://ppcms.univie.ac.at/fileadmin/usermounts/luegerb8/Abschlussbericht_NOE_20130513_final.pdf
- (Ohne Titel). In: Unabhängige Opferschutzanwaltschaft – Initiative gegen Missbrauch und Gewalt (Veranstalter): Symposium Prävention von Missbrauch und Gewalt – ein gesamtgesellschaftliches Anliegen. Vom 26.2.2013 im Haus der Industrie, Wien. www.opfer-schutz.at/material/pas/Symposium_Gesamtunterlage-130226.pdf

Luxemburg, Rosa: Einführung in die Nationalökonomie. In: dies.: Gesammelte Werke. Berlin: Dietz, 1975.



Madersbacher, Klaus; Kaslatter, Heidi; Thaler Gerda: „Offener Brief an Herrn Landeshauptmannstellvertreter Dr. Prior." In: betrifft:Sozialarbeit, 1980 (Heft 5).

Meinhart, Edith:
- „Die Gezeichneten: Auch in staatlichen Heimen wurden Zöglinge missbraucht." In: profil, 18. März 2010. www.profil.at/articles/1011/560/264620/die-gezeichneten-auch-heimen-zoeglinge
- „Tarzan war die Schlimmste." In: profil, 12. Juli 2010. www.profil.at/articles/1028/560/273115/tarzan-schlimmste

Mikrozensus-Sondererhebung zur Familie, Juni 1973.

Molnár, Jenö Alpár: Wir waren doch nur Kinder. Geschichte einer geraubten Kindheit. Frankfurt: Goethe, 2010.

Neues Forum. Ausgabe Februar/März 1971.

Neugebauer, Wolfgang; Schwarz, Peter: Der Wille zum aufrechten Gang. Offenlegung der Rolle des BSA bei der gesellschaftlichen Integration ehemaliger Nationalsozialisten. Hg. v. Bund sozialdemokratischer AkademikerInnen, Intellektueller und KünstlerInnen (BSA). Wien: Czernin, 2005. S. 295ff.

Oberhauser, Helmut: Die blaue Decke. Hinrichtung einer Kinderseele. Berlin: Novum, 2011.

ORF Fernseharchiv
- Am Schauplatz. Gestaltung: Christine Grabner, 17. August 2012.
- Horizonte. Gestaltung: Kurt Tozzer, 27. Mai 1970.
- Kontakt - Die Betroffenen, 10. Jänner 1971.
- Ohne Maulkorb – Verstaatlichte Kinder. Gestaltung: Andreas Friesz, 1975.
- Teleobjektiv. Gestaltung: Claus Gatterer und Kurt Langbein, 16. September 1980.

ORF. OE1-Morgenjournal. „Heimkinder mit Malaria infiziert." Gestaltung: Bernt Koschuh, 6. Februar 2012.

Österreichische Zeitschrift für Politikwissenschaft, 1973 (Heft 4). S. 373.

Ourednik, Karl: Das Wiener Jugendwohlfahrtsrecht. Wien: Magistrat d. Stadt Wien, 1954.

Pitzke, Marc: „Missbrauchsskandal in US-Kirchen: Schuldig, reuig, pleite." In: SPIEGELonline, 10.2.2010. www.spiegel.de/panorama/missbrauchsskandal-in-us-kirchen-schuldig-reuig-pleite-a-676748.html



Platt, Ernst: Mea Culpa. Vom Mörder zum Künstler. Berlin: Deutsche Literaturgesellschaft, 2012. (Romanisches Café)

Raab-Steiner, Elisabeth; Wolfgruber, Gudrun: Zur Lebenswelt der Pflegekinder in der Wiener Nachkriegszeit von 1955-1970 - Kurzfassung der Ergebnisse. FH Campus Wien, 2013. http://www.wien.gv.at/menschen-gesellschaft/pdf/pflegekinder-nachkriegszeit.pdf

Ralser, Michaela; Bechter, Anneliese; Guerrini, Flavia: Geschichte der Tiroler und Vorarlberger Erziehungsheime und Fürsorgeerziehungsregime der 2. Republik – Eine Vorstudie. Universität Innsbruck, 2012.

Reisinger, Hermine: Tote Kinderseele – Mein Weg zurück ins Leben. Klagenfurt: Wieser, 2011.

Republik Österreich: Frauenbericht 1975. Bericht betreffend die Situation von Frauen in Österreich. 1975 (Heft 4).

Roth, Jürgen; Zovkic, Gertrud: Heimkinder. Ein Untersuchungsbericht über Säuglings- und Kinderheime in der Bundesrepublik. Köln: Kiepenheuer und Witsch, 1973.

Runder Tisch Heimerziehung: „Heimerziehung in den 50er- und 60er-Jahren. Abschlussbericht des Runden Tisches." Berlin, 2010. http://www.rundertisch-heimerziehung.de/documents/RTH_Abschlussbericht.pdf

Rupnow, Dirk; Schreiber, Horst; Pitscheider, Sabine: Studie zu den Sozialehrenzeichenträgern der Stadt Innsbruck P. Magnus Kerner OFMCap. und Hermann Pepeunig. Innsbruck: 2013.

Schreiber, Horst: Im Namen der Ordnung – Heimerziehung in Tirol. Innsbruck, Wien, Bozen: Studienverlag, 2010.

Schrenk, Julia: „Es ist eine historische Katastrophe." In: KURIER, 21. Juni 2012. S. 21.

Schweitzer, Günther: „Vom Heim nach Stein?" In: Stern, 25. Jänner 1974, S. 26 und 51.



Sekardi, Herta: „Modelle-Spattstrasse." In: betrifft:Sozialarbeit, 1976 (Heft 8/9).

Sieder, Reinhard; Smioski, Andrea: Der Kindheit beraubt – Gewalt in den Erziehungsheimen der Stadt Wien (1950er- bis 1980er-Jahre). Innsbruck: Studienverlag, 2012.

Siegrist, Rudolf: Praxisbericht: Erziehung im Mädchenheim. Tübingen: Katzmann, 1980.

Simon, Maria Dorothea:
- „Von der Fürsorge zur Sozialarbeit." Vortrag in der Wiener Psychoanalytischen Vereinigung am 2. Oktober 2004. www.sozialearbeit.at/veranstaltung.php?documentation=true&event=true&getDoc=...&detail=1
- „Zehn Jahre später...Das Lebensschicksal unverheirateter junger Mütter." In: Soziale Berufe, 1972 (Nr. 5).

SOU: „Vanvård i social barnavård - Slutrapport." In: SOU. Stockholm: Statens offentliga utredningar, 2011 (Nr. 61).

Spartakus Archiv (Willi Stelzhammer): „Dokumentation über die Zustände in den österreichischen Erziehungsheimen." Wien: 1970.

Spiel, Walter; Fischer, Gerhard; Grestenberger, Joseph: Aktuelle Probleme der Heimerziehung. Mit Ergebnissen der Wiener Heimkommission. Institut für Stadtforschung Wien (Hg.). Wien: Jugend und Volk, 1971.

Stangl, Franz Josef:
- Der Bastard. Der Fürsorgezögling. Weitra: Publication PN°1 - Bibliothek der Provinz, 2008.
- Klosterzögling. Die Jugend eines Bastards. Weitra: Publication PN°1 - Bibliothek der Provinz, 2010.

Statistisches Jahrbuch der Stadt Wien. Wien: 1974.

Tagung der „Interessensgemeinschaft zur Bekämpfung der Jugendverwahrlosung"

Tandler, Julius: „Ehe und Bevölkerungspolitik." In: Wiener Medizinische Wochenschrift, Nr. 5 und 6 (1924).

Tiroler Arbeitskreis für Heimerziehung:
- „Kann an der Heimerziehung in Tirol etwas verbessert werden?" In: betrifft:Sozialarbeit, 1980 (Heft 4).
- „Riegel und Gitter entfernen." In: erziehung heute. Innsbruck: Studienverlag, 1980 (Heft 6).



Waidhofer, Eduard: Gruppendynamische Aspekte institutionalisierter Heimerziehung – Eine soziometrische Analyse im Jugendheim Spattstraße Linz. Dissertation. Salzburg: 1975.

Walter, Karl: Kurzreferat, gehalten vom Erziehungsleiter Präfekt R. Walter des Landesjugendfürsorgeheimes Linz-Wegscheid, anlässlich des Besuches der Teilnehmer an der 4. Tagung der österreichischen Jugendrichter in Linz, am 2.10.1962 im Heim. In: Unsere Jugend, Wien 1963.

Wanker, Brigitte:
- „St. Josefinstitut: Anstellen in Zweierreihen." In: betrifft:Sozialarbeit. 1980 (Heft 5). Seite 2ff.
- „Mauern überall." In: Forster, Rudolf; Schönwiese, Volker (Hg.): Behindertenalltag. Wie man behindert wird. Wien: Jugend und Volk, 1982. S. 21-34. Neu veröffentlicht: bidok.uibk.ac.at/library/wanker-mauern.html

Weiss, Hans: Tatort Kinderheim. Wien: Deuticke, 2012.

Zangerle, Heinrich: Zur Berufssituation des Erziehers in österreichischen Fürsorgeerziehungsheimen. Dissertation. Innsbruck: 1974.

**Zitierte Dokumente:**

Bewährungshilfe Geschäftsstelle Wien, Aktenzahl BwH 218/69, Bericht 7062.
Bundesanstalt für Lebensmitteluntersuchung und –forschung, Aktenzahl: U.Zl. 25091/76 Abt. 3/2082.
Landesgendarmeriekommando für Niederösterreich, Kriminalabteilung, Außenstelle St. Pölten, Aktenzahl P127/81, Beilage 7.
Magistrat der Stadt Wien, Magistratsabteilung 11, zu Aktenzahl: VIII/2-A-48/43-1981, 31. März 1981.
Presseaussendung der Stadt Wien. „Wilhelminenberg-Bericht: Die nächsten Schritte." 14. Juni 2013.
Prüfbericht der niederösterreichischen Landesregierung vom 9. Oktober 1979, Aktenzahl VIII/2-H-946/45-1979.
Prüfbericht der niederösterreichischen Landesregierung, Aktenzahl VIII/2-H-946/ 1980, 23. September 1980.
Amt der niederösterreichischen Landesregierung, Aktenzahl VIII/2-H-946/ -1980.
Amt der niederösterreichischen Landesregierung, Aktenzahl: Zl. VIII/2-946/39-1977
Aus dem Büro von Frau Landesrätin Christine Baur (Tirol): E-Mail vom 19. August 2013 an den Autor, liegt beim Autor auf.



**Interviews:**

Die in dieser Publikation zitierten Aussagen ehemaliger Heimkinder stammen aus Gesprächen mit dem Autor aus dem Zeitraum 2011 bis 2013. Die Gesprächsprotokolle liegen beim Autor auf.

**Informatives, Netzwerke, Blogs und Foren zum Thema:**

heimerziehung.at
wir-heimkinder.at
heimkinder-oesterreich.at
gedenkstaettesteinhof.at
kindervernichtungsheim-wimmersdorf.blogspot.co.at
erziehungsheim-wimmersdorf.blogspot.co.at
meinheimblog.blogspot.co.at
ruzsicska.blogspot.co.at
www.kinderheime-schweiz.ch
www.fonds-heimerziehung.de
www.netzwerk-verdingt.ch

# Auflistung der österreichischen Heime

*Die nachstehende Liste wurde aus dem Österreichischen Amtskalender 1974/75 und eigenen Recherchen zusammengestellt. Sie ist so vollständig, wie möglich.*

**Städtische und Vertragsheime in Wien**

Wilhelminenberg
Savoyenstraße 2, 1160 Wien

Heim für Kinder und Jugendliche Döbling
Hartäckerstraße 26, 1190 Wien

Schülerheim für Kinder und Jugendliche Pötzleinsdorf
Pötzleinsdorferstraße 46, 1180 Wien

Zentralkinderheim
Bastiengasse 36, 1180 Wien

Kinderheim der Stadt Wien, Biedermannsdorf, Ortstraße 56, 2362 Biedermannsdorf

Kinderheim Hohe Warte
Hohe Warte 3, 1190 Wien

Heim für Kinder und Jugendliche Klosterneuburg, Martinstraße 56, 3400 Klosterneuburg

Heim für Kinder und Jugendliche Lindenhof
Grafenbergerstraße 4, 3730 Eggenburg

Lehrlingsheim Im Werd
Obere Augartenstraße 26, 1020 Wien

Lehrlingsheim Leopoldstadt
Obere Augartenstraße 26-28, 1020 Wien

Lehrlingsheim am Augarten
Wasnergasse 33, 1200 Wien

Lehrlingsheim Hadersdorf-Weidlingau
Herzmanskystraße 22, 1140 Wien

Heim für Jugendliche Rochusgasse
Rochusgasse 8, 1030 Wien

Lehrmädchenheim Nußdorf
Hammerschmidtgasse 22, 1190 Wien

Kinderübernahmestelle KÜSt
Julius-Tandler-Heim
Lustkandlgasse 50, 1090 Wien

Die Stadt des Kindes
Mühlbergstraße 7, 1140 Wien

„Gertrudheim" Kinderheim der Erzdiözese Wien Caritas
Van der Nüllgasse 6, 1100 Wien

Schulkinderheim der Karmelitinnen vom Göttlichen Herzen Jesu
Dreherstraße 66, 1110 Wien

Kinderheim St. Raphael
Molitorgasse 13, 1110 Wien

Heilpädagogisches Kinderheim Hütteldorf
Seuttergasse 29, 1130 Wien

Säuglingsheim des Zentralkrippenvereins
Lainzerstraße 172, 1130 Wien

Erziehungsanstalt der Barmherzigen Schwestern vom Heiligen Vinzenz vom Paul
Gebrüder Langgasse 3-5,
1150 Wien

Kinderheim St. Benedikt
Liebhartstalstraße 52,
1160 Wien

Europahaus des Kindes
Linzerstraße 429, 1160 Wien

Heim der Inneren Mission
Schopenhauerstraße 10, 1180 Wien

Schulkinderheim der Kongregation der Töchter der Göttlichen Liebe
Lacknergasse 87-89, 1180 Wien

Kinderheim der Barmherzigen Schwestern vom Heiligen Vinzenz vom Paul
Lacknergasse 98, 1180 Wien

Heim „Am Himmel" der Genossenschaft der Schwestern vom armen Kinde Jesus
Gspöttgraben 5, 1190 Wien

Kinderheim der Volkshilfe Wien Altenberg
3423 Altenberg

Anton Afritsch Kinderdorf
Steinberg 104, 8052 Graz

Kinderheim der Kongregation der Heiligen Schwestern vom Borromäus „Borromäum"
Perlasgasse 10,
2362 Biedermannsdorf

St. Josefsheim
Gattringerstraße 42,
2345 Brunn am Gebirge

Säuglingsheim „Mühle",
Evangelische Innere Mission
Uferweg 1,
4210 Gallneukirchen

Erziehungsheim für Mädchen der Schwestern „Vom Guten Hirten"
Kalvariengürtel 60, 8020 Graz

Kleinkinderheim Sauerstiftung
Gaadnerstraße 52,
2371 Hinterbrühl

Kinderheim Maria Enzersdorf
Gießhüblstraße 39,
2344 Maria Enzersdorf

Erziehungsheim Maria Frieden
Obere Hauptstraße 37,
2326 Lanzendorf

Kinderheim Pitten der Volkshilfe
Niederösterreich
Wiener Neustädterstraße 11,
2823 Pitten

Kinderheim der Caritas Wien,
Turmhof Retz
Fladnitzerstraße 46,
2070 Retz

Kinderheim der Schwestern vom
armen Kinde Jesu
St. Josef – Edelhof,
3163 Rohrbach/Gölsen

Mädchenheim der Kongregation
Unserer Frau von der Liebe des
Guten Hirten – St. Josef
Hellbrunnerstraße 14,
5020 Salzburg

Kinderheim Pauly-Gottwald
Kalvarienberg 1-3, 3562 Stiefern

Herz-Jesu-Heim der Kongregation
der Schwestern von der heiligen
Hedwig
Unterolberndorf 129,
2123 Unterolberndorf

Kinderheim Wimmersdorf
Wimmersdorf 27,
3040 Wimmersdorf

**Burgenland**

Kinderheim Wimpassing an der
Leitha, 2485 Wimpassing an der
Leitha

**Kärnten**

Landeserziehungsheim „Rosental"
Görtschach 23, 9170 Ferlach

Fürsorgeerziehungsanstalt „Maria
Josefinum" des Caritasverbandes
9010 Klagenfurt

Mädchenheim der Frauen vom
Guten Hirten
Schloss Harbach, Harbacherstraße
70, 9020 Klagenfurt-Harbach

Waisenhaus für Mädchen
Ursulinengasse 1,
9010 Klagenfurt

Kinderheim der Evangelischen
Stiftung der Gräfin de la Tour
(heute: Diakonie de La Tour)
Niederdorferstraße 46 ,
9521 Oberdorf

Schüler und Kinderheim - Haus
Herrnhilf - Diakonie de La Tour
Niederdorfer Straße 38,
9521 Treffen am Ossiacher See

St. Antonius Waisenhaus des
Bonifatiusvereines der
Diözese Gurk, Antonius-Weg 1,
9521 Treffen

Jugendheim und Internats-Sonderschule der Österreichischen Gesellschaft „Rettet das Kind“ (heute Integrationszentrum RETTET DAS KIND – Seebach)
Seutterweg 10–14,
9871 Seeboden am Millstättersee

Kleinkinder- und Schulkinderheim des evangelischen Vereines für Innere Mission in Kärnten
Martin-Luther-Straße 12,
9560 Feldkirchen

Pflegekinderheim
Merkoutz-Tanzer
9125 Mittlern

Außenpflegestelle Grentner
9131 Grafenstein

**Niederösterreich**

NÖ Kinder- und Jugend-Betreuungszentrum Reichenauerhof
Weyrer Straße 81, 3340 Waidhofen an der Ybbs,

Niederösterreichisches Landesjugendheim Schauboden
Nr. 26, 3251 Schauboden

NÖ Kinder- und Jugend-Betreuungszentrum Matzen
Hauptstraße 16, 2243 Matzen

NÖ Landes-Jugendheim Allentsteig
Ottensteiner Straße 36,
3804 Allentsteig

NÖ Landes-Jugendheim Hollabrunn
Elsa Brändströmstraße 1,
2020 Hollabrunn

NÖ Landes-Jugendheim Korneuburg
Stockerauer Straße 80,
2100 Korneuburg

NÖ Landes-Jugendheim Pottenstein
Gutensteiner Straße 65,
2563 Pottenstein

NÖ Landes-Kinderheim Schwedenstift,
Leonhardiberggasse 10-12,
2380 Perchtoldsdorf

NÖ Landesjugendheim Mödling
Josef Hyrtlplatz, 2340 Mödling

NÖ Landesjugendheim
2734 Puchberg/Schneeberg

Bundeserziehungsanstalt für Frauen, Kongregation der Schwestern „Unserer Frau von der Liebe des Guten Hirten“
Europaplatz 2,
2351 Wiener Neudorf

**Oberösterreich**

Privates Säuglings- und
Kinderheim
4470 Enns

Kleinkinderheim der evangelischen
Inneren Mission
4690 Oberndorf

Säuglingsheim "Mühle",
Evangelische Innere Mission
Uferweg 1, 4210 Gallneukirchen

Caritas Mütter-Säuglings- und
Kleinkinderheim "Sankt Josef"
Sonnenpromenade 104,
4020 Linz

Evangelisches Kinderheim
Bad Goisern 4,
4822 Bad Goisern

Landeskinderheim
4540 Bad Hall

Kinderheim der
Kreuzschwestern
4820 Bad Ischl-Roith

Privatkinderheim der
Tertiärschwestern
4070 Eferding

Landeskinderheim -
Schloß Neuhaus
Neuhaus 1, 4943 Geinberg

Städtisches Kinderheim
Bahnhofsstraße 8,
4810 Gmunden

Kinderheim der
Kreuzschwestern
4824 Gosau

Städtisches Kinderheim
Johannesgasse 2, 4020 Linz

Landeskinderheim
Schloss Leonstein
Leonsteiner Straße 38,
4592 Leonstein

Kinderheim der Stadt Linz
Obermichldorf 76, 4020 Linz

Kinderheim der Oblatinnen
4181 Oberneukirchen

Privatkinderheim Dr. Hofer
Arzbergstraße 62,
4462 Reichraming

Privatkinderheim
4294 St. Leonhard bei Freistadt

Bezirkskinderheim Gleinraming
4400 St. Ulrich bei Steyr
Bezirkskinderheim Steinbach am
Attersee , Seefeld 12,
4853 Steinbach am Attersee

Kinderheim St. Anna
Annaberg 4, 4400 Steyr

Diözesenkinderheim
Traunkirchen
Traunkirchen 82,
4801 Traunkirchen

Privatkinderheim
„Schwalbennest"
4182 Waxenberg

Landesfürsorgeheim für männliche Jugendliche Linz Wegscheid
Bäckermühlweg 39, 4030 Linz

Erziehungsheim für Mädchen der Schwestern vom Guten Hirten
Baumgartenberg Nr. 1,
4342 Baumgartenberg

Jugendheim der Caritas für schulpflichtige Kinder
Gleinker Hauptstraße 20,
4407 Gleink bei Steyr

Jugendheim der Methodisten Spattstraße
(heute Diakoniezentrum Spattstraße)
Willingerstraße 21, 4030 Linz

Jugendheim „Edelweiß" für männliche Jugendliche 14 bis 19 Jahren
4020 Linz-Pichling

**Salzburg**

Landes Säuglingsheim
Kleßheimer Allee 83,
5010 Salzburg

Landeskinderheim Taxham
Kleßheimer Allee 81,
5010 Salzburg

Städtisches Kinderheim Itzling
Kirchenstraße 3,
5010 Salzburg

Städtisches Knabenheim Parsch
Stöcklstraße 2, 5010 Salzburg

Borromäum
Gaisbergstraße 7-9,
5010 Salzburg

„Haus Commonwealth" der Gesellschaft „Rettet das Kind"
Nonnbergasse 20,
5010 Salzburg

Mädchenheim St. Josef
Hellbrunnerstraße 14,
5010 Salzburg

Gemeindekinderheim
5640 Bad Gastein

Kinderheim Gut Aich
5340 St. Gilgen

Caritaskinderdorf „St. Anton"
5671 Bruck an der Glocknerstraße

**Steiermark**

Landesjugendheim für Mädchen
Blümelhofweg 9-12, 8044 Graz

Landesjugendheim für Knaben
Rosenhof
Körblergasse 106, 8040 Graz

Landesjugendheim Hartberg
Josef-Hallamayr-Straße 19,
8230 Hartberg

Erziehungsheim für Mädchen der Schwestern „Vom Guten Hirten"
Kalvarienberggürtel 60,
8040 Graz

Privaterziehungsheim für Mädchen „Petrifelderhaus"
8042 Graz-St. Peter

Städtisches Säuglingsheim Maria Grün , 8040 Graz

Pestalozziheim, Städtisches Kleinkinder- und Kindererholungsheim
Schloss Lustbühel, Stiftingtalstraße,
8040 Graz

Kinderasyl Leoben
Schloss Söding, 8700 Leoben

St. Josefskloster
8223 Stubenberg

Kinderheim des Stadtamts Leoben, Donawitz,
8700 Leoben

Evangelisches Kinderheim
8280 Fürstenfeld

Rettungshaus Gai, Gai-Trofaiach
8793 Trofaiach

Städtisches Knabenheim
„Am Graben"
8040 Graz

Städtisches Mädchenheim
„Villa Hartenau"
8040 Graz

Kinderheim der Kongregation der Töchter der göttlichen Liebe
8130 Frohnleiten

**Tirol**

Landessäuglings- und Kinderheim Axams
Innsbrucker Straße 34,
6094 Axams

Landessäuglings- und Kinderheim Arzl
Schönblickweg 12,
6020 Innsbruck/Arzl

Fürsorgeerziehungsheim für schulentlassene Mädchen
Schwaz-St. Martin
Christoph-Anton-Mayr-Weg 7,
6130 Schwaz

Bubenburg Fügen, Seraphisches Liebeswerk „Sankt Josef"
Dorfplatz 7, 6263 Fügen

Kinderheim Pechegarten
Leopoldstraße 43,
6020 Innsbruck

Kinderheim Martinsbühel
Martinsbühel 2, 6170 Zirl

Don Bosco Kinderheim
Wirtsgasse 3, 6422 Stams

Städtisches Kinderheim
„Mariahilf"
Höttingerau Nr. 8,
6020 Innsbruck

Mädchenheim der St. Marien-Benediktinerinnen
Innsbruckerstraße 125,
6108 Scharnitz

Jugendheimstätte der Stadt
Innsbruck, Westendorf-Holzham
Holzham 114, 6363 Westendorf

Landeserziehungsheim für
Mädchen Kramsach-Mariatal
Mariatal 15, 6233 Kramsach

Landeserziehungsheim
Kleinvolderberg
Volderwaldstraße 7,
6111 Kleinvolderberg

St. Josefs-Institut - Pflegeanstalt für
Alters- und Geistesschwache
6068 Mils

**Vorarlberg**

Landeserziehungsanstalt
Jagdberg
Jagdbergstraße 44-45,
6824 Schlins

Städtisches Waisenhaus
6900 Bregenz

Kinderdorf der Franziskaner-Missionsschwestern von Mariahilf,
Au-Rehmen
6883 Au

Jupidentheim Schlins
Jupident 2-22, 6824 Schlins

In einem langen Gespräch mit Erwin am 8.6.1976 ergab, dass er jener ist, der hinter dem Gitter sitzt! Er fühlt sich eingesperrt nicht nur durch die Behinderung, sondern er ist ein Politischer fast autoritärer Mensch

E.